坂入洋右 編

身心の自己調整

こころのダイアグラムと
からだのモニタリング

誠信書房

まえがき

　仕事でも勉強でもスポーツでも，大事な場面で緊張してあがってしまった
りだるくて集中できなかったりして，頑張っているのにうまくいかなかった
経験を，多くの人がもっているだろう。そんなときに，身体と心を調えてリ
ラックスしたり集中したりできれば，本来の力を発揮することが可能かもし
れない。しかし，それはなかなか難しいことである。

　そこで，どうして人は心のコントロールに失敗するのか，どうしたらうま
くいくのか，そのメカニズムと正しい努力の仕方をお伝えすることで，多く
の人に実力を発揮して幸せになってほしいという思いから，本書を公刊し
た。20 年以上の研究の成果を凝縮してまとめたので，やや難しい内容になっ
てしまったところもあるが，重要なポイントは次の 2 つである。

　①身体（からだ）から心（こころ）へ

　②見守ること（モニタリングとマインドフルネス）

　まず大切なのは，頑張って取り組むべき課題を見分けることである。自分
の力でコントロールできるものとできないものを区別するのである。他者や
自分の心のように，思い通りにコントロールすることが難しいものは見守る
だけにして，コントロール可能なものの調整に全力を注ぐことが，結果とし
て最善の結果をもたらす。自分の身心を調整したい場合，人間にとって心の
コントロールは難しいので，まず，肩の力を抜いたり深呼吸をしたりして身
体を調整することが有効である。本書のタイトルが，「心身」ではなく「身
心」の自己調整なのは，この「身体から心へ」というポイントを表している。
この理論と方法を，本書の第 1 章，第 4 章，第 5 章で解説した。

　また，見守りたくても心は目に見えないので，自分の心理状態を点数化し
て客観視できる「二次元気分尺度」と，心理状態とその変化をグラフに表し
て矢印（ベクトル）と色イメージで理解できる「こころのダイアグラム」（裏
表紙のカラー図を参照）を開発した（第 2 章，第 3 章）。これらは心理状態を
測定できるだけでなく，自己客観視の能力を高めるトレーニングとしても有

効なので，とにかく一度試してみて，できれば継続的に活用してほしい。

　本書は，身心を良好なコンディションにして実力を発揮したい本人だけでなく，その人をサポートする教師や指導者や保護者などにも，ぜひ読んでほしい。自分の身心以上に，他者をコントロールすることは困難である。思い通りにならないからといって，叱ったり見放したりするのではなく，相手を真剣に観察して理解し（モニタリング），見守る（マインドフルネス）ことが大切である。見守る対象が自分自身でも他者でも，温かく見守ることはその対象を理解し受容することにつながるので，自分自身や相手が安心し，元気になり，自己肯定感と信頼関係が育ってくる。理解と信頼関係ができていない状態では，何かを変えようとして無理に働きかけてもうまくいかない。とはいえ根気よく見守るというのは，実はとても大変なことである。そこで，そのような見守り方ができる力を育む実践法として，本書では自律訓練法（AT）とマインドフルネスの基本的なやり方を紹介した（第6章，第7章）。さらに，身心の自己調整の具体的な活用法とその効果について，心理（第8章），スポーツ（第9章），健康（第10章），教育（第11章），職場や家庭（第12章），応用（第13章）の各領域に分けて，実践例や研究データを示した。

　本書は，こころのダイアグラムの理論（第2章）や身心の自己調整と自律的調整の本質（第14章）を正確に伝えようとして，内容がやや難しくなってしまった部分がある。本書の各章の大事なポイントを，25のコラムでわかりやすく取り上げているので，長文が読みにくかったら，まず，コラムだけでも読んでみてほしい。そして，本書の概要が書かれた第1章を読んだ後は，それぞれの読者が興味をもった章から目を通していくとよいだろう。

　筑波大学において20年以上，本書の共同執筆者である仲間たちと研究と実践を重ねて得た成果が，一人でも多くの人の健康と実力発揮に役立つことを心から願っている。また，本書の発行という形で，その願いの実現に向けて進むことができたのは，編集者である誠信書房の小林弘昌氏の尽力に負うところが大きい。ここに感謝の意を表したい。

2022年8月

編者　坂入　洋右

目　次

第Ⅴ部　身心の自己調整の活用法と効果

第Ⅵ部　自己調整から自律的調整へ

第1章

身心の自己調整

【坂入 洋右】

◆はじめに

　これまで 30 年以上，スポーツ・教育・心理相談・産業など，多様な領域でメンタル面のサポートを続けてきて，多くの「もったいない人たち」と関わってきた。

- 卓越した技能があるのに，重要な試合で実力を発揮できないアスリート
- 学力は優秀なのに，試験や面接であがってしまって結果が出せない学生
- 重要なプレゼンで緊張しすぎて仕事がうまくいかないビジネスマン

　これらの人たちの本来の姿（＝勿体）が実現されないのは，本当にもったいない。真面目で向上心の強い人が多い「もったいない人たち」には，積み重ねた努力が本番で報われてほしいと筆者は強く願っているし，それは実際に可能である。どうしてプレッシャーがかかる場面で失敗してしまうのか，そしてどうしたら実力を発揮できるのか，そのメカニズムと対処法を多くの人に伝えたいというのが，本書を公刊するに至った動機である。

　重要な場面で実力を発揮するためには，身心の状態を目的に適した状態に調えることが大切である。健康を維持して良好な状態で本番を迎えるためには，本番当日だけでなく，普段から身心の状態を調える努力を継続することが求められる。そこで本書では，日々の健康と特別な場面での実力発揮の両方を可能にする考え方と有効な実践法を，具体的に解説する。

　本書で伝えたいことのエッセンスは，「身心の自己調整」というタイトルに示されている。大切なのは，「自己」による身体と心の調整で，各自が主役となって取り組むことであり，その方法は身体を活用して心を調えること

で，身体が先なので「心身」ではなく「身心」という日本古来の言葉を用いている。

◇ **本書が役に立つ人**

本来もっている能力を発揮できていない人は，「素質はあるので，やる気さえ出せば」というタイプ①と，「頑張ってはいるが，本番に弱い」というタイプ②の2種類に分けられる。どうしたらやる気が出るかは，人によって動機や価値観がさまざまに異なるので，タイプ①に関して多くの人に共通する解決策は提案できない。しかし，緊張して実力を発揮できないようなタイプ②には共通してみられる問題点があり，その有効な対処法もある。ぜひとも本書を読んで問題のメカニズムを理解し，対処法を実践して本来の実力を存分に発揮してほしい。

スポーツでも勉強でも仕事でも，重要な場面で高いパフォーマンスや実力を発揮するのに必要な心理的要素を示すとしたら，次の3つであろう。

①モチベーション（やる気）
②リラクセーション（落ち着き）
③コンセントレーション（集中）

本書ではリラクセーション（落ち着き）とコンセントレーション（集中）の正しいやり方を指南する。もともとモチベーション（やる気）のある人がそれらを実践すれば，必要な3つの心理的要素がそろうことになる。

ただし，スポーツでも仕事でも，「わかる」ことと「できる」ことは段階が異なる。本書を読んで自分の問題点とその対処法が理解できると，すぐに実践できそうな気がするかもしれない。確かに，問題を正しく理解していれば，大事な場面で空回りして自滅することは少なくなるだろう。しかし，それだけでは高いパフォーマンスを発揮するまでには至らない。どんなことでもスキルを身につけるためには，やはり練習が必要である。身体的な能力やスキルを向上させるために練習の継続が不可欠であることは，誰もが知っている。筋力トレーニングの本を読んだだけで筋力がアップするわけがないし，試合の当日だけ筋力トレーニングをする人もいない。それなのに，心理的な能力やスキルは，練習しなくても本を読んだだけで何となくできそうな気になってしまう人が多い。身体的な能力と同様に，心理的な能力も日々の

練習を積み重ねるモチベーションの高低によって，得るものの大きさが全く違ってくる。その点でも，頑張っているのに本来の能力を発揮できていないタイプ②の人には，本書のような実践方法は特に適している。

本書の内容を理解するだけでなく，本書で紹介する実践を継続して，自分の身心の状態を自己調整するスキルを身につければ，コンディションが調って身心の状態が良くなるだけでなく，仕事でも勉強でもスポーツでも，人生における大切な場面で自分の本来の能力を発揮する助けになるだろう。

◇ 本書の構成

本書は，6部構成になっている。第Ⅰ部（第1章）で，身心の自己調整に関する全体的な考え方を解説し，第Ⅱ部で，身心の状態の変動を数値化してグラフに示す「こころのダイアグラム」の理論（第2章）と方法（第3章）を紹介する。続いて，第Ⅲ部で自己調整の理論（第4章）と基本的な実践法（第5章）を，第Ⅳ部で体系的な実践法として，自律訓練法（第6章）とマインドフルネス（第7章）の理論と方法を解説していく。後半の第Ⅴ部（第8章から第13章）では，スポーツや健康，学校や職場など，さまざまな領域における身心の自己調整法の具体的な活用法とその有効性を紹介していく。最後に第Ⅵ部（第14章）で，身心の自己調整の本質は「自律的調整」であることを解説する。

本書には，理論的で内容がやや難しい章もある。具体的な理解が進むように，エッセンスを伝えるためのコラムを書いて各章に配したので，まずコラムを読んで，興味を持った章から読み進めても良いかもしれない。

◆ 人類の必修科目としての身心の自己調整

本書の内容を大学で講義するとき，「この講義は，大学のカリキュラムでは選択科目だが，人類としては必修科目だ」と紹介している。東洋の伝統的文化として，何千年も前から，ヨーガや仏教における瞑想法などの身心の自己調整を修得するトレーニングが熱心に実践されてきた。これは，人類が健康に幸福に生活していくために，そのスキルを身につけることが必要とされたためではないだろうか。筆者は，瞑想法の研究で博士号を取得しており，

本来はそちらが専門なのだが，本書では禅やヨーガなどの本格的な修行法について論じるのではなく，その本質を理解していただけるように解説し，各自で実践できる効果的な方法を紹介していく。

◇ 頑張るほど逆効果になるのはなぜか

さて，なぜ人類は，身心の自己調整をするのに，ただ自己流で頑張るだけではだめで，特別なトレーニングを積んで新しいスキルを身につける必要があるのだろうか。頑張ったほうが良い結果を得られることは多いが，時には頑張れば頑張るほど逆効果でうまくいかない場合がある。誰もが経験したことがあるのは，眠ることとリラックスすることであろう。翌日に大事な試合や試験などがあってしっかり睡眠を取っておきたいときほど，なかなか寝つけない。そんなときに，頑張って眠ろうとするのは逆効果である。また，試合で緊張している選手に，コーチが「リラックスしていけー！」と怒鳴ったら，その選手は焦って自滅してしまうだろう。

チャンスであれピンチであれ，プレッシャーやストレスのかかる人生の重要な場面では，その状況に素早く対処するために脳のプログラムが自動的に機能して，自律神経系を介して身心の状態が変動する。例えば，心臓がドキドキしたり，顔が赤くなったり，肩に力が入ったり，手に汗をかいたりする。これらの反応は，サルなどにとっては，敵と闘ったり敵から逃げたりするための準備態勢として適している。激しい活動をするのに必要な大量の酸素を脳と筋肉に送るため，血液のポンプである心臓をフル稼働させるのである。しかし，現代人の場合，人生の重要な場面は，全力で走るような興奮状況よりも，大勢の人へのスピーチや面接試験など落ち着きが必要な状況であることが多い。そのようなときに心臓がドキドキしたり肩に力が入ったりすれば，役に立たないばかりか逆効果である。

◇ 闘争 - 逃走反応とリラクセーション反応

なぜ，そのような逆効果が生じるのだろうか。脳の神経系には，①反応の意識的なコントロールが可能な随意神経系（体性神経系）と，②生得的なプログラムに従って反応する自律神経系がある。

自律神経系を自動車に例えると，アクセルに相当する交感神経系とブレー

▶表1-1◀　脳のアクセルとブレーキ：自律神経系の反応プログラム

	闘争－逃走反応	リラクセーション反応
活性化する自律神経系	交感神経系	副交感神経系
呼　吸	⬆肩・胸で速い呼吸	⬇腹でゆっくり呼吸
心　臓	⬆速くなり血圧上昇	⬇遅くなり血圧低下
頭部の温度	⬆脳と顔が熱くなる	⬇頭寒足熱の状態
上半身の筋	⬆緊張して固くなる	⬇力が抜けている
手足の温度	⬇冷たく動かしにくい	⬆温かく動かしやすい
発　汗	⬆手のひらや足の裏に汗	⬇手足と脇は平常

キに相当する副交感神経系から構成されている。この拮抗する2つの機能が
うまくコントロールされることで，状況や目的に適した身心の状態（興奮度
やスピードなど）で活動できるようになる。

　人間以外の野生の動物は，基本的に食物の入手が困難なので，できるだけ
無駄なエネルギーを使わないように，通常は副交感神経系が優位なリラク
セーション状態にある。そして，敵と遭遇したときなど，いざというときに
アクセルとしての交感神経系が活性化し，闘ったり逃げたりするのに適した
興奮状態になる。これは闘争－逃走反応とよばれ，動物にとってはストレス
に対処するための適応的な反応である。**表1-1**に，自律神経系が介する闘
争－逃走反応とリラクセーション反応の対比をまとめた。

　全力で闘ったり逃げたりするには多くの酸素が必要なので，呼吸が荒くな
り，酸素を運ぶ血液のポンプである心臓の脈拍数と血圧が高まる。さらに，
一定量しかない体内の血液を，素早く状況を判断して動くために必要な脳
（頭部）と骨格筋に優先的に送るため，末梢血管が収縮して手足や内臓の血
流が減少する。身体の表面温度は，血流量が増えた部分が上昇し，減った部
分が低下する。そのため，興奮した状態では，顔が赤くなり身体が熱くなる
一方，手足が冷たくなるのである。また，内臓の壁を消化液から守っている
血液の流量も減るので，胃が荒れることもある。さらに，手のひらや足の裏
に，通常の汗とは異なる精神性発汗（冷や汗）とよばれるベタベタした汗を
かく。

これらの反応はもともと適応的なもので，サルにとっては都合が良い。サルの顔がそもそも赤いのは，皮膚表面が露出している毛のない部分の血流量を増やして頭部の熱を排出し，中枢部（脳）がオーバーヒートしないようにしているからである。人間が興奮すると赤面するのは，冷却装置として顔から熱を排出することで脳を冷やしているのである。また，手足の皮膚血流量が減ることにより，闘いでケガをした際にも出血しにくくなる。さらに，手のひらや足の裏にベタベタした汗が自動的に出ることは，体操競技の鉄棒選手が蜂蜜入りの粉を手につけるのと同じで，サルが木の枝をつかんで逃げる際に滑りにくくなる。

　一方，人間の場合も同じプログラムで自律神経系が反応するので，やはりピンチやチャンスなどの重要な場面では，自動的に交感神経系（アクセル）が作動する。しかし，残念ながら，闘ったり逃げたりするような場面ではないことが多い。人生における重要な場面は，試験を受けるときや，多くの人の前でスピーチをするときなどである。そのような状況で，自動的に心臓がドキドキしたり，顔が赤くなったり，手のひらに汗をかいたりしても，良いことはない。闘争するような場面であっても，道具などを使う現代の戦闘では，激しい興奮より冷静さや正確さが求められる。スポーツ選手においても，サルにとっては有効な精神性発汗がマイナスに働くことが多い。例えば，野球選手がボールを投げるときや，柔道選手が畳に立つときなど，人工的な滑らかなものに対しては，手のひらや足の裏の汗はかえって滑りやすくなる。また，手足の血流量が減って冷たくなれば，出血はしにくいかもしれないが，微妙な感覚は得られず，精密なコントロールもできなくなってしまう。

　そんなときに，アクセルを踏むのをやめて身心の状態を自己調整するスキルを身につけていれば，人生の重要な場面で得られる結果が大きく変わってくるだろう。人間としてうまく現代社会に適応して生きていくためには，サル用の反応プログラムを人間用にカスタマイズする必要がある。

	ネガティブな筋緊張	ポジティブな筋緊張
影響	イライラする＝心の安定度の低下	イキイキする＝心の活性度の上昇
1	肩：僧帽筋（そうぼうきん）	背中：脊柱起立筋（せきちゅうきりつきん）
2	眉間：皺眉筋（すうびきん）	腹腔：横隔膜（おうかくまく）
3	口：側頭筋（そくとうきん）	下腹部：腹横筋（ふくおうきん）

◆筋緊張がパフォーマンスや健康に及ぼす影響

◇筋緊張とパフォーマンス

　どのような競技種目のスポーツ選手でも，緊張場面でパフォーマンスが崩れる大きな原因の1つは，肩に力が入ることである（第4章参照）。身体のさまざまな筋群の中で，筋緊張がパフォーマンスにネガティブな影響を及ぼす部位とポジティブな影響を及ぼす身体部位がある（表1-2）。

◇ ネガティブな筋緊張とパフォーマンス

　筋緊張によってネガティブな影響を及ぼす身体部位のワースト3は，肩，眉間（みけん），口の3つである。また，一時的な緊張ではなく，ストレスを抱えて日常的にこれらの筋に力が入ったままでいると，身体的には肩凝りや頭痛につながり，心理的にはイライラして心の安定度が低下し，さらに身心の状態が悪化する。

　肩を怒らし，眉間にしわを寄せ，歯を食いしばった体勢や表情を想像してほしい。歌舞伎の「にらみ」とか，ライオンの咆哮（ほうこう），チンピラが肩を怒らせて怒鳴っているときなどのイメージである（コラム1参照）。

　この体勢はいかにも強そうで，一見スポーツなどの闘いの場面には適しているように思えるが，実はそうではない。自分の強大さを誇示して相手をひるませ，できれば闘わないで済まそうとするときの脅しの行動である。「にらみ」は全身が力んだ体勢なので，敵でも悪霊でも相手が恐れて退散してくれればよいが，もし襲いかかられたら反応が遅れてしまう。ライオンでもチンピラでも，闘えば勝ってもケガを負う可能性があるので，できれば強い相

●コラム1●

歌舞伎と獅子（ライオン）

【坂入 洋右】

　以前，歌舞伎の鏡獅子という演目に取り組んでいる人気役者のパフォーマンスを探求する企画に関わった。鏡獅子は，獅子に扮した役者が2メートルもある長い髪を振り回す「毛振り」の見事さが有名である。若くて筋骨隆々のこの役者は，とても豪快に毛を振り回していた。すごいと感嘆したが，続いて名人とよばれた役者の鏡獅子の演目の映像を見てみると，高年齢にもかかわらず，長い毛を軽々と振り回していて，その素晴らしい身のこなしに驚いた。歌舞伎に疎い筆者は，「この若手の役者は，たくましい上半身の筋肉を無理に使って毛を振り回しているけれど，そんなに力まずに，もっと下半身のバネを使って腰で振ったらよいのに，身体の使い方があまり上手ではないな」と感じていた。トップアスリートが身につけているような，無駄な力が抜けた滑らかな動きができないのかと思ったわけである。

　ところが，この鏡獅子という演目全体を通して見たときに，認識の誤りに気がついた。鏡獅子では，同じ役者が娘と獅子の二役を担い，女らしい舞と勇壮な舞の両方を演じる。この若い役者が女形として動くときには，肩をはじめ全身の力が抜けてそろりそろりと滑らかに歩いていた。内股で歩幅も狭く，女性らしい所作であるとともに，注意が研ぎ澄まされていてライオンが狩りをするときの動きにも似ていると感じた。このように筋肉に頼らない滑らかな動きもできるのに，獅子の毛振りであえて無駄な動きをすることで，たくましい筋肉を誇示していたことに思い至ったのである。スポーツにおけるパフォーマンスは実行することだが，歌舞伎におけるパフォーマンスは見せることで，目的が異なっている。歌舞伎の「にらみ」もそうだが，自分の強大さを，イメージとして相手に強く伝えることが大切なのであろう。

　スポーツでは，見た目だけでなく行動の結果としての高いパフォーマンスが求められる。同じ筋力であれば，それを最も無駄なく活用したものが勝つ。日本の伝統で言うと，芸道と武道の違いとも言える。心を動かすこと（感動：emotion）の探求が芸道で，体を動かすこと（運動：motion）の探求が武道である。

　柔道の創始者である嘉納治五郎は，最も効率的な身心の使い方の探求を重視し，それを精力善用（maximum efficiency）という言葉で示している。柔道の本来の目的は，相手に勝つことではなく，自分と相手の身心を深く理解し，最も効果的にそのポテンシャルを生かすことである。

手との闘いは避けたいものである。本気で闘うのであれば，大声など立てずに集中力を研ぎ澄まし，静かに急襲したほうがよい。ライオンが全力を出して真剣に行動するのは，咆哮しているときではなく，狩りをしているときである。獲物に注意を集中し，息を潜めてそろりそろり静かに近づいていく。このときがまさに，コンセントレーションとリラクセーションが両立した状態である。スポーツを闘いよりも狩りだと感じているアスリートのほうが，ずっと強そうである。興奮して肩に力が入っているようでは，相手がひるんで自滅してくれない限り勝てそうもない。

◇ ポジティブな筋緊張とパフォーマンス

　一方，適度に緊張して力が入っていたほうが快適に活動でき，高いパフォーマンスの発揮につながる。そのようなポジティブな筋緊張と関係する身体部位もある。多くのスポーツに共通している重要な身体部位は，重力に対して身体の軸を安定させて姿勢を保つための抗重力筋とよばれる筋を含む部位である。脊柱起立筋や腹圧に関わる筋群などがしっかり機能していることがポイントとなる。背すじがスッと立っていて，横隔膜を活用した深い呼吸をして，下腹に力が入って重心が安定していることが重要である。

　逆の場合を考えてみるとわかりやすい。これらの筋が機能せず，背中を丸めてうなだれた姿勢で浅い呼吸をしている状態は，脱力していてもリラックスしてはおらず，疲れたりだらけたりして元気のない状態である。一方，抗重力筋を活用することによって，イキイキした快適な緊張がもたらされる。坐禅をするときの姿勢を思い浮かべてほしい。背すじはスッと立っているが肩の緊張は全くなく，静かで深い呼吸が繰り返されている。リラクセーションとコンセントレーションのバランスがとれた理想的な状態というのは，中程度の緊張という意味ではなく，活動に必要ではない筋がすべて弛緩し，抗重力筋だけが機能している状態のことである。

　スポーツ選手にとっては，このような状態が望ましい場合が多い。多くの競技や武道で，肩の力が抜けていることと下腹部に力が入っていることが重視されている。

　剣道選手を対象に，動きが良かった試合と悪かった試合ごとに，力が入っている身体部位の違いを調べた研究がある（伊東他，2014）。その結果，構え

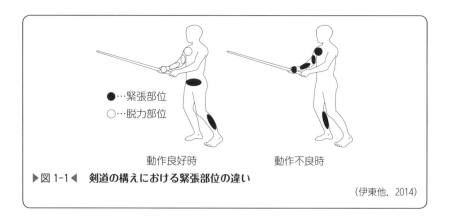

●…緊張部位
○…脱力部位

動作良好時　　　　　　動作不良時

▶図1-1◀　剣道の構えにおける緊張部位の違い

(伊東他, 2014)

の段階において，動作不良時は腕や肩に力が入っており，動作良好時は下腹部に力が入っていた（図1-1）。実験により，腕や肩に力が入っていると面打ち動作の反応時間が遅れることがわかったが，意識的に肩の力を抜くことは難しかった。そこで，剣道において伝統的に行われている帯を使って下腹部の腹圧を高める練習をしたところ，肩の緊張がとれて重心が下がり，面打ちの反応時間が統計的に有意に速くなった。

◇ 慢性的な身心の緊張が健康に及ぼす影響

　さて，人間の場合，身心の緊張が大きな問題となるのが，スポーツよりも健康への悪影響である。人間と人間以外の動物では，ストレスを引き起こす原因やストレス状態の持続時間が全く異なっている。敵と肉体的に闘うのであれば，肩を怒らし目と牙をむいてしばらく威嚇していれば，いずれは闘うか逃げるかすることになり，この闘争－逃走反応の状態は長くは続かない。しかし，現代人にとってのストレスの原因は，職場の人間関係や1年後の受験などの長期的なものである。敵（ストレスの原因）が目の前にいなくても，そのことを考えるだけで，ストレス状態にさらされ続けてしまう。毎日，肩を怒らし，表情を強ばらし続けていることが，肩凝りや頭痛につながる。

　ストレスに関連する症状として多くの現代人を悩ませている肩凝り，頭痛，冷え性，不眠，高血圧（本態性）などは，毎日毎日，闘争－逃走反応のスイッチを入れて戦闘態勢のまま生活していることが，大きな原因の1つと

なっている。本来は仕事中も，気分転換をしてこまめにスイッチを切り替えたほうがよいが，実際にはなかなか難しい。せめて就寝時ぐらいは，戦闘態勢を解除して，ゆったりリラックスした状態になって眠るほうがよい。そうすれば，翌朝の疲労回復の度合いが，全く違ってくるだろう。そのスイッチの切り替えを可能にするための方法として，本書（第5章，第6章，第7章）で紹介するさまざまな身心の自己調整法がある。

◆ 身体から心へのアプローチ

◇ 心身と身心

　メンタル面が特に重視されるスポーツ競技は，ゴルフや野球など，プレーとプレーの間に「間」がある種目である。サッカーやバスケットボールなどでは，ペナルティキックやフリースローなどのセットプレーで「あがり」が問題となるが，これらも間があるプレーである。難しいボールを直接ボレーシュートできるような高度な技術をもつサッカーのトップ選手でも，止まっているボールを自分のペースで蹴るだけのペナルティキックを大きく外すことがある。準備する時間があることでかえって失敗してしまうというのは，不思議な現象である。開き直って何も考えなければ失敗しない場合もあるので，準備する時間に不適切で間違ったことをして自滅しているに違いない。選手たちはさまざまなことをしていると思うが，全く有効でないばかりか逆効果なのが，「落ち着こう」とか「リラックスしよう」と頑張ることである（コラム2参照）。

　ピンチであれチャンスであれ，プレッシャーがかかる重要な場面で冷静さやリラックスが求められるとき，いったい身体と心に何が起きていて，なぜうまくコントロールできないのだろうか。また，どうすれば必要とされる最適な状態になれるのだろうか。身心の自己調整が求められるときに，自律神経系を介して身体と心がどのように関連して機能しているのかについて，そのポイントを解説する。

　最も重要なのは，「身体から心へ」働きかける「身心」のアプローチである。無理に心を落ち着けようとするのではなく，身体を調えるのが先というポイントを表現するため，本書では，心身（mind and body）という言葉

あがりと「間」

【坂入 洋右】

　以前に NHK のテレビ番組で,「あがり」の特集に関わった。あがり症の高校生が,身心の自己調整を身につけて,卒業式で数百人の前でスピーチをするという,かなり無理のある企画であった。

　まず,あがりの特徴として,発表の待ち時間とか,「間」があると逆に緊張するということを検証した。授業の発表において,突然指名された場合と,同じ列の人たちを順番に1人ずつ指名していった場合の違いを比較した。その結果,あがり症の生徒は,急に指名されたときはなんとか答えられたのに,自分の発表の順番まで「間」があると,その間に次第に緊張が高まり,自分の順番が来たときには動揺してうまく発表できなくなっていた。

　一般的な課題への取り組みは,準備する時間が足りなくて失敗することが多いと思うが,あがりに関しては,準備する時間があるほうが,かえって自滅してうまくいかなくなってしまう。これは,とてももったいない。せっかく準備する時間があるのだから,正しい自己調整のスキルを身につけて有効に活用してほしい。

　そこで,その生徒に身心の自己調整法を指導した。卒業式まで期間が限られていたので,本格的な自律訓練法（AT）の習得は諦めて,毎日呼吸法を行ってもらった。また,動機づけのため,手の表面温度の変化が大きなメーターの針の動きで示されるバイオフィードバック装置を作って活用した。ゆったりと呼吸をしていると,リラックスしてきて手足の血流が増え,手が温かくなっていく。その変化を毎日体験しながら呼吸法を繰り返すことで,自分に自信がついたようである。結果的に,学校の先生方の丁寧な指導もあり,卒業式では,広い講堂の壇上で落ち着いて堂々とスピーチをすることができた。

　練習の期間も短かったので,実際には,自己調整のスキルを習得するところまでは達していなかったかもしれない。それでも,スピーチを待つ間の時間に自滅しなければよいので,「間」除けの方法としても,呼吸法はかなりの効果を発揮する。スピーチに限らず,試験でも試合でも,普段の準備や努力は大切である。しかし,本番直前になったら,焦って何か準備しようとするのは逆効果である。本番直前に,何もせず落ち着いて待てるような人はよいが,あがり症の人は,待ち時間に呼吸法などをしていれば自滅することを防げるので,「間」除けのお守りという意味でも,身心の自己調整法を身につけておいたほうがよいだろう。

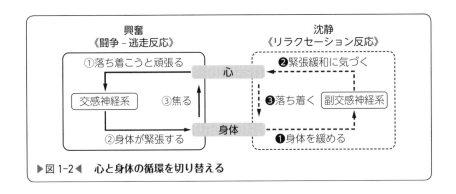

▶図1-2◀ 心と身体の循環を切り替える

を使わず，日本文化の伝統的な用語である身心という言葉を用いている。

　リラックスしようとか眠らなくてはと頑張って，「あがり」や不眠の悪循環に陥ってしまうとき，いったい何が起きているのだろうか。それを簡略に示したのが，図1-2の左側の矢印である。無理に心をコントロールしようとすると，「頑張ろう」でも「眠ろう」でも同様に，アクセルの働きをする交感神経系が自律的に活性化されてしまう（矢印①）。その結果，身体の興奮や緊張が高まってしまい（矢印②），焦って心を落ち着かせようとすると（矢印③），余計にアクセルを踏んでしまう。さらに間（時間）があると，それを繰り返すという悪循環に陥り，逆効果となる。興奮を冷まして身体と心を落ち着かせたくても，ブレーキとしての副交感神経系の活性が優位になるのは，休息時などの何もしなくてよい状況なので，ピンチやチャンスの場面ではうまく機能しない。

　そんなときには，心や自律神経系など，意識的にコントロールできないものを無理にコントロールすることを諦めて，自分ができることに全力を注ぐのが適応的な行動である。その方法を示したのが，図1-2の右側の矢印である。身体の中で，意識的にコントロールできるのは行動や骨格筋や呼吸なので，筋弛緩法や呼吸法などの身心の自己調整法を実施して交感神経系の過剰な興奮状態を抑制し（矢印❶），そのことで少し冷静になってくると（矢印❷），さらに力みが抜けて落ち着いてくる（矢印❸）。この好循環を引き起こすことが有効である。これが，身体から心へというアプローチであり，本書でお伝えしたい「身心」の自己調整の重要なポイントである。

✧ 禅の行法とスポーツのルーティン

　身心を調える仏教の方法に坐禅があり，その特徴を「調身→調息→調心」と表現することがある。「身を調え，息を調えれば，心はおのずから調う」という，身体から心へという順序がこの言葉のポイントである。禅堂で坐禅のやり方を習っても，心の集中法やリラックス法などは教えてくれない。禅堂に入る歩き方などの所作（行動）や坐り方などの姿勢（骨格筋），ゆっくり呼吸を数える数息観（呼吸）などについて指導されるだけである。そのほかは何もせずにただ坐って（只管打坐），そこで生じるいろいろな感覚をモニタリングし続けるだけ（止観）である。集中やリラックス（弛緩）は，目的ではなく結果である。

　修行を積んでいる禅僧や地道な練習を繰り返しているトップアスリートなどは，ピンチやチャンスの場面でも，動揺せずに「平常心」で行動することができる。その理由は，「悟ったから」や「メンタルが強いから」などではない。平常時に毎日修行や練習を積み重ねているからこそ，いざというときに「平常心」になれるのである。

　パブロフの犬の実験で有名な条件づけ理論をご存じだろうか。ベルを鳴らしてから犬に餌を与えることを繰り返していると，餌がないときでも，ベルを鳴らしただけで唾液が出てくるという実験のことである。平常時に毎日坐禅をすることは，同じ所作で禅堂に入り，同じ姿勢で坐り，同じ呼吸をしている状態で，リラクセーションとコンセントレーションが両立した心理状態になることを繰り返すのと同じである。修行を継続して条件づけが形成されているような人の場合，嫌なことがあって怒りたいときや悲しくて泣きたいときでも，坐禅をしようとするだけで，ベルを鳴らされた犬のように，身心が勝手にいつもの「平常心」になってしまうのである。

　毎日の地道な努力を怠けて本番だけ頑張ろうとする二流のアスリートは，試合のときにいきなり特別な行動をすることがある。例えば，急に気合いを入れてみたり，本番だけ目を閉じて集中を試みたりするなど，身心を自己調整するための方法が場当たり的である。そんなことをしても，心をコントロールするのは難しいだろう。一方，トップアスリートの場合，例えば野球でいえば，松井秀喜選手が打席で肩を動かして身体（筋緊張）を調えたり，

イチロー選手が打席で構えるまでの流れを毎回統一して行動を調えたりなど，禅僧と同じ努力を積み重ねている。ルーティンとよばれるこうした方法は，ラグビーの五郎丸歩選手がキックをする前に行うポーズが注目されてよく知られるようになった。毎回同じ行動を繰り返して同じ姿勢になってからプレーすることで，条件反射的に同じ身心の状態（平常心）になることを目指している。ルーティンや呼吸法を試す選手もいるが，プレーのたびに毎回実施せずに緊張する試合の場面だけ実施するのでは，何の効果もない。むしろ，緊張するような場面だけルーティンを行っていたら，そのルーティンと緊張が条件づけられてしまうので，逆効果になる。どんなに素晴らしい方法を活用しても，最初の何回かは有効かもしれないが，平常時の積み重ねがなければいずれ効果がなくなってしまう（**コラム3**参照）。

◆モニタリングとコントロール

　心や自律神経系をコントロールすることの難しさについてさまざまな観点から説明してきた。しかし，それ以前の問題として，イライラしたりだらけたりしている自分の身心の状態に気づき，それを適切に認識できなければ，身心の自己調整法を活用するまでには至らない。自分の身心の状態に気づいて，適切な状態に調えるためには，その前提条件として，現在の状態を的確に把握するための情報収集（観察・測定）である「モニタリング」が不可欠なのである。

　身心の状態を状況に応じて適切な状態に調整する仕組みは，部屋の温度の状態を調整するエアコンと同様である。本書では，エアコンのモニタリング部分である温度センサーに相当するものとして，身心の状態を数値化してグラフに示す「こころのダイアグラム」（第2章，第3章）を紹介する。また，コントロール部分である暖房と冷房に相当するものとして，各種のアクティベーション法とリラクセーション法（第5章）を紹介する。興奮して身心の温度が熱くなりすぎるようなときはリラクセーション，眠かったりだるかったりしてウォームアップが必要なときはアクティベーションを活用すれば，身心の状態を適切に調整できる。

　ただし，適切な温度は一定ではなく，暑がりと寒がり，夏と冬，運動時と

歯医者（敗者）のテーマソング

【坂入 洋右】

　1990年代に，1/fゆらぎなどの特徴をもつリラクセーション音楽が流行した。歯科医院の待合室などで，子どもが緊張しないようにするためのBGMとして活用されたこともあった。ゆったりした音楽が流れていることで，はじめはリラクセーション効果があるかもしれない。しかし，歯医者に通うたびに毎回同じ音楽が流れていると，子どもは，その音楽を聴いただけで痛かった治療を思い出して泣き出すようになる。その音楽が悪いわけではないが，音楽自体が有するリラクセーション効果よりも，経験の積み重ね（ルーティン）による条件づけ効果の影響が大きいのである。

　せっかく呼吸法や自律訓練法（AT）を指導しても，毎日の地道な実践をせずに，緊張したときにだけ試すような人が多い。ピンチで緊張したときにだけATを実践し，結果として負けることになれば，音楽の場合のように，いずれはATが敗者のテーマソングになってしまいかねない。

　ルーティンの有効性を，具体例を挙げて説明する。大学のバスケットボール選手5名が，フリースローの成功率を上げるために，メンタルトレーニングとしてシュート前にルーティンを実施し，その効果を検証した。選手たちの技術レベルは高く，練習時のフリースロー成功率は90%を超えていたが，公式戦での成功率は70%以下であった。特に，A選手は試合での成功率が62%しかなかった。1年間ルーティンを実施した結果，A選手は翌シーズンの全公式戦のフリースロー成功率が84%（所属リーグの全選手中2位）に向上した。

　しかし，5名のうち，A選手を含む2名が顕著に向上した一方，残りの3名は前シーズンと比べて変化がなかった。その原因を調べてみたところ，変化のなかった3名の選手は試合のときにルーティンを実施するだけであったが，A選手は練習時も常にルーティンを実施していた。全試合のフリースロー場面のビデオを分析した結果，A選手のフリースローの所要時間は，標準偏差（ばらつき）が極めて小さく0.2秒しかなかった。ルーティンとして，例えばシュート前にボールを2回つく行動をした場合，普通の選手は，そのスピードが興奮しているときは速くなり，疲れているときは遅くなるなどのばらつきが生じるのだが，A選手は，どんな試合のどんな場面でも練習のときと同じスピードでルーティンを行っていたのである。また，このばらつきが小さいほどフリースロー成功率が高くなる，強い相関関係（$r = -0.89$）があることがわかった（坂入，2016）。

睡眠時などで大きな差がある。これが身心の状態となると，人によって状況によって適切な状態は全く異なってくる。スポーツに限定しても，種目によって，例えばバスケットボールとライフル射撃では，適切な興奮度は全く異なるし，同じバスケットボールでもリバウンドボールを奪い合うときとフリースローをするときでは，興奮度の調整は逆方向になる。さらに，個人差も大きく，一般的にフリースローでは落ち着きが必要となるが，興奮した状態のほうが成功率の高い選手もいる。ウォームアップやクールダウンが必要なのは，身体だけではない。自分の心の温度の状態をモニタリングして，適切な状態に調整することができれば，快適な気分で活動でき，高いパフォーマンスを発揮することも可能になる（第4章参照）。

◇ モニタリングとコントロールではどちらが重要か

　自分の身心の状態をモニタリングして，適切な状態にコントロールすることの有効性について説明してきた。では，モニタリングとコントロールでは，どちらのほうが重要であろうか。取り組む課題の種類や難易度によっても異なるが，複雑で困難な課題ほどモニタリングの重要性が高まり，モニタリングだけでコントロールは一切しないほうがよいこともある。つまり，意識的にコントロールできるような簡単な問題はコントロールすればよいが，コントロールが困難な問題は「諦めて見守る」という態度が大切になってくる。諦めるといっても，努力すること自体を放棄するのではなく，無駄な努力をやめて，全力で正しい努力をするということである。もともと「諦」という漢字には，ギブアップという意味はない。仏教では，仏陀の悟りを表す「四聖諦」などのように用いられ，本来の意味は，物事の真実を明らかにすることである。

　いくら頑張っていても，エネルギーを無駄に使っていては，高い成果を得ることはできない。自分の力でコントロールできることとできないことをはっきりと見極めて，コントロールできないことは見守り，できることに全力を注ぐことが高い成果につながる。スポーツでも，例えば野球でエラーを恐れている選手は，絶対にエラーをしないように気合いを入れるのではなく，腰を落とすとか，一歩前に出るとか，問題に応じた守備時の具体的な行動を心がけるべきである。また，雨が苦手なサッカー選手は，雨が降らない

ことを願うよりも，ボールのバウンドを実際に確認したり，シューズを調整したりするほうが，高いパフォーマンスにつながるだろう。エラーをすることや雨が降ることはコントロールできない。そのリスクは認めた上で，自分にコントロールできる行動に最善を尽くすことが，より良い結果につながる。

　ボールを捕ったり蹴ったりするような単純な課題でさえ，思うように身心をコントロールするのは難しい。まして，自分の身心を健康に保つ，他者をうまく指導するなど，非常に複雑な課題に取り組む場合は，なおさら意識的なコントロールなど不可能である。深刻な悩みごとがあるのにポジティブになろうと無理して頑張っても解決は難しく，騒ぐ子どもを落ち着かせようとして怒鳴ってもうまくいかない。厳しい言葉で叱ったりすればハラスメントと指摘される時代である。手間や時間はかかるが，繊細な注意を向けて自分や相手のことを丁寧にモニタリングする（見守る）ことを積み重ね，身心の状態や行動の変動に気づいて理解を深め，身体の自律性を信頼して委ねたり，相手の主体性を尊重して任せたりすることが大切である。手出し口出し（コントロール）はせずに見守る（モニタリング）ことが，自分の健康を維持したり，選手や子どもを育成したりする際の理想的な態度なのである。身心や子どもには，もともと自己調整や自己成長の力が備わっているので，余計な干渉をしないほうが良い結果につながるし，自律や自信が得られる。

◇ モニタリングとコントロールの関係性

　これまで，わかりやすさを優先して，コントロールとモニタリングという言葉を多義的に用いて説明してきたので，それらの用語の意味を整理しておく必要があるだろう。

　コントロールには，意識して制御する「意識的コントロール」と，身体システムに制御を委ねる「自律的コントロール」の2種類がある。これは，乗り物を操縦する際の手動運転と自動運転の違いのようなものである。自動運転であっても，乗り物のシステムを制御するためのセンサーや計器類は常に稼働して，自動的観測によってデータや情報を収集している。また，運転手が居眠りしていては不測の事態に対応できないので，手動運転と自動運転を必要に応じて切り替えられるような立場にある高次のシステム（人間）による意識的観測も必要である。表1-3に，これら2つのモードを，乗り物の場

▶表1-3◀　手動（意識）モードと自動（自律）モード

	乗り物	人間
手動（意識）モード	機械＋運転手 手動運転 意識的観測	身体＋意識 意識的コントロール 意識的モニタリング
自動（自律）モード	機械＋プログラム 自動運転 自動的観測	身体＋脳のプログラム 自律的コントロール 受容的モニタリング

合と人間の場合で比較して示した。

　人間の場合は，コントロールする対象が乗り物ではなく自分自身の身心である。また，運転手に相当するのは，自分の意識（注意や思考）ということになる。心拍や血圧などの身体内のコントロールは，そもそも意識的コントロールができないので，身体の自律的コントロールに任せることになる。一方，スポーツにおける運動や日常生活におけるさまざまな行動は，意識的コントロールが可能であるが，熟練した運動や習慣化した行動は，ほとんど意識することなく遂行できる。多くの人は，歩いたり，食べたり，話したりする行動を，自律的に行っている。

　スポーツでは，調子が良くて流れるように滑らかなプレーができているときをフロー状態という。フローという概念の提唱者であるチクセントミハイ（1996）が示したフローの特徴の1つに「自己意識の消滅」がある。集中・没頭して我を忘れた状態，乗り物でいうと運転手が関わらない自動運転の状態を意味する。しかし，フローの状態は，試合が中断して考える時間ができたり，試合の終盤に勝利を意識して「勝ちたい」などと思ったりして意識（運転手）が出しゃばってくると意識的コントロールになってしまい，せっかく精妙に機能していた自律的コントロールが崩れてしまう。

　とはいえ，スポーツの試合に限らず人生の重要な場面では，自分がどう行動したらよいかは意識せざるを得ない。もし，コントロール可能な課題や状況であれば，流れに身を任せるだけでなく，より詳細な実態を意識的に把握し（意識的モニタリング），対応策を考えて実行すること（意識的コントロール）が有効である。しかし，自律神経系や他者などのように意識的コン

トロールができないものに対しては，意識（運転手）が出しゃばっても邪魔になるだけである。そのような場面では，手出し口出しをせずにありのままを受け止めて「見守る」という受容的モニタリングを維持する能力が，非常に重要になる。しかし，自分の身心に対しても，子どもや生徒に対しても，うまくできていない状態を見守り続けるのはとても難しく，ついイライラして焦ったり怒ったりしてしまう。そこで，見守る（モニタリング）能力を身につけるためのトレーニングとして開発されたのが，自律訓練法（AT; 第6章）やマインドフルネス（第7章）なのである（**コラム4**参照）。

◆本書で解説する内容との関係

こころのダイアグラムやATやマインドフルネスなど，本書の各章で解説していく内容が，2種類のモニタリングとコントロールの概念とどのような関係にあるか，**表1-4**に示した。

身心の自己調整を有効に実施するためには，その前提として，自分の身心の状態を正確に把握するための高度なモニタリングが不可欠である。身心の状態に関する情報を脳に伝達する経路は，体験を通して身体の感覚受容器から直接脳に伝わる内的経路と，意識的な観察によって得た情報を高次の脳機能を通して考えたり記憶したりして処理する外的経路がある。外的経路によって身心の状態を観察・内省するのが意識的モニタリングである。その具

▶表1-4◀　身心のモニタリングとコントロールの理論と方法

	モニタリング	コントロール
意識的	【意識的モニタリング】 第2章：理論 第3章：方法 ※二次元気分尺度，こころのダイアグラム	【意識的コントロール】 第4章：理論 第5章：方法 ※アクティベーション，リラクセーション
自律的 （受容的）	【受容的モニタリング】 第6章：理論・方法 第7章：理論・方法 ※自律訓練法，マインドフルネス	【自律的コントロール】 第14章：理論 ※トップダウンからボトムアップへのパラダイムシフト

●コラム4●

お父さんとおばあちゃん

【坂入 洋右】

　本書のテーマは「身心の自己調整」であるのに，無理に調整（コントロール）しようとせず見守る（モニタリング）ことの重要性が強調されている。本当に，見守るだけでよいのだろうか。

　見守ることの素晴らしさを実感した例として，以前に，地域の少年サッカーを見ていて印象に残ったことがある。熱心な保護者が多く，特にサッカー経験者の保護者などは，試合を応援しているときに，子どものプレーに対して大声で怒鳴ったり励ましたりしていた。ある子どもは，ミスをしてしまうと，ボールや他の選手よりもお父さんが気になって，プレーに集中できないようだった。ある日，そのお父さんの都合が悪く，代わりにサッカーのルールも知らないおばあちゃんが試合を見にきていた。孫が良いプレーをしたときも，逆にボールを奪われて相手選手を必死に追いかけているときも，おばあちゃんはうれしそうに，孫が全力で走る姿を見ている。

　サッカーのルールをよく知らないということもあるだろうが，腰が痛くて走れないおばあちゃんには，元気に走り回れることが，それだけでどれだけ価値のあることか，実感できるのである。また，孫が転んでケガをしたら悲しむかもしれないが，得点を取られてどちらかのチームが負けたところで，ただのゲームなので，実際には何のマイナスもないという事実もおばあちゃんにはわかっている。もし保護者が，このおばあちゃんのように広い視野をもっていたら，子どもはもっとのびのびとプレーできるだろう。多くの保護者が，サッカーに思い入れがあったり，他人との競争にこだわりがあったりするために，視野が狭まって真実が見えなくなってしまっている。

　大人が自分の行動を振り返ってモニタリングする場合，自分の心の中に，いろいろな人がもう一人の自分として内在化されている。自分を叱咤激励する保護者（お父さん）の役割を担う存在も必要かもしれないが，そればかりでは，物事がうまくいかないときは疲れてしまう。自分の心の中に，良いときも悪いときも関係なく，いつも同じように優しく見守ってくれるおばあちゃんのような存在がいれば，つらい状況にも耐えて頑張っていけそうである。現実にそういう人が身近にいる人は幸せだが，残念ながらそうでない人は，自律訓練法（AT）やマインドフルネスなどを実践して，自分で自分を優しく見守るスキルを身につけるしかない。筆者も，ATのトレーニングを40年間続けている……。

体的な測定道具として開発されたのが二次元気分尺度であり，その結果をグラフ化したものがこころのダイアグラムである。また，体験的に自分の身心に注意を向けて，その時々の状態や変動をあるがままに観察するのが受容的モニタリングであり，その体系的方法が AT やマインドフルネスである。受容的モニタリングと意識的モニタリングの両方を活用して，体験とその振り返りを日々積み重ねていくことで，自己理解が深まっていく。

　また，身心の自己調整におけるコントロールも，意識的コントロールと自律的コントロールの 2 種類がある。意識的コントロールでは，身心のリラクセーションやアクティベーションをもたらす筋弛緩法や呼吸法などを活用して，目的とする方向に意識的に調整していく。一方，自律的コントロールでは，無理に調整しようとしない。自分の身心や相手を信頼して委ね，真剣に見守ることにより，その時々の状況や各自の個性に適した方向に，身心の調整が自然に進んでいく。このような，決まった方向に変化させようとするトップダウン型のコントロールを行わず，現実の状況や身心の状態の深い理解に基づく，ボトムアップ型の自律的な変化を促進することの大切さが，本書において最も伝えたい重要なポイントである（第 14 章参照）。

第2章

心の温度計

【坂入　洋右】

　2019年末から始まり，世界的な大流行に至った新型コロナウイルス感染症対策の一環として，体温を測る機会がとても増えた。仕事でも学校でも買い物でも，平熱であることが確認される。身体の状態を測定する道具は，体温計に限らず心拍計や血圧計などたくさんあり，スマートウォッチなどのウェアラブル端末を活用して，自分の身体の状態を毎日測定・記録している人も多くなっている。しかし，身体の状態だけでなく，できれば心理状態やその変動を簡単に測定してグラフ化できるような「心の温度計」があると，病気への対応だけでなく，健康増進や実力発揮をはじめとするさまざまなことに役に立つであろう。そこで筆者らは，心理状態やその変動を測定する「二次元気分尺度（Two-Dimensional Mood Scale; TDMS）」と，その結果をグラフ化する「こころのダイアグラム」（本書の裏表紙を参照）を開発した。

　この第2章は，二次元気分尺度という心理検査と，その結果を表すグラフであるこころのダイアグラムの成り立ちについての専門的な解説なので，やや難解かもしれない。理論よりも具体的な方法を知りたい場合は，次の第3章から読んで，まず自分の心理状態を測ってみるとよいだろう。

◆新しい心理検査の開発

　心理検査には，性格や能力などのようにある程度一貫した心理特性を測定するものと，気分やコンディションなどのようにその時々で変動する心理状態を測定するものがある。心理状態を測定する検査としては，STAI（State-

Trait Anxiety Inventory）や POMS（Profile of Mood States）などが有名であるが，繰り返し測定するには項目が多すぎる。また，不安や抑うつなどのネガティブな状態を測定するものが多い。病気への対応だけならそれでもよいが，健康増進や実力発揮のためには，元気や安心などのポジティブな状態も含めた包括的な心理状態を測定する必要がある。

　短時間で変動する心理状態を繰り返し調べるためには，1回の測定に時間をかけることはできない。そのため，多様な心理状態を測定する一方で，質問項目は少なくしたい。STAI は 20 項目，POMS 2 は短縮版でも 35 項目の質問項目に答える必要がある。心理検査としてはそれほど項目数が多いわけではないが，心理状態の変動を短時間で測定するのに適していない。できるだけ少ない質問項目で，ネガティブな状態（不安・抑うつ）からポジティブな状態（元気・安心）まで多様な身心の状態を測定し，その変動まで含めた結果を1つの図で表現できるような，新しい心理検査を何とかして開発できないかと考えた。

◆身心の包括的な状態をグラフ化する

　また，心理検査の結果を身心の自己調整に活用するためには，心理状態だけでなく，身体の状態も推定できるように，心拍などの生理指標と相関して変動するような心理状態の指標となっていることが望ましい。そのためには，生理指標と相関が高い「興奮－沈静」を表す覚醒度を数値化する必要があるだろう。さらに，その時々の状況や一人一人の個性によって，目的の達成に適した心理状態は異なっている。眠りたいときと仕事を頑張りたいときでは，適した覚醒度は全く違うだろう。その時々の状態が各個人にとってどの程度好ましい状態なのかについては，総合的に自己評価してもらう必要がある。そのための主観的評価の指標として，「快－不快」の水準を表す快適度についても数値化する必要がある。

　覚醒度と快適度を数値化できれば，心理状態に関する各個人の主観的な情報を，スマートウォッチなどのウェアラブル端末で測定した生理指標や行動に関する客観的情報と統合することで，各自の身心の状態を随時モニタリングし，適切に評価して活用することが可能になる（コラム 5）。

●コラム5●

身体的測定と心理的評価

【坂入 洋右】

　スマートウォッチなどのウェアラブル端末で測定した各個人の生理指標や行動に関する膨大な情報を，近年発展している機械学習などの手法を用いて有効に活用できれば，各自の健康増進や実力発揮にとても役立つと思われる。しかし，一人一人に結果を応用するには，まだ必要なものが欠けている。それは，心拍や血圧などの多様な生理指標の測定値が，全体としてどのような意味をもつのかという，個人ごとの包括的な価値を示す評価値データである。

　心臓がドキドキした状態であっても，状況によって，人によって，その意味は全く異なる。例えば，他人と話をして緊張している場面でも，その人が苦手な上司なのか，好意を寄せる相手なのかによって，そのドキドキの意味は全く違う。また，スポーツで勝敗を決するようなセットプレーに臨む場面でも，その興奮とスリルを楽しいと感じる人もいれば，あんな緊張は二度と経験したくないと思う人もいるだろう。生理指標が示す客観的な状態が同じであっても，状況に応じて仕事をするのに適した状態と眠るのに適した状態は異なるし，個人ごとの性格や体質によって，その状態が好きな人と嫌いな人がいるので，主観的な心理状態の評価値は毎回異なってくる。これらの複雑な要因をすべて考慮して，刻一刻と変化する心理状態の意味や価値を，状況ごと個人ごとに判別して評価するのは極めて難しい。

　しかし，動物は，そのすべてを包括的に評価して「快−不快」のラベリングをしている。さらに，人間の場合は自分の身心の状態をモニタリングして，その「快−不快」の程度を報告することができる。将来は，扁桃体や海馬などの神経系の仕組みが解明されて，各個人の「快−不快」の変動を，特殊な装置を使って客観的に測定できるようになるかもしれないが，当面の間は，本人に自己評価してもらうことが，簡単で最も有効な方法であろう。

　自分の身心の状態をモニタリングして評価するためには，外部センサーと人工知能に頼るよりも，はるかに優れた各自の感覚神経と脳を活用したほうがよい。自分の状態を客観視することが苦手な人も多いだろう。しかし，最初は下手でも，毎日自分の身心の状態を振り返っていると，次第に自分の状態やその変動がわかるようになる。二次元気分尺度は，測定用具というよりも自己客観視の能力を高めるトレーニング用具なのである。モニタリングを続けて，それが習慣になったころには，自分の心理状態を知るために二次元気分尺度やこころのダイアグラムは必要なくなっているかもしれない。

そこで，元気や安心などのポジティブで快適な状態から，抑うつや不安などのネガティブで不快な状態までを含む包括的な心理状態を，できるだけ少ない項目で測定可能な心理検査を作るという困難な課題に取り組んだ。従来の検査では20項目以上あった質問項目を，信頼性や妥当性を損なわずに，どれくらいまで少なくできるだろうか。

　最終的には，元気・安心・抑うつ・不安，そして興奮・沈静・快・不快という包括的な心理状態の8つの要素を，最少で2項目だけで測定し数値化することが可能な理論に基づいて，信頼性を高めるために項目を4倍に増やした8項目の質問からなる二次元気分尺度（短縮版は2項目）を開発することができた。

　さらに，身体の状態を表す「興奮－沈静」「快－不快」の2軸を用いたグラフと，心理状態を表す「元気－抑うつ」「安心－不安」の2軸を用いたグラフの2つを1つに重ねて，身心一如の包括的状態を表すことのできる「こころのダイアグラム」を考案した（本書の裏表紙を参照）。

　以下に，どうしたらそんなことが可能になるのか理解していただくため，二次元気分尺度とこころのダイアグラムの開発過程を紹介し，理論的背景を解説する。少し専門的になるがご容赦いただきたい。

◆二次元気分尺度の開発

◇項目の収集

　時々刻々と変動する心理状態を包括的に測定することが可能な心理検査に用いる項目の候補として，まず，感情や気分に関連する心理状態を表す多様な言葉を収集することから始めた。その結果，『感情表現辞典』(中村，1993)から122語，既存の心理尺度で用いられている項目から83語，アンケート調査の結果から85語を収集した。

　次に，一般的に「情動」とよばれる心理反応を表す言葉を取り除き，一般的に「気分」とよばれる心理状態を表す言葉だけを選び出した。なぜなら，例えば怒りを感じること（情動）とイライラしている状態（気分）は，特徴は似ているが次元が異なる概念なので，区別する必要があるからである。今回開発する尺度で測定したいのは，その時々の身体の状態に直接対応する心

理状態であるのに対して，例えば怒りや喜びなどの心理反応は，他者から何か言われて，それを認識して反応し，心理状態が変化するというように，一連の時間経過を伴う複合的な現象である。

　ある時点の心理状態（気分）は，グラフ上で点として示すことができる。一方，心理反応（情動）は時間経過を伴う心理状態の変化であり，グラフ上の点と点を結んだ矢印（ベクトル）として示すことになる。すなわち，心理状態（気分）は点で示される０次元の概念であるのに対して，心理反応（情動）は矢印で示される一次元の概念として，両者を明確に区別して定義することが可能である。このように考えれば，１つのグラフ上に心理状態と心理反応の両方を表すことができる。つまり，１つのグラフに２時点の心理状態を点で示せば，それを結んだ矢印が心理反応となる。

　今回開発した尺度は，二次元気分尺度という名称だが，気分の状態だけでなく，情動という心理反応も同じグラフ上に示すことが可能な，包括的な心理状態とその変動を測定できるものである。

◇ 心理状態の二次元理論

　心理状態を表す言葉だけを選び出した段階でも，まだ60語程度の言葉が残っていた。60項目では多すぎるので減らす必要があるものの，包括的な心理状態を測定するのに８項目，ましてや２項目にまで減らすことなど不可能に思える。心理尺度を作成する場合は，クロンバックのα係数などを用いてその信頼性を検証する必要がある。通常，十分な信頼性を得るためには１つの要素につき４項目以上が必要となる。二次元気分尺度の元気・安心・抑うつ・不安・興奮・沈静・快・不快の８つの要素をそれぞれ測定しようとすると，最低でも32項目（４項目×８要素）が必要になる。

　そこでまず，８つの要素を内容的に反対方向となるようにペアにし，心理状態の変動方向を示す高い⇔低いに対応させて，次の４つにまとめた。

- **活性度Ⓥ**（vitality）　　高い＝元気　⇔　低い＝抑うつ
- **安定度Ⓢ**（stability）　　高い＝安心　⇔　低い＝不安
- **快適度Ⓟ**（pleasure）　　高い＝快　　⇔　低い＝不快
- **覚醒度Ⓐ**（arousal）　　高い＝興奮　⇔　低い＝沈静

さらに，活性度・安定度・快適度・覚醒度の４つの軸は，それぞれの内容

▶表 2-1◀　心理状態の二次元理論の 4 つの軸

			快適度P		覚醒度A
活性度V	高い＝元気	↔	高い＝快	&	高い＝興奮
	⇕		⇕		⇕
	低い＝抑うつ	↔	低い＝不快	&	低い＝沈静
安定度S	高い＝安心	↔	高い＝快	&	低い＝沈静
	⇕		⇕		⇕
	低い＝不安	↔	低い＝不快	&	高い＝興奮

と相互の関係性を考慮すると，**表 2-1** のように整理できると考えた。この段階で，心理状態の二次元理論（Russell, 2003; Thayer, 2001）で用いられている「エネルギー覚醒」が活性度と，「緊張覚醒」が安定度（逆方向）と対応関係にあると気づいた。さらに，二次元理論では，基本的な心理状態が快適度と覚醒度の二次元の軸で表されているので，これらの 4 種類の軸に関して得られた数値は相互に変換可能である。つまり，活性度と安定度さえ測定すれば，快適度と覚醒度を推定できる。**表 2-1** に対応関係を示したように，例えば，活性度が高い（＝元気）状態は，快適度が高い（＝快）かつ覚醒度が高い（＝興奮）状態である。このように，活性度と安定度が測定できれば快適度と覚醒度を推定でき，逆に快適度と覚醒度が測定できれば活性度と安定度を推定できることになる。

　心理検査で用いる項目として，このような条件を満たす言葉を選び出すことができれば，8 つの要素を含む包括的な心理状態とその変動が測定可能となる。それと同時に，その包括的な心理状態を 1 つのグラフ上の点として示したり，変動を矢印（ベクトル）としてグラフ上に示したりすることもできるようになる。

◇ 項目の選定
　60 語程度になった言葉を減らす次のステップとして，意味の類似した言葉をまとめ，それぞれのグループから代表的なものを選び出し，21 語にまで絞った。そして，それらの言葉が表す心理状態について，快適度（どのくら

▶表 2-2◀　二次元気分尺度の 8 項目

項目	因子		成分	
	活性度Ⅴ	安定度Ⓢ	快適度Ⓟ	覚醒度Ⓐ
㋐ 落ち着いた	——	安心	快	沈静
㋑ イライラした	——	不安	不快	興奮
㋒ 無気力な	抑うつ	——	不快	沈静
㋓ 活気にあふれた	元気	——	快	興奮
㋔ リラックスした	——	安心	快	沈静
㋕ ピリピリした	——	不安	不快	興奮
㋖ だらけた	抑うつ	——	不快	沈静
㋗ イキイキした	元気	——	快	興奮

い快適な状態か不快な状態か）と覚醒度（どのくらい興奮した状態か沈静した状態か）のレベルを，120 名の人に 11 段階（−5 〜 +5）で評定してもらった。その結果に基づいて，快・興奮（＝元気），不快・沈静（＝抑うつ），快・沈静（＝安心），不快・興奮（＝不安）の状態を表す言葉をそれぞれ 4 語ずつ，全部で 16 語を選び出した。

　これらを半分に減らして 8 項目の尺度とするため，より多くの多様な人々を対象に調査を繰り返して不適切な言葉を削除し，適切な言葉の組み合わせを探った。この過程で，これまで心理状態の二次元理論で活用されてきた最も代表的な言葉で，エネルギー覚醒と緊張覚醒という名称にも用いられている「エネルギッシュな」と「緊張した」が，不適切な言葉として取り除かれた。「エネルギッシュな」は，高齢者を対象とした調査の際にイメージが浮かばない人が多かった。「緊張した」は，一般の人にとっては不快な言葉とされたが，アスリートには「過度の緊張だけが不快で，適度な緊張は気持ち良い」と考え，緊張を快と感じる人も多く，不快・興奮のカテゴリーに当てはまらなかった。

　このような過程を経て，表 2-2 に示した 8 項目からなる二次元気分尺度が完成した（坂入他，2003）。回答は，全くそうでない（0 点），少しはそう（1 点），ややそう（2 点），ある程度そう（3 点），かなりそう（4 点），非常にそう（5 点）の 6 件法を用いた。

◇ 8項目の構造

心理状態の二次元理論をもとに8項目を構成したが，4つの軸と8つの要素という構造が統計学的にも認められるかどうかを確認するため，904のデータを収集し，因子分析と主成分分析，および共分散構造分析を行った。

因子分析の因子とは，全項目を小グループに分けたもので，二次元気分尺度の8項目は，活性度（4項目）と安定度（4項目）の2つの因子に分けられることが確認された。また，主成分分析の成分とは，各項目がその特徴として含んでいる共通の成分のことで，二次元気分尺度の8項目すべてが快適度と覚醒度の2つの成分を含んでいることが確認された。また，成分は因子の合成変数となっており，因子の数値から算出することができる。

因子と成分の両方を活用し，共通の項目を重複して使用することによって，最低でも必要とされた32項目ではなく，8項目だけで4つの軸（下位尺度）を測定することが可能になったのである。4つの下位尺度の点数の算出方法を表2-3に示した。

その時々の自分の心理状態を振り返って（モニタリング），二次元気分尺度の8項目それぞれの言葉がどの程度当てはまるかを6段階で自己評価してもらえば，活性度・安定度・快適度・覚醒度という4種類の心理状態を測定できる。表2-3の算出方法に従って，1桁の数字の足し算と引き算をする

▶表2-3◀　二次元気分尺度の4種類の得点の算出方法

	項目数	得点範囲	算出方法
活性度Ⓥ	4	−10〜+10	(エ+ク)−(ウ+キ) =（元気2項目）−（抑うつ2項目）
安定度Ⓢ	4	−10〜+10	(ア+オ)−(イ+カ) =（安心2項目）−（不安2項目）
快適度Ⓟ	8	−20〜+20	(ア+エ+オ+ク)−(イ+ウ+カ+キ) =（快4項目）−（不快4項目） =（活性度Ⓥ）+（安定度Ⓢ）
覚醒度Ⓐ	8	−20〜+20	(イ+エ+カ+ク)−(ア+ウ+オ+キ) =（興奮4項目）−（沈静4項目） =（活性度Ⓥ）−（安定度Ⓢ）

注：快適度Ⓟと覚醒度Ⓐは，8項目を使わず，活性度Ⓥと安定度Ⓢの得点から計算できる。

と，平常時の心理状態をゼロとして，

- **活性度**Ⓥ　　元気ならプラス，抑うつならマイナス
- **安定度**Ⓢ　　安心ならプラス，不安ならマイナス
- **快適度**Ⓟ　　快ならプラス，不快ならマイナス
- **覚醒度**Ⓐ　　興奮ならプラス，沈静ならマイナス

のようにその時々の心理状態が数値として示される。

　具体的な計算の仕方については，第3章で詳しく解説するので，ここでは大まかな理解ができれば十分である。

◆身心一如のこころのダイアグラム

◇測定結果のグラフ化

　心理状態とその変動を測る「心の温度計」として二次元気分尺度の開発に取り組んできたが，心理状態を表すためには少なくとも「活性度×安定度」あるいは「覚醒度×快適度」という2種類の数値が必要であることがわかった。そのため，測定結果をグラフ化するには，棒グラフなどの一次元ではなく，二次元平面のダイアグラムが必要になる。

　本書で紹介する「こころのダイアグラム」（裏表紙の図を参照）は，身心の統合的な状態を表しており，単純な1つのグラフではない。軸の目盛りの大きさが異なる2種類のグラフを，縮尺を調整して1つに重ねて示しているのである。

　図2-1の左側の「身」のグラフは，生理的な身体の状態をそのまま表す図で，快適度（快‐不快）と覚醒度（興奮‐沈静）の2つの軸から成っている。右側の「心」のグラフは，その状態の心理的な自己評価を表す図で，活性度（元気‐抑うつ）と安定度（安心‐不安）の2つの軸から成っている。二次元気分尺度では，快適度と覚醒度の得点範囲（－20～＋20点）と活性度と安定度の得点範囲（－10～＋10点）に違いがあるため，グラフの目盛りの大きさも異なっている。しかし，活性度・安定度の得点と快適度・覚醒度の得点は相互に変換することができる。このため，快適度と覚醒度の軸を $1/\sqrt{2}$ に縮小して比率をそろえると，両方を重ね合わせて1つのグラフとして示すことが可能になる。そうして作られたのが**図2-2**の「こころのダイアグラム」で

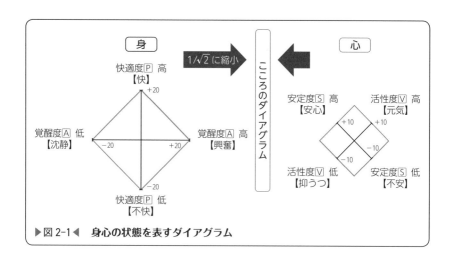

▶図 2-1◀　身心の状態を表すダイアグラム

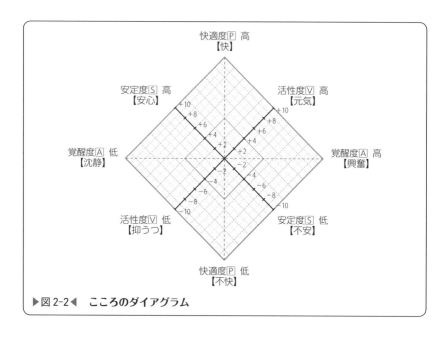

▶図 2-2◀　こころのダイアグラム

ある（カラー版は裏表紙の図を参照）。

こころのダイアグラムでは，各個人の自己評価として，測定時にどんな心理状態にあったかを表す活性度と安定度と，それらの数値から推定した生理的な身体の状態を表す快適度と覚醒度という身心両面の状態を，同時に数値化してグラフ上に示すことができる。

◇ **身体と心の相関**

こころのダイアグラムは，その時々の心理状態の特徴やその変動を示すことのできるグラフだが，それと同時に，それぞれの心理状態のときに生理的な身体の状態がどのようになっているかを，快適度と覚醒度の得点として推定することが可能になっている。そのため，例えばウェアラブル端末が示している心拍数の変動と，実際に自分が感じている心理状態の変動を関連づけて理解することができるので，身心の状態の理解と自己調整に活用するモニタリング指標として最適である。

二次元気分尺度で測定した結果が生理指標の変動と相関しているかを実験的に確認するため，運動時の心拍数の変動と心理状態の変動の関係性を調べた（稲垣他，2015）。実験には大学生20名が参加し，トレッドミルで10分間走った後10分間安静にした。各参加者には，その間の2分ごとの心理状態について二次元気分尺度に回答してもらった。同時に測定した心拍数の変動と，二次元気分尺度の覚醒度の得点の変動を時系列でグラフに示したのが**図2-3**である。全員の平均的な運動による変動の相関は$r = 0.96$で，全体としての結果はほぼ一致していた。また，一人一人個別に相関係数を算出した場合は，数値に個人差がみられたが，平均で$r = 0.81$の相関が確認された。

心理状態の自己評価と生理指標との相関が高くなるためには，心拍計の正確さ以上に，自分の心理状態をモニタリングする各個人の自己評価の正確さが重要になる。参加者の中には，相関が低い人もいた。二次元気分尺度の結果がどの程度信頼できるかは，それを使用する人のモニタリングのスキルの高さが関係する。最初はうまくいかなくても，日常的に繰り返し使用し，自分の心理状態を振り返ってモニタリングしたり，生理指標の結果と比べたりする経験を積み重ねることによって，モニタリングの正確性が向上すること

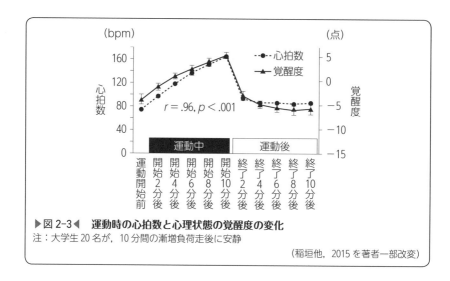

▶図2-3◀　運動時の心拍数と心理状態の覚醒度の変化
注：大学生20名が，10分間の漸増負荷走後に安静

（稲垣他，2015を著者一部改変）

が期待できる。

◆二次元気分尺度の信頼性と妥当性

◇ 信頼性の確認

　心理検査の開発では，信頼性（結果の安定性や一貫性）を確認する必要がある。二次元気分尺度では，904のデータを収集し，因子分析と主成分分析を行った。その結果は30ページの「8項目の構造」の項で解説したとおりである。さらに，折半法による4つの下位尺度の信頼性係数（0.87〜0.91）と2つの因子（成分ではない）のα係数（0.80〜0.83）を算出したところ，すべての指標において十分な信頼性があることが確認された。尺度の開発過程と信頼性の詳細について興味のある人は，論文（Sakairi, 2013）を参照いただきたい。

　ここでは，二次元気分尺度の独自の特徴を理解していただくために，因子分析と主成分分析について説明する。簡単に言うと，因子というのは全項目を小グループに分けたもので，二次元気分尺度の8項目は，活性度の因子4項目と安定度の因子4項目の2つのグループに分けられる。また，成分とい

うのは，各項目がその特徴として含んでいる共通の成分のことで，8 項目すべてが，覚醒度と快適度の 2 つの成分から成り立っている。そのため，他の心理尺度では，一般的に各因子の得点と 1 つの総合点を算出するが，二次元気分尺度では，2 つの因子と 2 つの成分の得点を算出して，活性度・安定度・覚醒度・快適度の 4 種類の心理状態を数値化することが可能である。

◇ 妥当性の確認

二次元気分尺度の妥当性（測定したいものを的確に測定できているかどうか）を確認するために，不安や抑うつに関連する心理状態を測定する既存の心理検査（不安を測定する STAI と気分状態を評価する POMS）との関連性を検証したところ，以下のような相関がみられた。

- 安定度と STAI の状態不安との相関：
    - ストレス負荷場面で強い負の相関（$r = -0.90$）
    - 日常生活場面で負の相関（$r = -0.65$）
- 快適度と POMS の総合的不快感：負の相関（$r = -0.62$）
- 活性度と POMS の活力因子：正の相関（$r = 0.59$）
- 活性度と POMS の疲労因子：負の相関（$r = -0.67$）

既存の心理検査で測定しているものと共通した心理状態を測定していると考えることができる。

次に，二次元気分尺度を用いて，日常生活の異なる状況の心理状態を弁別できるかを確認した（坂入他，2003）。活動に適した状況では活性度が高い心理状態にあり，休息や眠るのに適した状況では安定度が高い心理状態にあると仮定して，以下の 4 場面を設定した。

場面❶：活動前の心理状態として，調子が良く，すぐに課題に取りかかれて，どんどん能率が上がるような場面
➡快・興奮の状態なので，活性度が高いことが予測される
場面❷：活動前の心理状態として，調子が悪く，なかなか課題に取りかかれず，全く能率が上がらないような場面
➡不快・沈静の状態なので，活性度が低いことが予測される
場面❸：活動前の心理状態として，調子が良く，すぐに眠りにつけそうで，実際にすぐ眠れるような場面

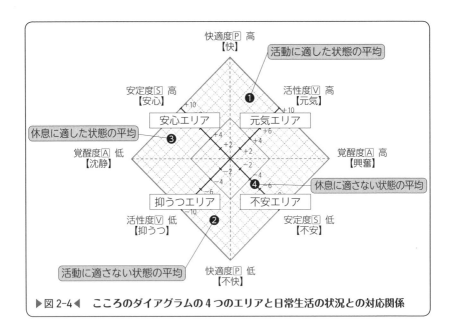

▶図2-4◀　こころのダイアグラムの4つのエリアと日常生活の状況との対応関係

　　➡快・沈静の状態なので，安定度が高いことが予測される
　場面❹：活動前の心理状態として，調子が悪く，なかなか寝つけず，眠れ
　　ても浅い眠りで目が覚めるような場面
　　➡不快・興奮の状態なので，安定度が低いことが予測される
　220名の人を対象に，各場面のときの気分を想起してもらい，そのときの
心理状態を二次元気分尺度で回答を求めた。その結果，**図2-4**に示したよう
に，予測されたエリアに平均的な傾向が位置しており，仮説どおりの結果が
得られた。

◆二次元気分尺度の個人別プログラム

　本書で紹介するのは，二次元気分尺度の紙バージョンであるが，スマート
フォンなどのICTを活用して実施するプログラムもある。また，二次元気
分尺度の得点の計算方法は，以下の3種類があって，目的や状況に応じて使
い分けて活用することができる。

①概算値：各自が紙上で計算する場合のシンプルな計算方法

②標準値：プログラムで自動計算できる場合のより正確な計算方法

③個別値：一人一人の個性に応じた最適な計算方法

　8項目に対する評価値（回答した数字）をそのまま足し算・引き算をするのではなく，それぞれの項目の評価値に固有の係数（因子負荷量など）を掛けて重みづけをしてから計算するのが，②の標準値である。より正確な結果が得られるので，プログラムで自動的に計算できる場合はこの値を用いる。

　しかし，紙バージョンなどで，使用者が自分で数値を計算するような場合は，面倒な計算によって有用性が低下しないよう，一般的な心理検査と同様に，係数をすべて１と見なして単純な足し算・引き算を行う①の概算値を使用する。本書では，読者が自分の心理状態を簡単に計算できるように，この概算値を用いる。

　概算値でも十分な信頼性と妥当性があるが，もし，より正確な数値を算出する必要があれば，項目ごとの重みづけ係数を活用して標準値を算出する。二次元気分尺度プログラムでの標準値の算出には，暫定的に904名のデータから算出した平均的な重みづけ係数の数値を用いている。

　さらに，他の尺度とは異なる画期的な特徴として，使用者ごとに個人別の係数を活用して③の個別値を算出することも可能である。スマートフォンなどを用いて自動で結果を算出する二次元気分尺度プログラムの場合，使用者個人ごとにさまざまな場面での心理状態のデータが蓄積されるので，その人自身のデータから各個人に固有の重みづけ係数を算出することができる。その人のためだけの独自の心理状態の計算式ができあがり，使用すればするほど，その人の個性やその人が置かれた状況に適するように，常にカスタマイズされていく。これは，自分の心理状態を最もよく知るパートナーを育てていくようなものである。結果を教えてくれるアバターのようなものを設定すれば，自分の専属コーチを育成するゲームのように，いろいろな場面でのモニタリングを繰り返して自分のデータを蓄積していくほど，自分の気持ちとピッタリ合った結果を示してくれるようになるだろう。しかし，このような情報は機微な個人情報なので，取り扱いには十分な注意が必要となる。その点でも，他者の干渉を最小限にして，身心の自己調整を尊重することが大切なのである。

また，幸福感や快適な状態のような心理的な満足だけではなく，現実の健康状態や仕事やスポーツなどでの実力発揮に活用したい場合は，主観的な心理状態の変動だけでなく，それに応じて変動する客観的な生理指標や行動指標，課題の成果などのアウトカム指標の情報を得る必要がある。これは大変なことのように感じられるかもしれないが，すでに，ウェアラブル端末を装着して，生理・行動指標のデータを毎日蓄積している人や，日々の仕事やスポーツの成果の記録をもっているような人であれば，そこに二次元気分尺度による自己評価データを追加することで，飛躍的な利益が得られるだろう。同じ客観的な数値の結果でも，それらがどのような意味をもつかは個人ごとに大きく異なっているため，生理・行動データを有効に活用するには，各個人の主観的評価データによる価値づけが不可欠なのである。

　さらに，もし，その人に特有の生理・行動指標の変動パターンと心理状態の変動の相関関係が明らかになれば，それを活用した自律的な身心の自己調整プログラムの開発につながる。そうすれば，毎回二次元気分尺度を使って回答しなくても，自分の心理状態の変動を，生理・行動指標のデータから自動的にプログラムが教えてくれるようになるかもしれない。

◆二次元気分尺度の2項目版

　さきほど紹介した運動中の心拍数と心理状態の変化を測定した実験では，走りながら口頭で，2分ごとに二次元気分尺度に答えてもらった。やる気と能力の高い大学生が参加者だったので何とか実行できたが，8項目であっても質問項目に繰り返し回答するのは大変である。刻一刻と変化する心理状態を短時間でチェックするためには，8項目でもまだ煩雑で，手間や時間がかかりすぎる。そこで次に，2～3秒で，子どもでも簡単に実施できる短縮版の開発に取り組んだ（坂入，2019）。

　こころのダイアグラムは，活性度と安定度という2つの軸でできた平面図なので，数学で習ったx軸とy軸からなる二次元グラフと同様に，活性度と安定度の2つの数値さえわかればグラフ上の点の位置が決まることになる。つまり，心理状態を特定するために必要な最少の測定項目数は2項目である。活性度を測定する4項目を，尺度の両極に配置して質問すれば，1項目

●活性度：元気な気分　　今（その時）のあなたの気持ちは？

− 5	− 4	− 3	− 2	− 1	0	+ 1	+ 2	+ 3	+ 4	+ 5
☐	☐	☐	☐	☐	☐	☐	☐	☐	☐	☐

だらけた　　　　　　　　　　　　ふつうの状態　　　　　　　　　　イキイキした
全く元気がない状態　　　　　　　　　　　　　　　　　　　　元気いっぱいな状態

●安定度：リラックスした気分　　今（その時）のあなたの気持ちは？

− 5	− 4	− 3	− 2	− 1	0	+ 1	+ 2	+ 3	+ 4	+ 5
☐	☐	☐	☐	☐	☐	☐	☐	☐	☐	☐

イライラした　　　　　　　　　　ふつうの状態　　　　　　　　　リラックスした
全く落ち着かない状態　　　　　　　　　　　　　　　　　　とても落ち着いた状態

▶図2-5◀　　二次元気分尺度・2項目版の質問方法

の尺度にまとめられる（**図 2-5**）。具体的には，尺度の中央を平均基準（いつものふつうの気持ち）とし，そのときの自分の心理状態の活性度（元気の度合い）が，左端の「全く元気がない状態」から右端の「元気いっぱいな状態」の間のどこに相当するのかを自己評定してもらえば 1 項目にできる。また，同じように，心理状態の安定度（安心の度合い）であれば，左端の「全く落ち着かない状態」から右端の「とても落ち着いた状態」の間のどこに相当するのかを自己評定してもらえば 1 項目にできる。この方法により，2 項目に回答するだけで，そのときの心理状態がこころのダイアグラムのどこに位置するかが決まり，その数値を活用することで快適度と覚醒度も算出できる。

　この 2 項目版が，8 項目の二次元気分尺度の短縮版として代用可能かどうか，両尺度を併用して結果の数値の相関係数を確認したところ，一定の信頼性があることが確認できた（活性度：$r = 0.78$，安定度：$r = 0.66$，快適度：$r = 0.74$，覚醒度：$r = 0.71$）。また，軽運動と自律訓練法（AT）を実施した前後の心理状態の変動に関しても，それぞれの変動の特徴の違いを両尺度ともに弁別でき，2 項目版でも 8 項目版と同様の結果を得ることができた（稲垣他，2017）。

説明が長くなったが，以上のプロセスにより，心理状態の元気・安心・抑うつ・不安・快・不快・興奮・沈静の8つの要素を，2項目の質問だけで数値化してグラフに表すことができる二次元気分尺度の短縮版の基礎が完成した（坂入，2019）。

◆心理状態を色で表す

　さて，子どもでも自分の心理状態のモニタリングができるようにしたいのだが，抽象的な言葉だけでは，多様な心理状態の特徴を理解したり違いをイメージしたりすることが難しい。そこで，補助的に色を活用して，元気・安心・抑うつ・不安・快・不快・興奮・沈静の8つの要素を表示することにより，こころのダイアグラムをカラーにして活用する方法を検討した。

　まず，多くの人がイメージしやすいような基本的な色として，液晶モニタなどで使われる RGB 色相環（赤・緑・青）や印刷物などで使われる CMY 色相環（シアン・マゼンタ・イエロー）ではなく，より人間の認識に近いとされる RYB 色相環（赤・黄・青）を採用した。そして，その中間色を加えた赤・橙・黄・緑・青・紫の6色を用いることにした。

　この6色を，快-不快などのように反対の特徴をもつ心理状態と組み合わせるため，色相環の位置として反対色になるものを組み合わせ，3つのペア（青-橙，赤-緑，黄-紫）を用意した。心理状態の各要素のイメージから，抑うつを青，不安を赤，快を黄で表すように割り当てると，それぞれの対極にある心理状態を表す色として，元気が橙，安心が緑，不快が紫となり，いずれも色と心理状態のイメージが適合していた。

　そこで，表2-4のように，活性度の軸を青-橙，安定度の軸を赤-緑，快適度の軸を紫-黄で表すこととした。その結果，光の波長の配列である赤・橙・黄・緑・青・紫の順番でこころのダイアグラムを配色することができた。沈静と興奮に関しては，色相環の位置から緑青と橙赤とした。実際に，二次元気分尺度における沈静の数値は安心（緑）と抑うつ（青）の合計点であり，興奮の数値は元気（橙）と不安（赤）の合計値なので，理論と色相が整合している。また，緑青と橙赤は寒色と暖色と言われる色で，湖水の色と炎の色にも近く，沈静と興奮の心理状態をイメージしやすいので妥当だと判

▶表 2-4◀　心理状態の 8 つの要素と色の対応関係

活性度Ⓥ	安定度Ⓢ	快適度Ⓟ	覚醒度Ⓐ
抑うつ - 元気	不安 - 安心	不快 - 快	沈静 - 興奮
青 - 橙	赤 - 緑	紫 - 黄	緑青 - 橙赤

断した。厳密には，黄色の反対色は紫よりも青紫に近いなど，実際の反対色とは多少のズレはあるが，こころのダイアグラムに色を用いる目的である「わかりやすさ」を優先して配色することにした（裏表紙のカラー図を参照）。

　カラー版のこころのダイアグラムの配色と同様の配色をした過去の研究を探したところ，すでに 200 年以上も前に，ゲーテ（Goethe, 1810）がほぼ同じ色相環を作成していた。現在では一般的な RGB 色相環や CMY 色相環（Küppers, 1997）とはやや色合いが異なり，左右の色相の配置も逆であるが，文豪として有名なゲーテが色彩論の研究に取り組み，人間の視機能（補色）に関する実験から作り上げた色相環とカラー版のこころのダイアグラムの配色はほぼ同じものであった。それぞれ色合いが異なるのは，光の波長を考慮して作成された RGB 色相環と人間の体験に基づいて作成された RYB 色相環の違いと思われる。ただし，RYB 色相環のほうが自然でなじみのある色で構成されており，各個人が体験している心理状態を表現するためのこころのダイアグラムの配色で利用するには適している（**コラム 6** 参照）。

◆心理状態とその変動を表す 3 つのモード

　こころのダイアグラムでは，心理状態の特徴や変動を，次の 3 つのモードで表すことができる。

- **心理状態**：その時々の心理状態は「点」で表す
- **心理傾向**：目的に適した心理状態の範囲は「エリア（枠）」で表す
- **心理反応**：心理状態の変動は「矢印（ベクトル）」で表す

第 2 章　心の温度計　　**41**

ニュートンの光とゲーテの色

【坂入 洋右】

　近代自然科学の父とよばれるニュートンは，色の研究でも突出しており，プリズムを使って光を波長ごとに分解し，最も波長の長い赤から波長の短い紫まで，赤・橙・黄・緑・青・藍・紫の7色を鮮やかに示した。しかし，ゲーテはこの考え方を強く批判した。ニュートンが明らかにしたのは光であって色ではないというのである。光は自然界の現象だが，色は光を認識する人の脳内の現象である。同一の波長の光でも，見る人の脳や視細胞が異なれば，見える色は全く異なる。また，人間の視細胞には3種類の錐体があって，それらの反応の組み合わせで相対的に色を識別しているが，犬は2種類，鳥は4種類なので，人間とは全く異なる色を見ているはずである。そこでゲーテは，人間の視機能に関わる補色などの現象の実験を繰り返して，色相環を作り上げた。光は，波長の違いによって直線的に並べることができ，赤と紫が両端に離れているが，実際に人間が認識する色は，ゲーテの色相環のように赤と紫が隣り合わせにつながって円環している。このような現象は，光と色だけでなく音と音楽の違いにもみられる。音は，波長の長い低音から波長の短い高音まで直線的に並べることができるが，人間が音楽を聴くときは，ドからシの次にまたドがつながって円環しており，メロディは，絶対的な音の高低ではなく音と音の相対的な関係性で認識される。

　このようなニュートンとゲーテの考え方の違いは，世界共通の一般原理を探究する自然科学と，体験者によっても状況によっても異なる個別の事実を探究する人間科学の違いとも考えられる。本書のテーマは身心の自己調整で，一般的な事実ではなく，その時々で変動する自分自身の状態を知ることが目的なので，まさに人間科学の立場である。

　実際の色には，色相以外に彩度と明度があり，三次元の立体で表現される。彩度に関しては，こころのダイアグラムの中心から外にいくに従って，それぞれの色相が鮮やかになるイメージで表現することができるが，黒から白に至る明度に関しては，別の次元の軸として示す必要がある。色の認識と同様に，総合的な心理状態を測定するためには，覚醒度と快適度のほかに，もう1つ別の次元が必要かもしれない。現在，それを注意（ヴィジランス）の次元として研究中であるが，とりあえず気分や情動に関わる心理状態の様相を，ゲーテの色相環と共通の色彩を用いた二次元平面図で表したものが，こころのダイアグラムである（裏表紙のカラー図を参照）。

◇ その時々の心理状態

　こころのダイアグラムでは，ある瞬間にその人がどういう心理状態にあるかを，グラフ上の「点」として示すことができる。その点が，右上（◈）の領域（橙色）にあればイキイキした元気な状態であることを，逆に左下（◈）の領域（青色）にあればだらけた元気のない状態であることを表している。また，左上（◈）の領域（緑色）にあればリラックスした落ち着いた状態であることを，逆に右下（◈）の領域（赤色）にあればイライラした落ち着かない状態であることを表している。

　人の心理状態は，時により，状況により，また体調によってもさまざまに異なっている。起床時や就床時にそのときの心理状態を測ったり，何かの仕事や課題に取り組む前に心理状態を確認したり，仕事中や終わった後でそのときの心理状態を振り返ってチェックしたりするとよい。何度も測っていると，爽やかな目覚めや穏やかな入眠のときもあれば，だるくて起きたくないときやイライラして眠れないときもあることが自覚でき，自分の心理状態が客観的にわかるようになってくるだろう。また，苦手な課題に取り組まなければならないときや，仕事でミスが多かったときの心理状態の特徴などもわかってくるに違いない。ミスが起きるパターンには，課題の違いや人の性格などによって，ボンヤリして失敗する場合と焦って失敗する場合がある。

　こうした確認行動が身心のモニタリングであり，毎日継続していけば，次第に自分を客観視するスキルが向上して，こころのダイアグラムで示される点の位置の精度も高まっていく。自分の身心の状態やその変動を知るための優れた測定装置は自分自身であり，二次元気分尺度やこころのダイアグラムは，モニタリングのスキルを鍛えるトレーニング用具としても役に立つ。

◇ 目的に適した心理状態の範囲

　次の段階として，自分にとって望ましい心理状態と望ましくない心理状態を見つけることに取り組む。どんな心理状態が望ましいかは，状況によっても人によっても全く異なっている。大抵の場合，不快よりも快のほうが望ましいが，現実には，ひどく不快とややマシな不快のどちらかを選択するしかないような状況もある。また，快の状態といっても，眠るのに適した快と仕

事をするのに適した快は全く異なる。また，仕事やスポーツなどに取り組む場合でも，課題の内容によって求められる覚醒度のレベルは異なる。さらに同じ課題でも，人によって高いパフォーマンスを発揮できる適切な覚醒度のレベルは全く異なっている。

　そこで，個人や状況ごとに，目的に応じて心理状態の適切なエリアと不適切なエリアをこころのダイアグラム上で見つけておく必要がある。そのためには，二次元気分尺度の結果だけでなく，眠ることが目的なら睡眠の質の評価，仕事の生産性やスポーツであればそのパフォーマンスなど，目的に応じた何らかのアウトカム指標が必要となる。目的とするアウトカム指標の評価が特に高かったときの点が分布している範囲が心理状態の適切なエリアであり，評価が特に低かったときの点が分布している範囲が心理状態の不適切なエリアである。

　適切なエリアと不適切なエリアは計算によって求めることができるが，その具体的な方法は第3章で説明する。

◇ 心理状態の変動

　心理状態を点で示すことができ，適切なエリアと不適切なエリアがわかるようになったら，心理状態の自己調整の段階になる。ある課題に取り組む際に，より高い成果が得られるような心理状態に調整するには，どのような方向に調えたらよいだろうか。実は，正しい答えを本人もわかっていないことが多い。例えばスポーツでは，「気合いを入れて活性度を高めたほうがよいと思い込んでいたが，楽な気持ちで安定度が高い状態でやったほうがうまくできた」などということがよくある。そこで，主観的な思い込みや願望ではなく，客観的なアウトカム指標を活用し，まずは自分の心理状態の適切なエリアと不適切なエリアを把握する必要があったのである。

　そして，不適切なエリアの中心から適切なエリアの中心に向かって，矢印を書く。この矢印（ベクトル）は，その人の心理状態の変動の方向性と大きさを表すものである。これによって，ある課題にその人が取り組んだ際の，最も良い結果のときと最も悪い結果のときの心理状態の特徴が明らかになるだけでなく，どのような方向に心理状態を調整したらよいかというメンタル面の課題もはっきりする。

調子の良いときの快適度は高いことが多いので，不適切なエリアから適切なエリアに向かって書かれた矢印は，上向きであることが多い。しかし，その矢印は人によって左右どちらかに傾いている。矢印が左上に向かっている人は，緊張が強すぎる「あがりタイプ」で，安定度を高めることが自己調整の課題となる。また，矢印が右上に向かっている人は，疲れてやる気を失ったりしやすい「だらけタイプ」で，活性度を高めることが自己調整の課題となる（コラム 7 参照）。

　心理状態を変化させる方法は，音楽を聴いたり，入浴したり，アルコール（酒）やカフェイン（コーヒー）を飲んだり，いろいろある。しかし，いずれの方法も，手間や費用がかかったり，そのときは快適でも長期的には健康に悪かったりする。いつでもどこでもすぐに活用でき，しかも無料で健康に害のないものがよい。それは，自分の身体である。心や自律神経系はコントロールできなくても，筋や呼吸などは練習すれば意識的にコントロールできるようになる。筋弛緩法や呼吸法や軽運動などを，リラクセーションやアクティベーションの方法として活用すれば，必要に応じて心理状態の活性度や安定度を高めることが可能である。具体的なやり方を第 5 章で解説するので，ぜひ試してほしい。

◆こころのダイアグラムの活用

　本書のテーマは，自分の身体を活用して心を調整する身心の自己調整について解説することなので，各種の身体活動を中心に取り上げて，それらの心理的効果を紹介している。ただし，実際に活用するのは，音楽でもマッサージ機でも食事でもサプリメントでも，何でもよい。こころのダイアグラムを活用すれば，あらゆるものの心理的効果を測定することができ，その効果の特徴と大きさを数量的に評価し，矢印（ベクトル）で視覚的に示すことができる。二次元気分尺度を使って，さまざまなレクリエーション（軽運動）や音楽の心理的効果の違いを数量化して比較した結果を第 8 章で紹介するが，こころのダイアグラムを活用した研究が広がれば，多種多様な活動や製品や薬物などの心理的効果の特徴と大きさをベクトルで表したり，数量的に比較検討して一覧表にしたりして，目的に応じて自由に選択できるようになる。

●コラム7●

心理状態のベストエリアとワーストエリア

【坂入 洋右】

　20年前に，筆者は勤務先を異動し，主な専門領域が臨床心理学からスポーツ健康心理学になった。それまでは，自律訓練法（AT）や瞑想法による不安低減効果の研究を行いながら，臨床心理士として悩んでいる人や病気の人をサポートしていた。そのころは，単純に，不安が減ってリラックスすることは望ましいと考えていた。しかし，アスリートの実力発揮のためのメンタルサポートに取り組んでみると，もっと複雑な問題が存在することを痛感した。

　一般的に，スポーツの試合中は不安でないほうがよいが，練習期間の不安はモチベーションを高めるし，戦略的悲観とよばれるような試合前の不安は，試合中の不安を低減させる効果があることがわかった。また，適切な心理状態のエリアは競技種目によって異なっていて，例えばアメリカンフットボールやバスケットボールは，平均的な傾向として活性度の高い興奮のエリアが，野球やゴルフなどは安定度の高い沈静のエリアが，プレーに適していた。また，同じ競技種目でも，プレー場面やポジションによって異なり，例えばバスケットボールでは，リバウンドキープは活性度の高さが，フリースローは安定度の高さが重要だった。アメリカンフットボールでは，強いタックルに行くディフェンスには活性度の高さが求められるが，オフェンスで特に広い視野で正確なパスをするクォーターバックには，安定度の高さが必要だった。さらに，同じプレー場面でも個人差が大きく，平均的には冷静さが求められるバスケットボールのフリースローでも，興奮した状態のほうが高いパフォーマンスを発揮する選手が存在した。

　このように，どのような心理状態が望ましいかは，目的によっても取り組む課題の内容によっても個人の特性によっても，全く異なっているのである。さらに言うと，そのときの体調や対戦相手によっても変動する。そこで，メンタルトレーニングの相談に来る選手には，「あなたにとって適切な心理状態がどのようなものか，最も深く正確に知ることができるのは，スポーツ心理学の専門家でも，コーチでもなく，あなた自身だ」と言うことを伝えている。

　二次元気分尺度を活用して日々の練習や日常生活における身心の状態の変動を把握し，試合のたびに心理状態の変動を振り返って，自分が高いパフォーマンスを発揮することができる心理状態の適切なエリアと，調子が悪いときに陥りやすい不適切なエリアの特徴を客観的に理解できれば，それだけでも冷静な状態で本番に臨むことができるだろう。

しかし，それらの研究の成果として得られた数値は，あくまでも標準的な結果に過ぎない。企業や専門家などにとっては有益だが，本書の目的である自分自身の健康増進と実力発揮のためには，自分自身のデータに基づく結果のほうが，はるかに有効性が高い（第14章参照）。はじめはぜひ，本書の第Ⅲ部と第Ⅳ部で紹介する各種の方法を実践してほしいが，それだけにこだわる必要はない。音楽でも飲み物でも，自分が良さそうだと思うことをいろいろ試し，その前後の心理状態の変動をこころのダイアグラムで確認するとよい。そうすれば，自分にとって一番やりやすく効果のある方法を見つけることができるだろう。各自の好みや実施環境などによって，有効な方法は一人一人異なっている。日々の身心の状態やその変動に関する自己理解を深めながら，自分にとってベストな方法を探していくことこそが，「身心の自己調整」なのである。自分の健康増進と実力発揮のために必要な情報を最も多くもっている世界一の専門家は，自分自身だということを心に刻んでおいてほしい。

第3章
二次元気分尺度とこころのダイアグラムの活用法

【中塚 健太郎】

◆二次元気分尺度で何がわかるのか

◇概　要

　二次元気分尺度（Two-Dimensional Mood Scale; TDMS）は，回答者自身による心理状態（気分）のモニタリングを通して，以下の4つの因子・成分を測定する検査である（坂入他，2009; Sakairi et al., 2013）。

- **活性度V**（vitality）：元気な気分。快適な興奮と不快な沈静を両極とする心理状態の水準。
- **安定度S**（stability）：落ち着いた気分。快適な沈静と不快な興奮を両極とする心理状態の水準。
- **快適度P**（pleasure）：快適な気分。快と不快を両極とする心理状態の総合的な快適水準。
- **覚醒度A**（arousal）：興奮した気分。興奮と沈静を両極とする心理状態の総合的な覚醒水準。

　二次元気分尺度は，8項目版と2項目版がある。質問項目として感情を表現する語句が使われており，自分の心理状態を内省する能力が必要なため，中学生以上（12歳以上）が適用対象となるが，小学校高学年くらいからでも実施が可能である。さらに，5歳程度から実施可能な「子ども用二次元気分尺度・2項目版」もある。特に明示しない場合は8項目版を指す。なお，検査用紙はアイエムエフ株式会社より発行されている（本書をもとに個人的に使用する範囲を超えて利用する場合は購入の必要がある）。

　また，測定結果を快適度と覚醒度を2つの軸とする二次元グラフ「こころ

	得点範囲		心理状態
	8 項目版	2 項目版	
活性度Ⅴ	最大：＋10 最小：－10	最大：＋5 最小：－5	得点が＋：イキイキとして活力がある状態 得点が－：だるくて気力が出ない状態
安定度Ⓢ	最大：＋10 最小：－10	最大：＋5 最小：－5	得点が＋：ゆったりと落ち着いた状態 得点が－：イライラして緊張した状態
快適度Ⓟ	最大：＋20 最小：－20	最大：＋10 最小：－10	得点が＋：快適で明るい気分の状態 得点が－：不快で暗い気分の状態
覚醒度Ⓐ	最大：＋20 最小：－20	最大：＋10 最小：－10	得点が＋：興奮して活発な気分の状態 得点が－：眠くて不活発な気分の状態

のダイアグラム」に示すことで，さまざまな場面における心理状態の特徴とその変動を視覚的に理解することができ，身心の状態を適切な方向に調整することに役立てられるようになっている。

◇ 得点範囲と意味

　活性度・安定度・快適度・覚醒度の各下位尺度で共通の質問項目を用いることにより，8 項目の質問に回答するだけで，4 種類の心理状態を測定することができる。2 項目版では，文字どおり 2 項目で測定可能である。信頼性と妥当性がしっかり確認されている。質問項目の構成に関する詳細は第 2 章にまとめている。

　各下位尺度の得点範囲と，得点がプラスかマイナスかによって示す心理状態は表 3-1 のとおりである。

◇ 特徴および活用可能な領域・目的

　二次元気分尺度には，心理状態の測定に適した以下の特徴がある。

　①心理状態の二次元モデルを基本としているため，ネガティブな心理状態（抑うつ・不安）とポジティブな心理状態（元気・安心）を統合的に測定できる。

　②短時間（30 秒程度）で実施可能なため，心理状態の変動を経時的に繰り返し測定できる。

③刺激に対する反応としての情動と，身体の状態に対応する気分を明確に
　分けて測定できるため，生理的状態や行動的反応と心理状態の関係性を
　検討するのに適している。
また，二次元気分尺度は以下のような領域・目的で活用できる。
①医療：患者の心理状態の継続的なチェック，精神症状や治療の心理的効
　果の測定など。
②保健：心身相関の理解，心理状態のセルフチェックと快適な水準への自
　己調整など。
③教育：生徒や教師のストレスマネジメント，感情の自己調整，能力（実
　力）発揮など。
④産業：心理状態の自己調整による生産性の向上，事故の予測と防止（リ
　スクマネジメント）など。
⑤スポーツ：メンタル面のコンディショニング，「あがり」や「だらけ」の
　防止，実力発揮など。
⑥研究：運動，食事，睡眠などの心理的効果の検証，心身相関の検討など。

◆基本的な使用方法

　ここでは，自分で回答する方法を紹介する。教師・コーチ・保護者などが
児童生徒・選手・子どもなどに実施する場合は，検査用紙を購入し，面接調
査法もしくは集合調査法で実施するとよい（詳細は二次元気分尺度の手引き
を参照）。

◇ ステップ①

　筆記用具と質問項目を用意する。質問項目は図3-1のとおりで，自分自身
の心理状態を繰り返し測る場合には，巻末の付録をコピーして使ってもかま
わない（著作権法上の利用制限には注意）。
　ここでは紙に回答する方法を説明するが，ICTを活用するツールの開発も
産学連携の共同研究（筑波大学・徳島大学・アイエムエフ株式会社）として
進められている。

（　今　）のあなたの気持ちは，以下の言葉にどれくらい当てはまりますか。
近い数字に○を付けてください。
●下の□内に，（　今　）の状況を具体的に記入してください。

例）運動を始める前

	全くそうでない	少しはそう	ややそう	ある程度そう	かなりそう	非常にそう
㋐ 落ち着いた	0	1	2	3	4	5
㋑ イライラした	0	1	2	3	4	5
㋒ 無気力な	0	1	2	3	4	5
㋓ 活気にあふれた	0	1	2	3	4	5
㋔ リラックスした	0	1	2	3	4	5
㋕ ピリピリした	0	1	2	3	4	5
㋖ だらけた	0	1	2	3	4	5
㋗ イキイキした	0	1	2	3	4	5

▶図 3-1◀　二次元気分尺度の質問項目

✧ ステップ②

　図 3-1 に示した説明文を読んでから，自分の気持ちがそれぞれの言葉（質問項目）にどれくらい当てはまるかを 0～5 の 6 段階から選び，該当する数字を○で囲む。ただし，あまり深く考え込まないようにするとよい。一般的な回答時間は 1～2 分で，慣れてくれば 30 秒程度で完了する。

　今の気持ちではなく，具体的な状況（例：運動開始前，試験開始前など）について回答する場合は，その状況を枠内に記入する。その状況が過去のものであれば，そのときの経験を十分に思い出してから，そのときの気持ちになって回答する。

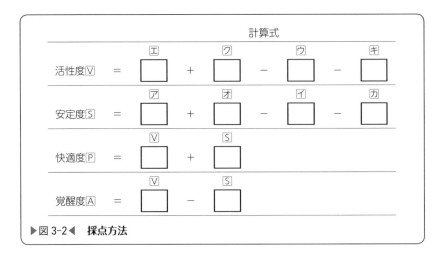

計算式

		エ		ク		ウ		キ
活性度Ⅴ	=	□	+	□	−	□	−	□

		ア		オ		イ		カ
安定度Ⓢ	=	□	+	□	−	□	−	□

		Ⅴ		Ⓢ
快適度Ⓟ	=	□	+	□

		Ⅴ		Ⓢ
覚醒度Ⓐ	=	□	−	□

▶図 3-2◀　採点方法

◇ ステップ③

　例えば，何らかの活動の前後で心理状態がどのように変動するかを調べたい場合，1回目（活動前の今）の回答が完了したら，2回目（活動後の今）の回答をする。

◆採点方法とこころのダイアグラムの作成方法

◇ 採点方法

　項目ア～クで○を付けた数字を，図 3-2 の計算式に代入して算出する。快適度と覚醒度は，活性度と安定度で算出した得点を用いる。

◇ こころのダイアグラムの作成方法

　こころのダイアグラムの作成には，活性度と安定度の得点のみを用いる。
　活性度と安定度の得点から各軸に対してそれぞれ垂直な線を引き，交差した点に印を付ける。その位置が心理状態の特徴を表している。例えば，活性度が4点，安定度が8点の場合には，その交点である●の位置がそのときの心理状態として可視化できる（図 3-3）。

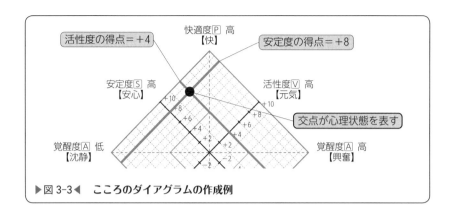

▶図 3-3◀　こころのダイアグラムの作成例

◆結果の解釈

一般的な解釈として，以下のように見なすことができる。

①活性度・安定度・快適度の得点がプラス（正）の場合

　＝こころのダイアグラム上で上半分に点が位置する場合

　➡快適で良好な心理状態

②活性度・安定度・快適度の得点がマイナス（負）の場合

　＝こころのダイアグラム上で下半分に点が位置する場合

　➡不快で好ましくない心理状態

　しかし，心理状態は個人差が大きいので，1回の測定結果だけで個人の心理状態を評価するのではなく，さまざまな状況で複数回測定することが望ましい。日常的に繰り返し心理状態を測定しておくことで，それらの測定結果の平均値を一定の基準値として，特殊な状況における測定結果との違いを分析することができる。また，何らかの活動（運動や食事など）の前後で実施すれば，その時の心理状態の変動の特徴と大きさを調べることができる。これらのやり方については，次の「こころのダイアグラムの活用と評価」で説明する。

◆こころのダイアグラムの活用と評価

ここでは以下の3つの活用法について説明する。
- 心理反応：心理状態の変動をとらえる。
- 点としての心理状態：ベストポイントとワーストポイントを知る。
- 範囲としての心理状態：適切なエリアと不適切なエリアをつかむ。

◇ 心理反応：心理状態の変動をとらえる

　心理状態を調整するためには，身体から心へアプローチする方法が有効である（第1章参照）。その有効性を体験するには，自分の好きな運動や身体活動の前後における心理状態を二次元気分尺度で測定すると，簡単にその変動をとらえることができる。例えば，ウォーキングによる変動を知りたい場合，ウォーキングの前と後に二次元気分尺度で心理状態を測定すればよい。運動前と運動後の結果をこころのダイアグラムに表示し，2つの点を矢印で結ぶと心理状態の変動の方向性と大きさがわかる（図3-4）。この例では，ウォーキングによって活性度と快適度が上昇して元気になったことを示している。矢印が示す変化の方向性の意味は，図3-5のとおりである。

　このように，運動の心理的効果が視覚的に理解できるだけでなく，心理状態のモニタリングにも有益である。毎日同じようにウォーキングをしているつもりでも，その時々の天候や体調などによって結果が異なってくるので，

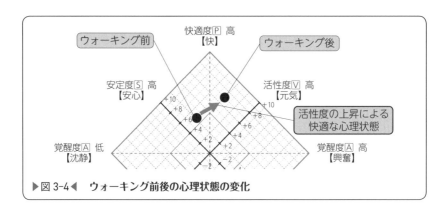

▶図3-4◀　ウォーキング前後の心理状態の変化

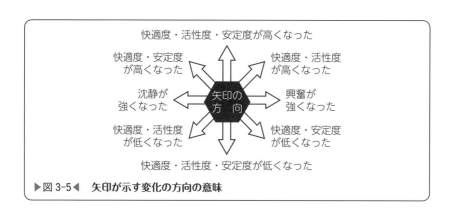

快適度・活性度・安定度が高くなった

快適度・安定度
が高くなった

快適度・活性度
が高くなった

沈静が
強くなった

矢印の
方　向

興奮が
強くなった

快適度・活性度
が低くなった

快適度・安定度
が低くなった

快適度・活性度・安定度が低くなった

▶図 3-5◀　矢印が示す変化の方向の意味

不快になる場合もあるかもしれない。繰り返し測定することにより，自分の身心の状態や変動についての理解が深まっていく。

　運動の心理的効果に限らず，食事や仕事や遊びなど多様な活動の前後に心理状態を確認し，こころのダイアグラムに結果を示すことで，さまざまな場面における自分の心理状態の特徴や変動のパターンを視覚的に理解するツールになる。このような活用は，身心の状態を適切な状態に調整することにも役立つ（コラム 8）。

◇ 点としての心理状態：ベストポイントとワーストポイントを知る

◆ ベストポイントを知る

　心理状態の変動がわかり始めると，こころのダイアグラムのどこに心理状態があるのが最も望ましいのかが気になるのではないだろうか。そこをベストポイントとよぶ。どんな心理状態が望ましいかは，活動（スポーツなど）や状況（環境や場面など）によっても異なるが，同じ活動でも役割（ポジション）によって大きく異なることがわかっている。例えば，野球よりはバスケットボールや水球競技のほうが，活性度が高いことを示すこころのダイアグラムの右上（◈）にベストポイントがあることが多い。また，同じバスケットボール選手でも場面（状況）によってベストポイントは変化し，リバウンド時には活性度が高く，フリースロー時には安定度が高くなることが示されている（征矢・坂入，2016）。球技などのポジションでは，一般的にディフェンス（守備時）は活性度を高める激しさが求められ，オフェンス（攻撃

●コラム 8●

イメージ（理想や不安）と現実

【坂入 洋右】

　体重計でも血圧計でも，センサーの精度や測定の仕方が悪いと正しい結果を知ることができない。二次元気分尺度は，自分自身が測定のセンサーとなる自己評価指標なので，人によって精度が大きく異なってしまう。自己客観視ができる人は問題ないが，自分の理想や不安などの思いと実際の現実を混同しがちな人は，結果が不正確になってしまう。体重や血圧の測定でも，太りたくないという思いが強いと，食べすぎたときなどは避けて，体重が減っていそうなときばかり測定したり，血圧が高くなることを心配しすぎると，かえって高い数値が出てしまったりすることがある。

　だるいとか苦しいとか弱音を吐かずに前向きに頑張るアスリートなどに多くみられるが，特にポジティブシンキングを心がけているような人は，ネガティブな自己評価をすることが嫌いなためか，イメージ（理想や不安）と現実のズレが大きくなる傾向がある。以前，プレッシャー場面における身心の緊張について研究したとき，ストレス状況での筋緊張や心拍の増加と主観的な緊張の増加が，正反対になっている選手がいた。話を聞いてみたところ，「重要な場面でこそ，リラックスしていなければならないから」とのことだった。プレッシャーのかかる状況において，実際に身心ともに落ち着いていられるのであれば素晴らしいのだが，リラックスしていたいという思いや理想とする自己イメージと，現実の身体の反応がズレてしまっているのは問題である。プレーのパフォーマンスに大きな影響を及ぼすのは，心の緊張よりも肩に力が入ったりする身体の緊張なので，その変化を正確にモニタリングして自己評価できることが重要なのである。

　過去のベストパフォーマンスのときの心理状態を思い出す際，「最高に気分が良かったに違いない」というような記憶や思い込みの影響が強くて，最初のうちは正確な結果が得られないかもしれない。しかし，自分の身心の状態をモニタリングして，それを二次元気分尺度で測定してこころのダイアグラムに示して客観的に振り返ることを何度も繰り返していると，だんだん自分の身心の状態の特徴やその変動パターンが，正確にわかるようになってくる。自分自身を測定するセンサーとしての自己客観視能力の精度が高まってくるのである。時間はかかるかもしれないが，この段階に達すれば，身心の自己調整の成果を明確に実感できるようになるだろう。

時）は安定度を高める冷静さが求められる。リラックスが必要なだけでなく，興奮すると視野（注意を向ける範囲）が狭くなってしまうことも，攻撃時に安定度が求められる理由の1つである。

このように，活動の種類によってもその時々の状況によってもベストポイントの位置は異なるが，それ以上に個人差の影響が大きいことを理解しておかなくてはならない。例えば，一般的には冷静さが求められるバスケットのフリースローでも，興奮しているほうが成功率の高い選手もいる。同じ課題でも人によってベストポイントが大きく異なるため，活動の目的や状況を踏まえた上で，個人差を重視したベストポイントを各自が知ることが，身心の自己調整には必要不可欠である。個人のベストポイントは，初期段階では過去の体験において最高の結果が出たときの直前（準備状態）の場面の心理状態を思い出して二次元気分尺度に回答しておき，その結果と現在の心理状態の違いを比較する方法がある。

現在の自分の心理状態が，ベストポイントにどれだけ近いか，あるいは離れているかは，こころのダイアグラムを見ればだいたいわかる。しかし，もし正確な数値を知りたい場合は，安定度と活性度の得点を用いれば「心理状態の差」としてその大きさを算出できる（**コラム9**参照）。

◆ ワーストポイントを知る

さて，ベストポイント以上に個人差が大きいのが，ワーストポイントである。

調子の良いときは快適度が高いのが一般的であり，ベストポイントはこころのダイアグラムの上のほうにあり，ワーストポイントはそれより下の位置になることが多い。ベストポイントから見てワーストポイントが右下のほうにある場合は安定度が低いために「あがり」が問題となり，左下のほうにある場合は活性度が低いために「だらけ」が問題となる。スポーツや試験などで実力発揮ができないパターンには，「あがり」タイプと「だらけ」タイプがある（第5章参照）。自分が解決したい問題がどちらのパターンか知るために，過去の体験の失敗場面についても同様に想起して，そのときの心理状態を知っておくとよい。

身心の自己調整法としては，「あがり」であればリラクセーション，「だら

●コラム9●

心理状態の差（DOP）を測る

【中塚 健太郎】

　心理状態の差（distance from optimal point; DOP）は，ベストポイントから現在の心理状態（ポイント）までの距離を算出することで，現状を把握し，状況に応じてメンタルトレーニングや身心の自己調整を実施した場合などに，その効果を客観的に検証する方法として有益である。DOPの計算方法は，三平方の定理を用いて，以下の計算式のように行う（図も参照）。

$$DOP = \sqrt{(活性度Ⓑ - 活性度①)^2 + (安定度Ⓑ - 安定度①)^2}$$

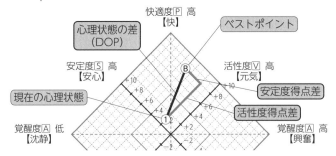

　過去の体験の記憶は不正確な場合があるので，繰り返し心理状態を測定し，実際にパフォーマンスが高かったときと低かったときのデータが十分に蓄積されたら，ベスト（ワースト）ポイントを修正する。望ましい結果が得られたときの心理状態の平均値を算出して新たなベストポイントとすることにより，ベストポイントは随時更新されて妥当性が高まっていく。現実に達成できる心理状態は，理想の状態とは異なっているし，技術レベルや身心の状態によっても変動するので，常に最新のデータを用いることにより，実践に適した効果的な活用が可能になる（具体例は第9章参照）。

　多くの人に各種の身心の自己調整法を実施してもらって，その実践方法全体の有効性を検証したい場合，「あがり」タイプの人はリラックスでき，「だらけ」タイプの人は緊張感を高められることが望ましい。しかし，両者の変動は心理状態としては逆方向なので，集団における効果を知るために単純に数値を合算すると，変動が相殺されて効果が見えなくなってしまう。このような場合にDOPを用いると，個人ごとに望ましい方向への変動の大きさが数量化でき，データを合算した統計的分析も可能になる。個人差を考慮した介入方法の一般的な有効性を研究するための方法としても期待できる。

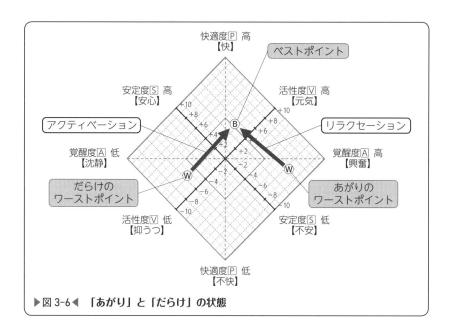

▶図3-6◀ 「あがり」と「だらけ」の状態

け」であればアクティベーションが有効である（**図3-6**）。具体的な方法については第5章で紹介する。

◇ 範囲としての心理状態：適切なエリアと不適切なエリアをつかむ

　実際にデータを収集していくと，ベストポイントやワーストポイントに一致するデータがなかなか得られないことがある。しかし，ポイントに完全に重ならなくても，ある程度の範囲にあればよいというケースもある。何度も二次元気分尺度に回答して複数のデータがある場合は，点（ポイント）ではなく，ある程度の範囲をもつ適切なエリアと不適切なエリアを把握することができる。

　まず，活性度および安定度の得点について，複数のデータの平均値と標準偏差（standard deviation; SD）を算出する。そして，平均値±1SDの範囲をエリアとして設定することで，適切なエリアおよび不適切なエリアをこころのダイアグラム上に表記することができる（**図3-7**）。

　このエリアの設定には，各個人のデータが用いられるため，エリアの大き

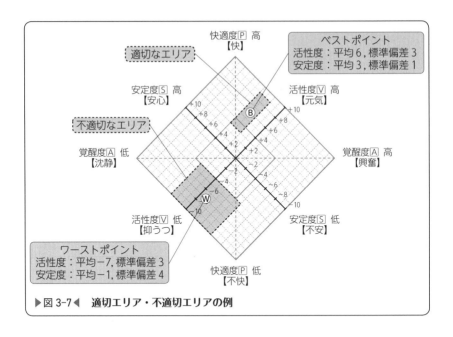

▶図3-7◀　適切エリア・不適切エリアの例

さや形は人によって異なる。この異なる四角形のエリアは，実際のパフォーマンス（アウトカム）に基づいて算出されているため，個人の特性や活動（競技など）の特徴が表れやすい。基本的には，適切なエリア内に心理状態が入るように身心の自己調整を行う。しかし，活動の特性や目的によっては，心理状態があまり良くなくても，不適切なエリアにさえ入らなければ問題ないものもある。大きな失敗さえ防げれば成功するような場合には，無理に適切なエリアを目指さなくてもよい。

　また，図3-7の例からは次のようなことも把握できる。適切なエリアが不適切なエリアに比べて小さいことから，実力発揮に適した心理状態は狭い範囲に集中しているといえる。また，適切なエリアの安定度の範囲は活性度の範囲より小さいため，活性度よりも安定度に留意しながら身心の自己調整を心がけたほうが適切なエリアに入りやすいともいえる。

　いずれにしても，適切なエリアと不適切なエリアを設定することで，各自の課題が明らかになる。次のステップとしては，各自に適した身心の自己調整の方法を選択し，実際に継続的に実践する段階に進むことができる。最終

的に，二次元気分尺度とこころのダイアグラムは，その実践の効果検証を行うためにも活用できる。しかし，大きな成果を得たければ，焦らずじっくりと段階的に一歩一歩進むことが大切である。結果を焦ってすぐに身心を調えようとする前に，まずは身心の状態を丁寧に調べて，自分の特徴をよく知る必要がある。

　本書の各章で繰り返し説明されるが，身心の状態は，無理にコントロールしようとせずモニタリングを積み重ねていくことで，自然に調っていく。スポーツや健康などの多様な実践分野における，二次元気分尺度とこころのダイアグラムの具体的な活用方法については，第Ⅴ部で解説する。

◆二次元気分尺度・2項目版（子ども用を含む）

　二次元気分尺度には，8項目版のほかに，その短縮版としての2項目版がある。ここまでは8項目版を中心に活用法を説明してきたが，対象者や使用目的によっては，2項目版あるいは子ども用の2項目版の利用が望ましいこともある。特に，心理状態の変動を短時間で繰り返し測定する必要がある場合は2項目版を，質問項目の意味を正しく理解できない幼児や児童には子ども用の2項目版の利用をお勧めする。

　子ども用の2項目版は，子どもでも理解できるように説明文や採点方法がわかりやすくなっており，5歳程度から利用可能である。ただし，その使用にあたっては，質問に対する対象者の理解度に応じて検査者や保護者などがサポートする必要がある。また，対象年齢が低い場合は練習を複数回行い，やり方を理解しているか確認した上で実施することが望ましい。

　2項目版と8項目版の違いは，質問項目の数が少ないだけでなく「言葉」と「数字」に加えて「人物のイラスト」と「色イメージ」がカラーで表現されている点が挙げられる。そのため，視覚的に理解しやすく，繰り返し実施して慣れてくると数秒で回答できるようになる。

　また，心理状態の特徴や変化を，点数だけでなく色の違いとして理解できるように，販売されている2項目版ではこころのダイアグラムがカラーで掲載されている（本書の裏表紙参照）。カラーのこころのダイアグラムを活用すると，得点の変化だけでなく，「心理状態が赤色から緑色に変わった」と

いうように，色の変化でそのときの心理状態をとらえることもできる。特に，子ども自身がモニタリングを行うための補助ツールとして利用する場合は，この色の違いを説明してフィードバックをすることで測定自体へのモチベーションが高まり，自己理解が促進されると考えられる。

　こころのダイアグラムを日常的に活用することによって，自分の心理状態を振り返るモニタリングの習慣を形成することができる。モニタリングを通して，自分の気持ちを客観視して適切に受け止める能力が育まれていくと，感情に振り回されて自分を追い込んだり，攻撃的になったりすることが減って，現実の問題に冷静に対処できるようになることが期待できる。

第4章

身体を活用して心を調える

【坂入 洋右】

　自分の心理状態を望ましい方向に変えようとして，イライラして眠れないときにホットミルクやお酒（アルコール）を飲んだり，逆に眠くて仕事がはかどらないときにコーヒー（カフェイン）を飲んだりするなど，嗜好品を活用することが多い。酒・タバコ・甘味などの嗜好品は，心理状態の覚醒度を調整するだけでなく快適度も上げてくれるので，一時的な問題への対処法としては有効である。しかし，残念ながらそれらを長期的に続けると，健康を害してしまうリスクがある。また，それらを買うのにお金もかかるし，仕事やスポーツや試験などの場面では，飲食ができない状況も多い。

　それに対して，いつでもどこでも無料で活用することができるのが，自分の身体である。緊張しているときには肩に力が入って呼吸が浅くなるなど，身体の状態と心理状態は連動して変化する。このため，身体のほうをうまく調整していけば，心理状態も自然に調ってくる。ある程度の練習は必要だが，自分の筋肉や呼吸を自在にコントロールできるようになれば，嗜好品程度の調整効果は十分に得ることができる。次の第5章で，筋弛緩法や呼吸法などの具体的なやり方を解説するので，ぜひ試してほしい。1分くらいで，スッキリとだるさが取れて元気が出てきたり，肩の力が抜けて落ち着いたりする体験ができるだろう。また，その前後の心理状態の変動を二次元気分尺度で測ってみれば，活性度や安定度が何点くらい上がったのか，数量的・視覚的に理解することができる。

　また，身心の自己調整のスキルを身につけるために，もっと本格的なトレーニングに取り組む意欲のある人は，ぜひ，自律訓練法（AT；第6章）やマインドフルネス（第7章）についても学んで実践してほしい。病気の治療

などの目的であれば，専門家の指導の下で実施する必要があるが，健康な人が自分で試してみることができるように，本書では，基本的なやり方を解説した。体験してみて，自分に適していそうだと実感できたら，さらに専門書などで学んだり，日本自律訓練学会や日本マインドフルネス学会などが主催する研修会を受講したりしながら，実践を継続してみるとよいだろう。

◆意識的コントロールと自律的コントロール

　第1章でも述べたように，自分の意図した方向に意識的に身心の状態をコントロールできればよいが，実際には難しい。とても緊張する場面では，深呼吸をして肩の力が抜けたとしても，心臓のドキドキは治まらないだろうし，血圧は高く，手足は冷たいままかもしれない。血管の収縮などは自律神経系によって制御されているので，意識的なコントロールは難しい。しかし，それで十分なのである。そんな状態で，もっとリラックスしようと焦っても何も良いことはなく，心身相関の悪循環の罠（第1章の**図1-2**）に陥って逆に興奮してしまう。筋や呼吸など，自分が意識的にコントロールできることだけに集中して，あとは身体に任せて見守るのが最善の方法である。しかし，任せるといっても放任ではダメで，身心がどんな状態にあってどのように変化しているのか，しっかりモニタリングする（見守る）必要がある。

◇ 指導者の場合

　これは，自分の身心だけでなく，他者をコントロールしようとする場合でも同様である。保護者や教師やコーチが，うまくできず困難に直面しているのに保護者や指導者の言うことを素直に聞かない子どもや生徒や選手に対して，彼らを望ましい方向に導きたいと願う場合，口うるさく指示を出しても反発されて行動変容につながらず，逆効果になってしまう。また，ただ待っているだけでは，放任になってしまって何も変わらない。理想的な対応は，以下のようなステップである。

　①事前モニタリング：その人がどんな状態にあり，どのような方向に進むのが望ましいのか，適切な判断ができるような情報を収集する。

　②意識的コントロール：その方向に進めるように環境や準備を調える。

③**自律的コントロール**：自発的行動や自然な変化を待つ。

④**事後モニタリング**：その行動や生じる変化を見守って，結果の情報をフィードバックする。

しかし，このように懇切丁寧な対応を実行するには膨大なエネルギーと根気がいるので，よほど優れた指導者以外は難しいかもしれない。実を言うと筆者は，なかなか始まらない自発的行動や変化を待つとか見守るというのが苦手で，つい我慢できずに，子どもや学生に対して手出しや口出しをしてしまう。頑張って指導している感触があり，言いたいことを言えて自分はすっきりする。だがこれは，相手には何の利益もない自己満足である。筆者の場合，40年以上ATやマインドフルネスの実践を続けてきたことの意義は，自分自身の健康増進や実力発揮だけでなく，親として教師として，根気よく変化を待ったり他者を見守ったりできるスキルを，少しでも向上させられたことにあるかもしれない。

本書の読者が，教師やコーチや保護者など，他者をサポートする立場にある人だった場合，生徒や選手や子どもにATやマインドフルネスに取り組ませること以上に，自分自身が実践するほうが有益である。自分が実践したくないことを他者に勧めるのは，倫理的にも問題がある。指導者がイキイキとした状態に変化していく姿を見たら，生徒や選手や子どもの何人かは，自発的に取り組んでくれるだろう。そして，そんな仲間たちの様子を見たら，さらに実践が広がっていくに違いない。とはいえ，そのような進展にも時間がかかる。やはり，まずは指導者自身がトレーニングを継続して，根気よく見守るスキルを高めていくことが不可欠であろう（**コラム10**参照）。

◇ **自己トレーニング**

本書のテーマは，他者ではなく自分自身を望ましい方向に導く取り組みであるが，本質は同じである。「頑張って落ち着こうとしたけれど，かえって緊張してしまった」「気合いを入れて勉強しようとしたが，眠くてはかどらなかった」などはよくある。自分の身心の状態を望ましい方向に変えようとして，自分に向けてやみくもに指示を繰り返しても意味がない。どうせ頑張るなら，自己満足ではなく効果のある行動を心がけたほうがよいだろう。深呼吸をすれば少しは落ち着くし，顔を洗えば目が覚める。それらの行動は確

●コラム 10●

植物の生長に必要な3要素

【坂入 洋右】

　相手を意識的にコントロールできる場合は，動物を調教するようなトップダウン型の指導も有効かもしれないが，大抵の人間はそんなに従順ではないし，相手の主体性も尊重したいということであれば，植物を育てるようなボトムアップ型の支援が必要となる。

　植物が育つのに必要な3要素について，まだ筆者の娘が小さかったころに，学校の先生からお聞きした話が印象に残っている。「理科のテストで，植物の生長に必要な3要素を書く問題があって，みんな水と光の2つは知っているが，3つ目の温度（または栄養素）が思いつかず，いろいろな回答が出てくる。その中に，時間と書いた子がいて，そのとおりなので不正解にできなかった」と言うのである。花が大好きな子どもが，学校の花壇の日当たりのよいところに種をまいて，肥料も入れて，水をやっても……，何も起きない。ようやく芽が出て，早く花を咲かせたいと思っていくら水をやっても，開花時期にならないとつぼみもつかないし，水をやりすぎても枯れてしまう。毎日，根気よく水をやりながら見守るしかなく，雑草や害虫を除きながら何カ月も待って，やっと花が咲くのである。植物を育てた経験のある人なら誰でも，時間という答えに共感して，二重丸をあげたくなってしまうのではないだろうか。

　植物に限らず，子どもが成長していくのにも，自分の身心の状態が改善されていくのにも，時間がかかる。成果が出る時期を待つしかないのだが，それまで何もしないわけではなく，雑草取りや水やりなどと同様に，環境を調整したり運動や栄養などで身体を調えたり，意識的にするべきことはたくさんある。その際に，子どもや自分の身心をしっかり見守って，その状態や変化に気づくこと（モニタリング）が不可欠である。相手の個性や状態にお構いなしに，たくさん水や栄養を与えても，枯らしてしまうだけだろう。植物にも人間にも，本来は自分の力だけで成長していく力が備わっている。もし，それをサポートしたかったら，自然な成長を阻害している妨害要因に早く気づいて，環境や状況を調えてやることである。また，さらに積極的に関わるのであれば，相手にとって適切な時期と量を見極めて支援しないと，逆効果になってしまう。熱心に相手を指導したり，身心の状態をコントロールしたりしたければ，その何倍も，相手の個性や状態を理解したり，わずかな変化に気づいたりするためのモニタリングの努力を継続することが不可欠なのである。

実に効果があるが，それは一時的なものなので，その変化をさらに進展させていく必要がある。そのために有効な方法が，先ほど示した他者を導く方法と全く同じ，以下の4ステップなのである。

①事前モニタリング（調べる）：現状の情報を収集する。

②意識的コントロール（調える）：環境や準備を調える。

③自律的コントロール（調う）：自発的行動や自然な変化を待つ。

④事後モニタリング（調べる）：変化を見守って結果をフィードバックする。

深呼吸や洗顔は，自分の意志で実行可能なので，②の意識的コントロールである。第5章で紹介する筋弛緩法や呼吸法だけでなく，あらゆることが意識的コントロールの方法として活用できる。ガムをかむとリラックスするとか，お化粧直しをするとやる気が出るとか，自分にとって効果的な方法をいろいろ見つけて，多様な状況で目的に応じてそれらを適切に活用できるようになったら素晴らしい。コマーシャルなどで宣伝している，みんなに良いとされるような健康食品や健康器具などを購入するのではなく，自分にとって最も効果的な方法を自分で見つけて，身心の自己調整のシステムを作り上げていくのである。これを実現するためには，さまざまな場面で，自分の身心がどんな状態にあって，そのときにどの方法を実施したら，どのような変化が起きたのか，それらを正確にモニタリングして，自分に関する情報を蓄積していく必要がある。まさに，研究者のような実践である。その専門の研究対象となるのは自分自身であり，自分に関する世界一の専門家になることが，身心の自己調整の最終的な目標である。

◆自己調整の効果の確認

薬の服用でも深呼吸や運動でも，何らかの物事の効果を検証する場合，その物事を実施する前後の状態を正確に測定することが不可欠である。それが，身心の自己調整における，①事前モニタリングと④事後モニタリングの意義である。二次元気分尺度や生理測定機器などを用いた，自分に関する外在的な情報の客観的モニタリングと，ATやマインドフルネスなどの自己観察の体験に基づく，自分の内在的な情報の受容的モニタリングの両面から，

自分の身心の情報を収集して蓄積することが望ましい。

　人間には自律的な自己調整機能が備わっているので，本来は，受容的モニタリングによる内受容感覚情報のフィードバックだけでも，脳による自律的コントロールが進んでいく。しかし，そのような自律的コントロールを妨害しているような要因を取り除いたり，不適切な環境を意識的に調えたりするために，客観的情報に基づく②の意識的コントロールが役に立つのである。

　実は，自律的コントロールが進むのを妨害したり，自分の状態に関する測定の精度を低下させたりする最大の要因として，モニタリングを行う観察者自身の態度がある。「リラックスしたい」「最高の結果を出したい」「自分が望む方向へ結果をコントロールしたい」などの欲求が強いと，余計な影響を与えて逆効果になったり，期待する方向へ偏った解釈をしてしまったりする。自分自身に関する研究者として，正確なデータを得るためには，第三者的な冷静な態度でモニタリングすることが不可欠であり，自己客観視能力の高さと，手出し口出しをせずに根気よく見守るマインドフルネスのスキルが必要なのである。これが，③自律的コントロールの本質である。観察者は，正確なモニタリングに専念して見守るだけで，どう変化するかは相手や身体に任せて，自分からはコントロールしないことが大切である。

◆正しく見ること（正確なモニタリング）

　「重要な試合や試験などの場面で，緊張してしまって実力が全く発揮できなかったので，次はもっとリラックスして落ち着いた状態で臨みたい」と言う人がいたとする。どうしたら，この人が望む方向に，身心の状態を変えていくことができるだろうか。重要な試合や面接試験の前に待機場所で深呼吸をしてから臨んだとしても，顕著な効果は感じられず，「やっぱり緊張して全然ダメだった」と思ってしまうかもしれない。そうなってしまう原因は，あまりにも大雑把に自分を見ていて，正確なモニタリングができていないことにある。

　これはどういうことなのだろうか。まず，試験で良い点数を取りたい場合を例として取り上げて説明してから，身心の状態の変化についても点数化することで，コントロールの成功と失敗について考えてみよう。試験で悪い点

数を取ってしまい，次は良い点数を取りたいと考えたとしても，それだけでは目標が漠然としすぎている。100 点満点として，何点取れたら良い点で，成功と言えるのだろうか。

　ある 100 点満点の試験で，80 点以上がＡ評価での合格，70 点以上がＢ評価での合格，60 点以上がＣ評価での合格，59 点以下が不合格であるとしよう。その結果が 70 点だった場合，同じ 70 点でも人によってその評価が全く異なってくる。評価のランクはともかく合格できればよいと考えていた人であれば，70 点でも十分に成功である。しかし，Ａ評価での合格を目指していた人であれば，合格ではあっても失敗である。また，スポーツ大会で 3 位だった場合，優勝が目標だったなら残念な結果だが，ベスト 8 が目標だったなら大成功である。つまり，成功か失敗かは，設定する目標次第で決まるのである。

　では，どのように目標を設定したらよいだろうか。どうせならチャレンジするたびに成功体験ができれば，自信がつき，やる気も出るので理想的であろう。しかし，現実には失敗体験のほうがずっと多くなってしまう。特に，トーナメント形式のスポーツ大会に臨むアスリートなどは悲惨である。何しろ，優勝者 1 人（1 チーム）以外は必ず負けて終わるし，参加者の半数は一度も勝てずに終わってしまう。スポーツ大会で優勝したいとか，試験で 100 点を取りたいとか，大雑把な目標を掲げているようでは，まず成功体験は期待できないだろう。

　次の試験で 100 点を目指してよいのは，すでに 90 点以上の結果が十分に期待できる人だけである。スポーツでも勉強でも，口先だけでなく，真剣に良い結果を得たいと思うなら，まず現時点の自分の状態を正確に把握することが不可欠である。これまでの試験や試合の結果や自分自身の現状を，冷静に詳細に分析することが重要である。40 点や 1 回戦負けといった大雑把な結果だけでなく，どこができていたのか，何が足りないのか，自分が取り組むべき課題は何か，などを明らかにする必要がある。

　また，同じ不合格や負けでも，毎回の結果には違いがある。50 点のときもあれば 40 点のときもあるし，大敗もあれば惜敗もある。自分の現状や結果の内容を深く理解すればするほど，同じ不合格や負けでも，それぞれの細かな違いがわかるようになってくる。もしも，40 点と 41 点というわずかな結

果の違いに気づいて1点の向上を喜べるようなモニタリングのスキルを身につけられたら，すべてのチャレンジの結果を成功体験にすることも不可能ではない。

◆スモールステップの目標設定

　次の結果をどのくらい向上させることができるかは，課題の難易度や状況によっても異なる。例えば一生懸命に努力すれば10点くらい上げられそうな場合は，次のチャレンジに向けての目標設定は大きくてプラス10点，つまり，現状が40点なら50点くらいを目指すのが妥当だろう。これではまだ不合格かもしれないが，それが現実なので仕方がない。60点以上を取って合格するのは，その次のチャレンジだと覚悟して，長期計画で根気よく努力を続ける必要がある。また，この成功体験を6回繰り返せば100点にたどり着くので，目標設定に際して，100点を取ることや優勝することを諦める必要は全くない。ただ，もし今の実力と目標に大きな差があれば，その目標を達成するまでに時間がかかるというだけのことである。何段階にも目標を設定し，スモールステップで着実に進歩することが肝要である。もしステップが10段階あれば，目標の達成を10回体験して喜ぶことができる。

　アスリートであれば，試合で相手に勝てるかどうかは不確定要素が多い。自己記録の更新を目標にすれば，成長過程や熟達過程にあるうちは，かなりの頻度で成功体験ができるかもしれない。40点の選手が100点に至るまで，自分の変化や成長を大雑把に10点刻みでしか感じられなければ成功体験は数回かもしれないが，細かく詳細にモニタリングできれば，数十回の成功体験を得ることができる。トップ選手でも，例えば棒高跳びのセルゲイブブカ選手は世界記録を35回も更新した。これも自分の記録との競争，しかも1センチ刻みのチャレンジという戦略が可能にしたのかもしれない。

　スモールステップを心がけることは，指導者の場合，さらに重要である。もし専門的な知識や経験があれば，成長や向上に必要なプロセスや段階的なステップを理解していたり，生徒や選手が気づかないような変化に着目できたりするだろう。試合に負けて落ち込んでいる選手を叱ってばかりいるような指導者もいるが，それではネガティブな感情のモチベーションしか与えら

れない。わずかな進歩も見逃さない優れたモニタリング力をもつ指導者であれば，勝利を得るまでの期間に，何十回も成長を褒めてやることが可能なはずである（**コラム11**参照）。

◆スモールステップでの自己調整

　さて，ここで話を元に戻すが，重要な試験や試合でリラックスしたい人の場合でも，リラックスすることへのチャレンジで毎回成功体験を得るためにすべきことは，全く同じである。それは，自分の状態を正確にモニタリングすることである。自分のリラックスの程度を，自己評価で大雑把に点数化しても，二次元気分尺度を活用して点数を算出してもよいが，身心の状態の違いを細かく見分けられるようになることが大切である。

　通常は100点満点のうち40点くらいのリラックス状態であるあがり症の人が，次の試験や試合で100点満点や80点のリラックス状態を目指すのは，いたずらに自分にプレッシャーをかけるだけで，意味のない逆効果な試みである。選手や子どもの個性や状態を把握できていないコーチや教育熱心な保護者が，「リラックスしていけー」と怒鳴ったり，「絶対に80点以上を取りなさい」と約束させたりするようなものである。もし，結果が50点だった場合，その体験をどんなふうに感じるだろう。現実を正しくモニタリングできていない場合，コーチや保護者だけでなく本人自身も，60点にすら達していない結果に，今回も失敗だったと感じてしまうかもしれない。しかし，現実に起きたことは，リラックス得点が10点も向上したという大成功である。成功体験は，次に向かって努力を継続するためのモチベーションも高めてくれる。もし，このような成功体験を積み重ねながら頑張っていくことができれば，苦手意識も弱まってくるので，数回後には80点のリラックス状態で試験や試合に臨めるようになるだろう。

◆意識的コントロール（調える）と自律的コントロール（調う）

　第5章で紹介する筋弛緩法や呼吸法などは，それを1回実施しただけでも，必ず少しは身心の状態が変化する。意識的コントロールが可能な身体を

他人より優れること vs. 自分を高めること

【吉武 誠司】

　勉強や仕事，スポーツなどでの競争場面で，「他人より優れること」を目標として掲げる人が多いだろう。ライバルと競い合うことは，自分の調子がよければ楽しいし，勝てばなおさらうれしい。しかし，実力を発揮できずに負けてしまえば，後悔やネガティブな感情が強く残るだろうし，実力を十分に発揮できた場合でも，相手のレベルが高すぎて何度も負け続ければ自信とやる気を失ってしまう。また，勝ったとしても，相手のレベルが低い場合は学ぶことが少ない。

　考えてみると，他人と競争する経験は，豊かな喜怒哀楽の感情をもたらしてくれるが，結果として自分の成長につながらないことも多そうである。そこで，自分の実力や体調，相手のレベルの高さなどにかかわらず，すべての経験を有効なものとして生かすために，課題に取り組む際の目標設定を，「他人より優れること」から「自分を高めること」に変えるという方策がある。

　自分の能力に相当な自信がある場合には，「他の人に勝ちたい」という目標を掲げて挑戦的になってもよいが，自信がない場合にこの目標を掲げると，挑戦を避けたり，すぐに諦めてしまったりする傾向があるという。これに対して，「自分を少しでも高めたい」という目標を掲げた場合，自分の能力に自信があるかどうかにかかわらず，その課題へのチャレンジを長く続けられる傾向がある。なぜなら，他人という自分にはコントロールできない外的要因に左右されることなく，内的要因である自分の身心の状態やスキルの理解を深めることができ，それに応じた対処を行えるため，失敗が少なくなるからである。また，たとえ失敗したとしても，次の挑戦の機会までに，自分を高めるための貴重な体験データが得られたととらえることで，次の課題ができて，モチベーションを低下させずに楽しく挑戦し続けることができる。

　実際に，中学生を対象としたリレー競走の指導において，「他のチームに勝つこと」を目標とした競争に比べて，「各自のタイムを少しでも高めること」を目標とした競争のほうが，生徒が楽しく主体的に取り組めて，結果としてリレーのタイムも速くなっていた（吉武，2021）。走力の速い生徒も遅い生徒も，自己タイムの更新を目指して全員が夢中でリレーに取り組めたのである。

　以上のことから，特に新しいことや苦手なことに挑戦する際には，他人のことや勝敗は気にせず，自分の状態やスキルをしっかりと理解した上で，「自分を高めること」を目標に掲げてみてはいかがだろうか。

うまく活用すれば，心理状態もうまく調えることができるだろう。しかし，多くの人にとっては，そのわずかな変化を実感することが難しい。そのために，「やっぱりまだ緊張している」などと否定的に感じてしまうのである。もし，自分自身の状態について，2点や3点のわずかな変化にも気づけるようなモニタリングのスキルがあれば，音楽を流しても深呼吸や運動をしても，環境や身心を調える大抵の試みは効果を発揮するだろう。

　本書のタイトルとして「自己調整」という言葉を使っているが，自分を望ましい状態に調整するために必要なのは，大きくコントロールすることではなく，正しくモニタリングすることなのである。しかし，そのような正確な自己客観視が可能なモニタリングのスキルを身につけるためには，トレーニングが必要となる。東洋には，ヨーガや瞑想などのモニタリングのための伝統や方法がいろいろあるが，本書では，ヨーガや瞑想の影響を受けて西洋で開発された，AT（第6章）とマインドフルネス（第7章）を取り上げて，それらの理論と実践方法の概要を解説する。それらの方法を選んだ理由は，宗教的な背景がなく，その有効性に関する科学的なエビデンスが多いため，どんな立場の人でも安全に有効に実施できるためである。

　さて，誤解のないように補足説明するが，コントロールをしないほうが良いと言いたいわけではない。意識的にコントロールできることであれば，意識的にコントロールして調えたら良い。しかし，自律神経系や自立した他者など，容易にコントロールできないものに対しては，無理にコントロールしようとすることは逆効果なのである。自分の力でコントロールできないことに対しては，無駄なあがきをせずにモニタリングしながら見守ることによって，自律的なコントロールが進んで，自然に「調う」ことになる。また，その際に，無駄なコントロールをしないことで節約できた努力のエネルギーすべてを，環境を調えたり，身体や呼吸を調えたり，意識的にコントロールできることに有効活用することができる。

第5章

リラクセーションとアクティベーション

【稲垣 和希】

　健康の維持増進や大事な場面で実力を十分に発揮するためには，身心の状態を適切な範囲に調整する必要がある。そこで本章では，身心の状態を各自の目的に合わせて効果的に調整するための方法として，リラクセーションとアクティベーションの具体的なやり方を紹介する。いずれの方法も，呼吸や身体を使った簡単なものなので，ぜひ多くの場面で活用してほしい。

　リラクセーションとは，身心の状態を落ち着け，リラックスした状態にすることである。不安や緊張を感じるとき，イライラしたときなどに用いる。

　アクティベーションとは，身心の状態を元気にし，イキイキした状態にすることである。元気がなくだらけているとき，身心をスッキリさせたいときなどに用いる。

　効果的に身心の状態をリラクセーションまたはアクティベーションするためのステップは，以下の4つがある。

　ステップ①：課題に応じた自分の「理想の心理状態」を調べて理解する

　ステップ②：「現在の心理状態」を調べて，現在の自分に適した自己調整法（リラクセーション法 or アクティベーション法）を選択する

　ステップ③：選択した自己調整法（リラクセーション法 or アクティベーション法）を実施する

　ステップ④：実施した自己調整法の効果を確認する

　この4つのステップに沿うように，二次元気分尺度を活用してどのように自己調整をしていくかを具体的に説明していく。

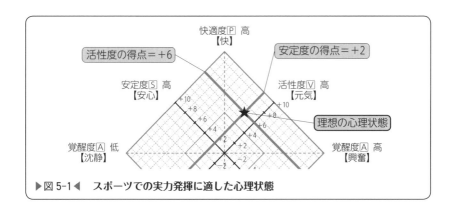

▶図5-1◀　スポーツでの実力発揮に適した心理状態

◆ステップ①：理想の心理状態

　ステップ①は，「課題に応じた自分の『理想の心理状態』を理解する」である。

　まず，スポーツで良いパフォーマンスが発揮できたときや，身心の調子が良くて作業がはかどったとき，心が落ち着いてリラックスできていたときなど，自分が目的とする理想の場面を思い浮かべ，そのときの心理状態を思い出して二次元気分尺度に回答する。その心理状態が，リラクセーション法またはアクティベーション法を活用して目指すべき，各自の「理想の心理状態」になる。続いて，「理想の心理状態」を図5-1のように「こころのダイアグラム」上に示す。

　図5-1の例は，スポーツの特定場面でのパフォーマンス発揮に適した，その人にとっての「理想の心理状態」を調べた結果を示したものだが，活性度が＋6点で安定度が＋2点なので，★印で示した「理想の心理状態」が右上の元気なエリアにあることがわかる。逆に，ゆったりくつろぎたいときやぐっすり眠りたいときなどの「理想の心理状態」は，左上の安心のエリアに示されることが多い。

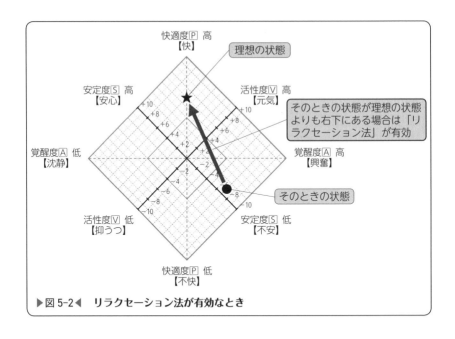

▶図 5-2◀　リラクセーション法が有効なとき

◆ステップ②：自己調整法の選択

　ステップ②は，「『現在の心理状態』を調べて，現在の自分に適した自己調整法（リラクセーション法 or アクティベーション法）を選択する」である。

　「現在の心理状態」を二次元気分尺度で測定し，「理想の心理状態」をこころのダイアグラム上に示したのと同様に，「現在の心理状態」をこころのダイアグラム上に●印で示す。心理状態を理想に近づけたいので，●印の現在の状態から★印の理想の状態に向けて線を引き，調整したい方向を矢印で示す。

　一般的に，理想の心理状態は快適な状態なので，こころのダイアグラムの上のほうに位置していることが多い。そのため，矢印は，下から上の方向に引かれるが，左上に向かうリラクセーションが必要な場合と，右上に向かうアクティベーションが必要な場合がある。図 5-2 に示したように，そのときの心理状態が右下の不安のエリアにある場合は，リラクセーション法を実施

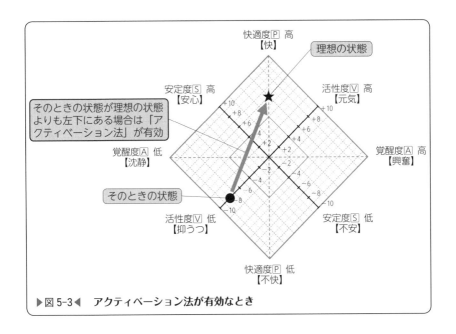

▶図5-3◀　アクティベーション法が有効なとき

することによって，左上の安心のエリアの方向に調整することができる。また，図5-3に示したように，そのときの心理状態が左下の抑うつのエリアにある場合は，アクティベーション法を実施することによって，右上の元気のエリアの方向に調整することができる。

　このように，「理想の心理状態」と「現在の心理状態」をこころのダイアグラムに一緒に示すことで，「理想の心理状態」に近づくためにはどのような自己調整法をする必要があるかを理解することができる。

◆ステップ③：リラクセーション法

　ステップ③は，「選択した自己調整法（リラクセーション法 or アクティベーション法）を実施する」である。ここでは，代表的なリラクセーション法として，呼吸法と筋弛緩法の2つの方法を紹介する（コラム12）。

いつでもどこでも

【坂入 洋右】

　気分転換をするには，何を活用するのがよいだろうか。手軽な方法として，イライラして落ち着かないときに，甘いものを食べたり，お酒を飲んだり，逆に眠気を覚まそうとしてタバコを吸ったり，コーヒーを飲んだりする。これらは一時的な気分転換には効果的だが，長期的な健康にはあまり好ましくない。また，温泉に入ったり，マッサージしてもらったりすることができれば理想的だが，手間や費用がかかりすぎる。

　一方，いつでもどこでも無料で活用できるのが，自分の身体（筋肉と呼吸）である。気分転換のために自分の筋肉と呼吸をうまく使いこなせるようになれば，とても便利である。スポーツでは，「肩の力を抜け」とよく言われるが，これがとても難しい。実は，脳から筋肉に指令できるのは筋収縮（力を入れること）だけなので，意識的な筋弛緩（力を抜くこと）は原理的にできない。人間にできるのは，力を入れることと，それをやめることだけである。そのような自然な脱力のコツを身につける練習が，本章で紹介した筋弛緩法である。

　また，身心の状態は呼吸とともに変動している。息を吸うときには，胸筋や横隔膜が緊張して心拍数が増加し，息を吐くときには全身が弛緩して心拍数が減少する。平常時では，1分あたり20拍くらいの心拍変動がある。したがって，姿勢を正して大きく息を吸えば覚醒して目が覚めてくるし，脱力しながら深く息を吐けばリラックスして落ち着いてくる。さらに，こころのダイアグラムをイメージして，フレッシュな酸素とともに活気や元気などの快適なエネルギーを吸い込んで，不要になった二酸化炭素とともに不安やイライラなどの不快なエネルギーを吐き出す感覚で呼吸を繰り返すことができるようになると，呼吸をするだけで気分がよくなってくる。その練習が，呼吸法である。

　人によって普段の姿勢も違うし，肺活量も異なっている。誰にでも合う万能なやり方などはないので，本やウェブなどで紹介されている呼吸の具体的な方法をうのみにせず，いろいろ試して，その時々の自分の身体の感覚や呼吸の様子を観察しながら，時間をかけて自分に適したやり方を見つけてほしい。

　他人の心はもとより，自分の心でさえ思いどおりにならないが，身体と呼吸は，放置せずに注意を向けて心を配ってあげれば，こちらの思いに添って動いてくれる。自分の身体や呼吸を深く理解して，生涯一緒にいるよきパートナーになれると，それだけで生きるのが楽になるだろう。

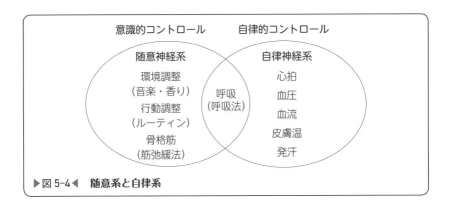

意識的コントロール　　　自律的コントロール

随意神経系　　　　　　自律神経系

環境調整
（音楽・香り）
　　　　　　　　呼吸
行動調整　　　　　（呼吸法）
（ルーティン）
　　　　　　　　　　　　心拍
骨格筋　　　　　　　　血圧
（筋弛緩法）　　　　　　血流
　　　　　　　　　　　　皮膚温
　　　　　　　　　　　　発汗

▶図 5-4◀　随意系と自律系

◇ 呼吸法

「呼吸」は，身心の自己調整法として近代科学が発展する前から活用され
てきた。その理由は，呼吸は自分の意思でコントロールでき，かつ，自律神
経系（**表 1-1** と**図 1-2** を参照）の活動と密接なつながりがもっているためで
ある。

図 5-4 に示したように，心拍数や体温などは自律神経系による自律的コン
トロールが行われるが，運動や深呼吸などの意識的コントロールに応じて変
動する。また，呼吸は，睡眠中も自律的に機能しているが，息を止めたり深
呼吸したり，意識的にコントロールすることも可能で，両方の特徴を併せ
持っている。

身体は 1 つであり，随意神経系と自律神経系が相互に密接に関わり合いな
がら変動している。そのつながりを実際に体験するために，少し時間をとっ
て次のことを行ってほしい。

①静かな場所で座り，少し落ち着くのを待つ。

②首や手首に指を当て，血管の拍動を感じ取れる状態にする。

③続いて，その状態で大きく息を吸ったり，ゆっくり息を吐いたりする。

すると，血管の拍動は常に一定のリズムではなく，拍動が速くなったり，
遅くなったりすることに気づくと思う。息を吸うときには覚醒をもたらす交
感神経系が優位になって拍動が速くなり，一方，息を吐くときには沈静をも
たらす副交感神経系が優位になって拍動がゆっくりになるからである。この

▶表 5-1◀　　呼吸法のステップ

ステップ	内容
①	静かな場所で座る（慣れてきたらどこでも行えるように練習していくとよい）。
②	鼻から息を静かに吸っていく。
③	口から息をゆっくり，長く吐いていく。その際，不安や疲労などが息とともにスーッと抜けている感じをイメージしながら吐くとよい。
※	ステップ②とステップ③を1〜2分間続ける。

メカニズムを利用し，リラクセーションをしたい場合は，ゆっくり息を吐くことを意識した呼吸を行えばよい。具体的には，**表 5-1**のようなステップを行う。

　一般的に，リラクセーションのための呼吸法は，息を吐く時間が吸う時間より2倍ほど長いほうがよい（例：吸う時間が4秒であれば，吐く時間は8秒）とされている。ただし，人によって肺活量も違えば状況も違うため，そこまで厳密になる必要はない。各自にとって心地よいペースで続けることが大切である。

◇ 呼吸法のポイント

　呼吸法の重要なポイントは，呼吸に伴って生じている身心の状態の変動を正確に感じながら，吸気と呼気を繰り返すことである。緊張してしまうような場面で，リラックス状態になることを直線的に目指しても，難しくてできない。ヨットが向かい風に逆らって，無理に進もうとしているようなものである。しかし，ヨットと同様に上級者は，向かい風であっても空気の流れ（呼吸）をうまく活用して，ジグザグに進むことができる。**図 5-5**に，こころのダイアグラムを活用して，呼吸法のポイントを示した。

　緊張状態からリラックス状態になるには，安定度の高い状態に向かって，こころのダイアグラム上では左上の方向に心理状態が変化していく必要がある。最終的には，心拍数も下げたい。しかし，すぐにリラックスすることは難しいので，呼吸法では，まず大きく息を吸うことで胸筋も横隔膜も緊張し，いったん逆の右方向の興奮した状態に向かう（心拍数も増加する）。そ

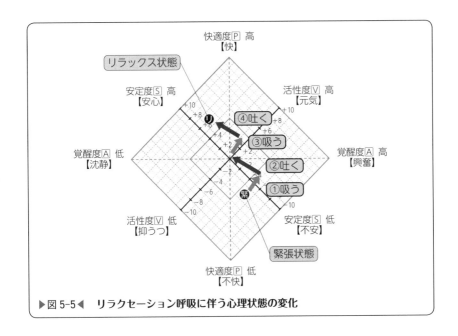

▶図5-5◀　リラクセーション呼吸に伴う心理状態の変化

　の後で，脱力しながら息を吐くと，自然にリラックスして左方向への変化が
生じる。呼吸とともに，このジグザグの変動を繰り返しながら，次第にリ
ラックスした状態になっていくのである。
　息を吸うときにはエネルギーが身体内に入ってくる感じをイメージし，息
を吐くときにはエネルギーが出ていく感じをイメージするとよい。その際
に，フレッシュな酸素を吸って，いらなくなった二酸化炭素を吐くように，
吸うエネルギーと吐くエネルギーも，異なるものであることを実感できると
効果が高くなる。二次元気分尺度を活用していると，興奮のエネルギーに
は，活性度の高いポジティブな興奮のエネルギーと安定度の低いネガティブ
な興奮のエネルギーがあることがわかってくるだろう。少しずつでも，息を
吸うときに元気や活気などのポジティブなエネルギーが増えて活性度が上昇
し，息を吐くときにイライラや不安などのネガティブなエネルギが減って安
定度が上昇すれば，呼吸を繰り返しているだけで自然に快適な心理状態に
なっていく。

◇ 筋弛緩法

「筋弛緩法」も呼吸法と並ぶ代表的なリラクセーション法の1つである。緊張したときに肩や首，手足に力が入り，いわゆる「身体が固まる」経験をしたことはないだろうか。このように心理状態が身体に影響を及ぼすことは体験的に理解しやすい。一方で，身体を緩めることができれば，心理状態も緩んでくることも事実である。筋弛緩法はこのメカニズムを利用し，身体，特に全身の骨格筋の緊張状態を緩めることで，リラクセーションを目指すものである。しかしながら，人間の身体の性質上，骨格筋を意識的に緩めることは非常に難しい。そこで，緊張を緩めるために，まず骨格筋に力を入れて逆に緊張させ，その後にその緊張を解いて筋が弛緩していく様子を味わう方法がとられる。筋弛緩法でも，呼吸法と同様の身心の変動が生じる。直接的に力を抜こうとするのではなく，最初に緊張・興奮することによって，その後に弛緩・沈静が自然にもたらされるのである。

ジェイコブソン（E. Jacobson）という学者が開発した本来の筋弛緩法は，身体の部位ごとに緊張と弛緩を繰り返すため時間がかかる。そこで本章では，2～3分で行える簡易的な方法を紹介する。具体的には，**表5-2**のよう

▶表5-2◀　**筋弛緩法のステップ**

ステップ	内容
①	静かな場所で椅子に座る。
②	両腕を前に伸ばしながら，手を握り握り拳を作る。
③	腕に力を入れながら肘を曲げ，手を胸の前までもってくる。
④	肘を後ろに引いて，肩甲骨を寄せる。
⑤	肩に力を入れながら肘を上げる。
⑥	顔を上に上げ首を反らす。
⑦	目と口に力を入れる。
※	ここまでで30秒程度
⑧	一気に脱力して椅子に身体を預け，身心のリラックした状態を味わう。
※	10秒以上は，顔や肩，腕から力が抜けていく感じを味わうとよい。
※	ステップ②～⑧を3回繰り返す。

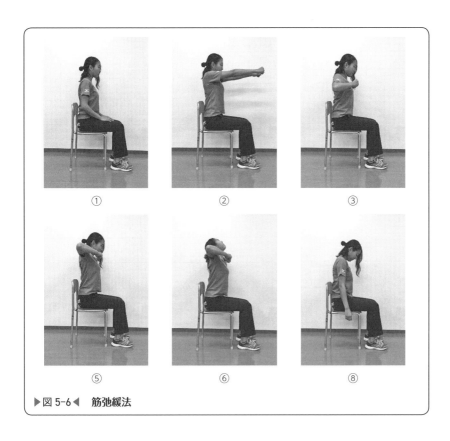

① ② ③

⑤ ⑥ ⑧

▶図 5-6◀ 筋弛緩法

なステップを行う（**図 5-6** も参照）。

　筋に力を入れる際は全力ではなく，70％程度でよい。全力では疲れるし，
筋を緩めたときに弛緩した感じをじっくり味わうことが難しくなる。

◇ リラクセーション法をする際の注意点

　呼吸法と筋弛緩法の 2 つのリラクセーション法を紹介したが，リラクセー
ション法を活用する際に気をつけてほしいことがある。呼吸法と筋弛緩法に
は確かにリラクセーション効果があるが，緊張や不安を感じた場面だけで実
施しても効果は薄いという点である。緊張や不安を感じた場面でその効果を
最大限に引き出すためには，日頃から練習をしておく必要がある。緊張した
身心の状態と，弛緩した身心の状態を脳がしっかり覚えてこそ，緊張場面で

の自動調整機能が働いてくれる。どんなことでも，いざというときに成果を得るためには，日頃のトレーニングが大切である（第1章の**コラム3**参照）。

◆ステップ③：アクティベーション法

　ステップ③は，「選択した自己調整法（リラクセーション法 or アクティベーション法）を実施する」である。ここでは，代表的なアクティベーション法として，背すじ伸ばし姿勢，アクティブ呼吸，アクティブストレッチの3つの方法を紹介する。

◇ 背すじ伸ばし姿勢

　心と身体が密接な関係にあることはすでに説明したとおりである。身体の状態を示す「姿勢」にも，心理状態に影響を及ぼす効果がある。もともと日本では，教育の中で「姿勢を正す」ことの重要性が教えられたり，「背すじが伸びる思い」といった慣用句が存在したりする。「背すじを伸ばした姿勢」が単に身体の状態の変化を示すだけでなく，心の準備，特に何かの課題に対してあらためて集中し直すといった意味が含まれている。

　実際に，背すじを伸ばした姿勢をとることは身心をアクティベーションする効果があることが確かめられている（稲垣他，2017; Inagaki et al., 2018）。具体的には，**表5-3**のようなステップを行う（**図5-7**も参照）。

　背中を反りすぎると肩や首に力が入り，疲労感が強くなってしまう。また，普段から腹筋や背筋をあまり使用していない人は，背すじを伸ばした姿

▶表5-3◀　**背すじ伸ばし姿勢のステップ**

ステップ	内容
①	椅子に座り，両足の裏をしっかり地面に着ける。
②	目線を上げて，背筋を伸ばした姿勢をとる。
③	肩甲骨を寄せて，胸を大きく開いてから，肩の力だけを抜きストンと落とす。このとき，お腹や背中は脱力しない。
※	ステップ②とステップ③を数回繰り返す。

② ③

▶図5-7◀ 背すじ伸ばし姿勢

勢を維持することが難しいかもしれない。疲労感や不快感が出てきたら休憩するようにしてほしい。

◇ アクティブ呼吸

リラクセーション法の呼吸法で説明したように，呼吸は息を吸うときのアクティベーションと吐くときのリラクセーションを交互に繰り返しているという性質がある。したがって，呼吸を活用してアクティベーション効果をもたらすことも可能である。具体的には，**表5-4**のようなステップを行う。

息を吐く際に力を込めて強く吐きすぎると酸欠のような症状になり不快感が増してしまう可能性がある。各自にとって，エネルギーが満たされ，やる気が高まるような強さで実施してほしい。

▶表5-4◀ アクティブ呼吸のステップ

ステップ	内容
①	背すじを伸ばした姿勢をとる。
②	息を吸うときに，活気や元気などのエネルギーも一緒に吸い込んでいるイメージをしながら鼻から大きく吸う。
③	息を吐くときは，背筋を伸ばしたまま，お腹に力を入れて口から2〜3回に分けて短く吐く。
④	その姿勢を維持する。

▶表 5-5◀　アクティブストレッチのステップ

ステップ	内容
①	椅子に背すじを伸ばして座る。
②	手を 5 回程度，握ったり開いたりして腕の筋を動かす。
③	肘を前に伸ばしてから肘を曲げて肩甲骨を寄せる動きを 3 回程度繰り返し，肩まわりの筋を動かす。
④	手を組んで大きく上に伸びをする。
※	ステップ②〜④を数回繰り返す。

②　　　　③　　　　③　　　　④

▶図 5-8◀　アクティブストレッチ

◇ アクティブストレッチ

　眠くなったときに伸びをしたら，目が覚めて気分がスッキリした経験はないだろうか。簡単に身体を動かすストレッチにもアクティベーション効果がある。本章では，椅子の上でできるアクティブストレッチを紹介する。具体的には，表 5-5 のようなステップを行う（図 5-8 も参照）。

◇ アクティベーション法をする際の注意点

　本章で紹介した背すじ伸ばし姿勢，アクティブ呼吸，アクティブストレッチの 3 つは，オフィスや教室での実施を想定して椅子に座った状態でのやり方を解説したが，立った状態で行っても構わない。むしろ，立った状態では

膝の屈伸や腰回しといったより大きな筋を使って運動ができるため，より高いアクティベーション効果があるだろう。ぜひそれらも試してほしい。

◆ステップ③：選択方法

ステップ③は，「選択した自己調整法（リラクセーション法 or アクティベーション法）を実施する」である。

本章では，2つのリラクセーション法と3つのアクティベーション法を紹介した。呼吸法と筋弛緩法のどちらのリラクセーション法を選択するか，また，背すじ伸ばし姿勢，アクティブ呼吸，アクティブストレッチのどのアクティベーション法を選択するかは，各自の好みに応じて決めてもらって構わない。実践する中で，好きな方法を見つけていってほしい。

また，日々の実践の中で，こころのダイアグラム上の「理想の状態」が「そのときの状態」の真上にある場合もでてくるだろう（図5-9）。

このような場合は，リラクセーションとアクティベーションの両方を行う

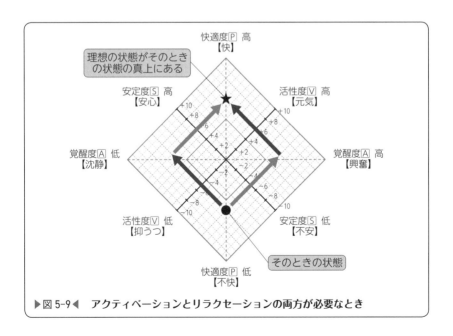

▶図5-9◀　アクティベーションとリラクセーションの両方が必要なとき

必要がある（リラクセーションとアクティベーションはどちらを先にやってもよい）。図で示しているように，一度リラクセーション（またはアクティベーション）をし，その後に続けてアクティベーション（またはリラクセーション）をすることで，快適度が高まり身心の状態を真上に移動させることができる。

　一方，実践の中で，身心の状態が意図したように調整できないことや，かえって理想の状態から離れてしまうことも経験するかもしれない。そのようなときは焦らず一度冷静になってから，また別の方法を試してほしい。どのような状況で，どのような自己調整法をすれば自分の身心の状態を適切に調整できるかを学んでいくことで，徐々に自己調整スキルが身についていく。さらに，過度に緊張した場面や非常に疲労がたまっている状態では，リラクセーション法やアクティベーション法をしたとしても，理想の状態に大きく近づくことは難しいだろう。そのような場面では，リラクセーション法またはアクティベーション法を行うことで，少しでも理想の状態に近づいたことが確認できれば問題ない。その少しの改善に気づくことができれば，パニックになることなく冷静に対応することができ，悪循環から抜け出すことができる（第1章の図1-2参照）。

　また，本章で紹介しなかった方法でも，リラクセーションとして瞑想，ゆったりとした音楽を聴く，ゆっくりお茶を飲むなど，アクティベーションとして顔を洗う，アップテンポの音楽を聴くなど，効果を実感できる方法を見つけたらぜひ取り入れてほしい。自分に合った自己調整法を見つけていく作業自体にも，自分の身心の状態の理解を深め，自己調整スキルをアップさせる効果がある。

◆ステップ④：効果の確認

　ステップ④は，「実施した自己調整法の効果を確認する」である。

　最後のステップとして，ステップ③で実施した自己調整法の効果を確認する作業がある。自己調整後の「心理状態」を二次元気分尺度で測定し，こころのダイアグラム上に示してみよう。自己調整前の「心理状態」が「理想の心理状態」に近づいたかどうかを確認することができる（図5-10）。

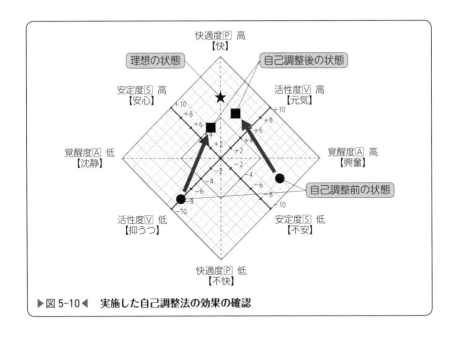

▶図 5-10◀　実施した自己調整法の効果の確認

　自己調整スキルをさらに高めたいというモチベーションがある人は，自分が行った自己調整法とその効果を記録していくことをお勧めする。記録をすることで，どのような場面で，どのような自己調整法を行うことが自分にとって適しているかを理解することができるからだ。図 5-11 のようなモニタリングシートを作成して記録をつけるとよいだろう。

◆まとめ

　本章では，リラクセーション法とアクティベーション法を活用し，各自の特徴と状態に合わせて自己調整法を行う方法を紹介してきた。本章中でも述べたが，どのリラクセーション法やアクティベーション法を行うにしても，いざというときにその効果を期待するためには，それらの自己調整法を日常的に行い慣れておく必要がある。筋力トレーニングや技術トレーニングと同様に，身心のトレーニングをするものだと思って継続してほしい。継続する中で，自分に合った自己調整法を見つけていくこともできるだろう。本章で

紹介した方法を活用し，さまざまな場面でのパフォーマンス発揮や健康の維持増進に役立ててもらいたい。

理想的な心理状態　　活性度Ⓥ＝_____，安定度Ⓢ＝_____

モニタリングを行う目的や改善したいことを下の枠内に書いてください。

目的：

日付	時間	活性度Ⓥ 前 → 後	安定度Ⓢ 前 → 後	実施した 自己調整法	ひと言
(例) 10/1	8：40	4 → 7	7 → 8	アクティブ呼吸法	だらけた気持ちだったが，アクティブ呼吸法を行ってスッキリした。
		→	→		
		→	→		
		→	→		
		→	→		
		→	→		
		→	→		
		→	→		
		→	→		

▶図 5-11◀　モニタリングシートの例

第6章

自律訓練法（AT）

【坂入　洋右】

◆継続的な自己調整

　筆者はこれまで，さまざまな瞑想法や心理療法やメンタルトレーニングを習得して実践してきたが，毎日欠かさず続けているのは自律訓練法（autogenic training; AT）だけである。1回5分程度の標準練習を1日3回行って，練習記録を書いている。最初はかなり面倒かもしれないが，歯磨きの習慣のようなもので，半年くらい続けていると生活の一部になって，あまり負担を感じずに継続できるようになる。ATを実施すると，身体がほぐれ，気分がスッキリして頭がハッキリするので，気持ちがよい。酒やタバコでも似たような効果を得られるかもしれないが，医学的な自己調整法として開発されたATなら健康を害する心配がないし，お金もかからない。コストは，1日15分（5分×3回）の時間だけである。ただし，第5章で紹介した呼吸法や筋弛緩法のような即効性はあまり期待できず，効果を実感できるまでに2〜3カ月かかるかもしれない。しかし，本格的な身心の自己調整法に取り組んでみたい人は，ぜひ，このATを実践して体得してほしい。

　本章では，ATの概要を解説するとともに，その基本的な練習を安全かつ有効に実施できるように，具体的なやり方を紹介する。ATは，心身医学療法として体系化されており，各種の上級練習も用意されている。ただし，上級練習は自分だけで実施せず，日本自律訓練学会の講習を受けたり，専門家の指導を受けたりする必要がある。

◆自律訓練法（AT）とは

　AT は，1930 年ごろドイツの神経科医シュルツ（J. H. Schultz）によって
開発された心理生理学に基づく自己調整法である。日本には 1950 年ごろ紹
介され，心身医学の代表的治療法として普及するとともに，教育・産業・ス
ポーツなどの領域でも幅広く活用された。例えばスポーツでは，最も代表的
なメンタルトレーニングの技法として，オリンピックに出場するようなアス
リートの多くが AT を実施してきた。また，企業や学校においても，社員や
生徒のストレスマネジメントやパフォーマンス向上のために活用されている
（第Ⅴ部参照）。

　AT とはどのようなものか，身心両面から説明することができる。身体面
から説明すると，生理的状態を，活動に適したパフォーマンス・モードか
ら，休息に適したメンテナンス・モードへ切り替える方法である。また，心
理面から説明すると，「受動的注意」または「マインドフルネス」とよばれる
特別な注意を身心に向けて，自分を優しく見守るモニタリング法である。

◇ 身体面の説明：モードの切り替え

　第1章で解説したように，仕事でも競争でも何か対処すべき課題があると
きは交感神経系が興奮し，肩に力が入って緊張したり，頭は熱くなるが手足
は冷たくなったりする。動物にとってこのモードは闘争－逃走反応のための
パフォーマンス・モードであるが，通常の生活時間の多くは活動によるエネ
ルギーの消費をセーブして身心を調えるメンテナンス・モードになっている
ため，休養や回復のための時間が確保でき，健康が保たれている。しかし，
人間は脳が発達しすぎていて，過去のことや将来のことを考えて活動するた
め，1日の生活スケジュールがずっと仕事や趣味で埋まっていたりする。ま
た，仕事がないときでも，過去の失敗を気にしたり翌日の予定を心配したり
することが多い。つまり，休日でも戦闘態勢が続いてしまう。

　肩凝りの人や冷え性の人の多くは，ずっとパフォーマンス・モードのまま
生活していて，筋の緊張が解けなくなったり，手足の血流が悪くなったりし
ているのである。どんなに忙しかったり，悩んだりしていたとしても，1日

に2〜3回は，パフォーマンス・モードからメンテナンス・モードに切り替えて休息の時間を確保しないと，身がもたないだろう。これを実践するのが，ATである。

ATの実践では，自分の身体に注意を向けて，腕が重たいとか，温かいとかの感覚を確認する。重たいというのは，肩や腕の緊張が解けて力が抜けた筋弛緩の感覚（重感）のことである。温かいというのは，交感神経系の興奮状態が緩和され，末梢血管が広がって温かい血液が身体の隅々まで流れている感覚（温感）のことである。つまり，ATを実践することによってパフォーマンス・モードがいったん解除され，休息に適したメンテナンス・モードに身心の状態が切り替わるのである。身体も心もほぐれて緊張が緩み，手足の血流が良くなって温かさを感じるようになる。

しかし，そのようなモードの切り替えは随意神経系ではなく自律神経系の機能なので，例えば重要な試験や試合の前の晩など，心配事があるときは自動的にパフォーマンス・モードになってしまい，そのモードを意識的に解除することができない。このため，毎日ATの実践を積み重ねていくことによって，モードを意識的に切り替えるスキルを身につけるのである。ATは，単なる休息法ではなく，効果的な休息状態になるスキルを身につけるために継続的に実践することが大切なので，トレーニング（訓練法）という名称なのである。

◇ **心理面の説明：自分を見守る**

ATで最も大切なキーワードは，受動的注意である。第7章で解説するマインドフルネスと同じ概念で，自分の身心の状態や働きに注意を向け，無理に（意識的に）コントロールしようとせず，そのままの状態を受け入れて見守るという態度を表す言葉である。熱心にATを実践しても，この根本が間違っていると，すべてが台なしになってしまう。ATの真の目的は，リラックスすることでも，血流を良くすることでもない。自分の身心の状態や働きを，よく知ることである。ATを心理面から見ると，自分を客観視し，穏やかに見守るスキルを身につけるトレーニングと言える。

しかし，トレーニングと言われてATに取り組むと，自分の身心をより良い状態にしようと頑張ってしまうかもしれない。それでは，目的とする状態

に身心を積極的に変えていく課題に取り組むパフォーマンス・モードになってしまい，休息を得ることができない。自分を，見守る自分（意識・脳）と見守られる自分（身心）に分けて考えるとよいだろう。手出し口出しせず見守るスキルを身につけるために頑張ってトレーニングする必要があるのは，見守る自分のほうだけで，見守られる身心のほうは何の課題も制約も課せられず，自分らしい状態でリラックスしていて構わないのである。

　毎日の生活の中で，せめて5分か10分くらいは，身心が伸び伸びして，何も気にせず自分らしくいられる時間を確保したいものである。さらに，そういう自分を温かく見守っていられる自分になれたら素晴らしい。ATによって得られるこうした時間を，オートジェニック・タイムとよぶことにしたい。自律訓練法を表すATのTは，トレーニングよりも，タイムのほうがふさわしいかもしれない（**コラム13**参照）。

◆自律訓練法（AT）の基本的なやり方

　ATは，1セッション合計3～6分程度で，それを1日2～3回（起床後，昼食後，就寝前の3回など）実施することが望ましい。いつ実施してもよいが，食後や就寝前など，各自の生活リズムの中に習慣として位置づけると無理なく継続しやすい。

　1セッションの流れは**図6-1**のとおりである。まず姿勢を調え，身心がすでに少し落ち着いていることを確認する。その後で，練習を行い，練習が終わったら「消去動作」とよばれる軽い運動を必ず行う。練習と消去動作を2～3回繰り返す。目を閉じたまま続けて3分以上は行わず，1回1～2分の短い練習を2～3回行うのがポイントである。練習後には，練習中の反応や

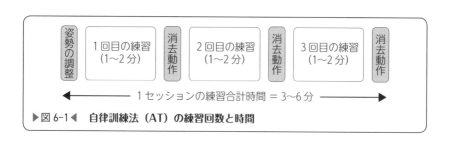

▶図6-1◀　自律訓練法（AT）の練習回数と時間

オートジェニック・タイム（AT）

【坂入 洋右】

　自律訓練法（autogenic training; AT）の「自律」は「オートジェニック」で，自律神経系（autonomic nervous system; ANS）などの「自律」とは単語が異なり，特別な意味が込められている。ジェニックというのは聞き慣れない言葉だが，最近では写真映えする（写真として適した）という意味の，フォトジェニックという単語で使われている。オートは自分，ジェニックは適したという意味なので，自分として適した状態，自分らしい状態と言える。毎日少しでも，自分らしい状態になれる時間を確保することがATの本質なので，Tはトレーニングよりもタイムと考えたほうが，負担感が少なくリラックスして取り組めるかもしれない。さらに，そういう自分らしい自分を優しく真剣に見つめて，何も変えようとせず，そのままを受け止めてくれるような人がいたら最高である。残念ながら，その役割を担ってくれる人を得ることは難しいので，次善の方法として，ATでは自分で自分を優しく見守るのである。

　24時間すべてがこの調子だと，優しさに甘えて堕落してしまいそうだが，せめて1日に5分間くらいは自分らしい時間（オートジェニック・タイム）をもたないと，疲れ果てたり病気になったりして，頑張り続けることはできないだろう。この時間は，睡眠や休憩とは異なる。見守る側の自分の全エネルギーを，自分自身だけに注ぐことが大切なのである。起きて生活している時間の大部分は，仕事や勉強をしたり家族の世話をしたり，何らかの課題や他人に注意を向けている。遊んだり，テレビを見たり，ゴロゴロしているような休憩時間も，自分の身心には意識が向けられていない。身心が強く意識されるのは，ケガをしたり病気になったりしたときだけで，元気で頑張っている間はずっと無視されたままである。

　機械でも，運転と停止の繰り返しだけではいずれ故障してしまう。アイドリングやメンテナンスのための時間を定期的に確保したほうが，長持ちするだろう。仕事などで活動するのに適した戦闘態勢を解除して，自分の身心の健康を維持するのに適したメンテナンス・モードへ切り替える必要がある。人間の身体には自己修復機能が備わっているが，就寝前になっても戦闘態勢のままでは，全く休まらないし自己修復機能もうまく働かない。

　1日5分間でも，仕事も心配事も家族のこともすべて放置して，ただ自分を優しく見守るためだけの「オートジェニック・タイム（AT）」を確保することを続けると，健康に良いだけでなく，自分が大切な存在に思えてくる。

練習	名称	公式の内容
安静練習	背景公式	「気持ちが落ち着いている」
重感練習	第1公式	※利き腕を先にする（以下は右利きの場合） 「右腕（みぎうで）が重たい」 　→「左腕（ひだりうで）が重たい」 　　→「右脚（みぎあし）が重たい」 　　　→「左脚（ひだりあし）が重たい」 ※慣れてきたら左右をまとめてもよい 「両腕が重たい」 　→「両脚が重たい」
温感練習	第2公式	※利き腕を先にする（以下は右利きの場合） 「右腕（みぎうで）が温かい」 　→「左腕（ひだりうで）が温かい」 　　→「右脚（みぎあし）が温かい」 　　　→「左脚（ひだりあし）が温かい」 ※慣れてきたら左右をまとめてもよい 「両腕が温かい」 　→「両脚が温かい」

体験を振り返って記録することも大切である。

◇ 自律訓練法（AT）における公式

ATでは、「公式」とよばれる定められた言葉を練習中に心の中で繰り返す。具体的な公式は、表6-1のとおりである。

◇ 自律訓練法（AT）を行うときの姿勢

日常生活において実施できる姿勢が望ましいので、通常の練習は座った姿勢（椅子姿勢）で行うが、就寝前に行う場合は仰臥姿勢（ぎょうが）で行ってもよい（図6-2）。

◆椅子姿勢

通常の練習で用いる。ソファや安楽椅子などではなく、通常の椅子（座面が沈まず、足の裏全体が床に着くくらいの高さの椅子）に腰掛けて、両足を軽く開いて楽な姿勢で座る。両手は手のひらを下に向けて太ももの上に置

椅子姿勢　　　　　　　　仰臥姿勢

▶図 6-2◀　自律訓練法（AT）を行うときの姿勢

く。目を閉じてリラックスした身体の感覚を味わいながら，腰の位置，手の位置，足の位置などを楽な場所に調整する。

◆**仰臥姿勢**

　就寝前に練習する場合には，仰臥姿勢を用いてもよい。両足を軽く開いて，ベッドや布団などに仰向けに寝る。膝の下に毛布などを置いて，膝が自然に曲がるようにするとリラックスしやすい姿勢になる。目を閉じて，息が出ていくときに身体の力が抜けて緩んでいく感覚を味わいながら，手，足，頭の置き場所を楽な位置に調整する。両腕は，写真では脇腹に乗せているが，自然に体側に置いてよい。

　リラックスしやすい姿勢だが，眠くなってしっかりモニタリングできないことが多い場合は，椅子姿勢で実施した方がよい。また，途中で眠ってしまった場合は，起床時に消去動作を実施してから目を開けるとスッキリする。

◇ **安静練習**

　楽な姿勢ができたら目を閉じて，少し落ち着いてくるのを待ってから，背景公式を心の中で1〜2回唱えて，身心ともに AT を始める準備ができたことを確認する。

　この段階では，まだ落ち着いていなくても構わない。今は，何も気にせず

ゆっくり休んでいてよい状況なので，パフォーマンス・モードを解除して身心ともにリラックスしても大丈夫であること，実際に，身体の緊張がほぐれてゆったりした気分であることを，自分で確認する意味をもっている。

◇ 重感練習

　身心の準備ができたら，重感練習を始める。姿勢を調整し，安静練習をすることによって，すでに腕や脚の力が抜けてダランとした状態になり始めているので，重感練習では，身体の自然な重量感を味わう。寝ている人や酔っ払っている人を背負おうとすると，全身の筋肉が弛緩しているので，起きている場合よりずっと重たく感じる。その感じが「重感」である。まず右腕（利き腕）に注意を向けて，第1公式「右腕が重たい」を心の中で繰り返しながら，重たい感じにこだわらず，手のひらが脚に触れている感じや腕が動かない感じなど，自然に右腕に感じられるさまざまな身体感覚を味わう。続いて，順番に左腕（非利き腕），右脚，左脚の感覚にも，表6-1に示した各公式を繰り返しながら注意を向けていく。1分くらいたったら消去動作とよばれる軽い運動をして，ゆっくり目を開ける。

◇ 消去動作

　ATの練習の際には，目を開ける前に，必ず「消去動作」とよばれる軽い運動をする。消去動作を行う理由は，練習中の休息状態から日常生活に適した活動状態に戻るときに，身心をスッキリ目覚めさせるためである。消去動作を怠ると，練習後にぼんやりした感じやだるい感じが残る場合があるので，快適に練習を終えるためには必ず実施する必要がある。毎日ATを行っていると，身心の反応の条件づけの効果が現れてきて，目を閉じて座るだけで緊張がほぐれてリラックスし，消去動作をするだけでリフレッシュしてスッキリ目覚めるようになる。

　消去動作のやり方は，次のとおりである（図6-3）。
　①両手を，数回グー，パー，グー，パーと握ったり開いたりする。
　②両手を握って，肘の曲げ伸ばしを数回する。
　③両腕を上げ大きく伸びをしてから，ゆっくり目を開ける。
　なお，練習中に眠くなったり，不快な感じがしたりした場合は，練習の途

▶図 6-3◀　消去動作

中でも消去動作をして，中断して仕切り直し，次の練習を行うようにする。AT は自分のペースで実施することが重要なので，その日の体調や気分に合わせて練習時間を短縮して構わない。また，練習後に気分がスッキリしないようなときは，もう一度目を閉じて，消去動作をしっかりやり直すとよい。

◇ 温感練習

　具体的なやり方は，繰り返す公式と味わう感覚が異なる以外は，重感練習と同じである。まず右腕（利き腕）に注意を向けて，第 2 公式「右腕が温かい」を心の中で繰り返しながら，温かい感じにこだわらず，手のひらが脚に触れている部分の温かさや，手の甲が手のひらほど温かくないこと，指先がジーンとする感じなど，自然に右腕に感じられるさまざまな身体感覚を味わう。続いて，順番に左腕（非利き腕），右脚，左脚の感覚にも，**表 6-1** に示した各公式を繰り返しながら注意を向けていく。温感練習は重感練習から続けて実施するが，1〜2 分たったら消去動作をして，ゆっくり目を開ける。

　AT の練習をして指先まで十分に血液が流れると，冬でも手足の表面温度が 36 度近くまで上がることがある。普段から手足が温かい人や真夏の気温が高いときはあまり変化がないが，冷え性の人や緊張しているときなどは，手足の表面温度が 20 度台まで下がっているので，5 度以上の上昇になる。このような場合は，温かいという感覚ではなく，手足がジーンとしびれる感覚になる。これは，冬に身体が冷えているときにストーブや入浴などで急に手足を暖めると，血流が良くなってジンジンするのと同様である。

◇ 練習の追加方法

　慣れるまでは重感練習だけを 2~3 回繰り返すことを 1 セッションの練習とする。重感練習を 1~2 週間続けて，腕や脚の筋肉が緩んだ「重感」がすぐにわかるようになってきたら，重感練習に続けて腕の温感練習を追加する。さらに 1~2 週間して，手や腕の温かい「温感」がすぐわかるようになったら，脚の温感練習を追加する。練習を積み重ねていくと反応が早くなるので，練習内容が増えても 1 回あたりの練習時間は 1~2 分で一定である。「重感」や「温感」があまり感じられなくても，1 回の練習が 1~2 分たったら消去動作をして，短時間の練習を繰り返すようにする。

◇ 練習記録

　AT の練習をしたら，やりっぱなしにせず，体験を振り返って気づいたことを記録する。一見面倒なように感じるが，練習の質を向上させるためだけでなく，練習を継続して習慣化するためにも不可欠なことである。紙に書いても，スマートフォンなどを活用して記録してもよい。**図 6-4** のような記録用紙を使って詳しい練習記録を書くようにすると理想的だが，面倒な人は，簡単なメモ程度でも，AT を実施したときにスタンプを押したり印をつけたりするだけでも構わない。記録を残すことが，毎日 AT を続けるモチベーションになる。

◆ 自律訓練法（AT）の効果

　AT は，身心の状態を切り替えて不安や緊張を軽減する効果が大きいので，日々のストレスや疲労の蓄積を防ぐ予防的な休息法として有効である。また，肩凝りや手足の冷えや不眠などの軽度の身心の不調は比較的短期間で改善がみられ，心身医学療法として，緊張性頭痛，本態性高血圧，気管支喘息をはじめ，さまざまな症状の軽減に効果を上げている（Stetter & Kupper, 2002）。

　また，仕事やスポーツや試験などにおける重要な場面で，「あがり」や「だらけ」の状態になって実力が発揮できない人にも，身心の状態を調えて臨む

| | | | | | | 自律訓練法　練習記録用紙 |

氏名 　　　　　　　　　　男・女　（　　歳）　　　　始めてから第（　　）週目

目的：

月日	時間	効果	公式	回数	姿勢	場所	練習中に生じた変化や反応
月 日	時 合計 分	○ △ ×			椅子 仰臥	自宅 学校	
	時 合計 分	○ △ ×			椅子 仰臥	自宅 学校	
	時 合計 分	○ △ ×			椅子 仰臥	自宅 学校	
	時 合計	○ △			椅子 仰臥	自宅 学校	

▶図6-4◀　**練習記録用紙のサンプル**

ことができるので，AT は効果を発揮する。さらに，職場や学校などにおいて集団で AT に取り組んだ場合には，練習の継続性が高まるだけでなく，部署やクラス全体の雰囲気が受容的になり，コミュニケーションの促進や生産性の向上が期待できる。

　AT は，9 歳以上であれば誰でも実施可能で，とても有益な方法である。ただし，効果を感じるまで時間がかかるので，練習を毎日継続することは容易でなく，モチベーションが低い場合は途中で挫折してしまう。AT のやり方と効果を正しく理解して主体的に練習に取り組む必要があるので，練習を始める際の適切な動機づけが重要である。安易にスタートせず，自分が何のために AT に取り組むのか，自分の課題と目的を明確にしてから練習を始めたほうがよい。

　また，AT を始めると，すぐにリラックスして手足が温かくなり，気持ち良い体験ができるようになる人と，重たい感じや温かい感じがなかなかわからず，逆に不快な感じがしたりして，うまくできない人がいる。この両者を比べると，AT によって大きな効果が得られるのは，実は後者のタイプの人

である。運動療法でも，もともと運動好きな人には，わざわざ運動の時間を追加してもらう必要はない。運動することが必要で，それを継続できたら効果が大きいのは運動不足の人や運動が苦手な人である。それと同様に，もし，真面目でリラックスすることが苦手な人がATを身につけられたら，真面目さと柔軟さを併せ持つことになり，鬼に金棒である。焦らずにマイペースでATに取り組んでほしい。じっくり時間をかけてATを身につけた人のほうが，すぐにリラックスできた人よりも効果が大きい傾向がある。毎日コツコツと練習を積み重ねた分だけ効果が期待できる。

◆自律訓練法（AT）実施上のポイント

　ATの効果を得るために最も重要なのは，「練習を継続すること」である。しかし，集中できなかったり，居眠りしてしまったり，不快な体験をしたりして，練習がうまくいかないとやる気がなくなってしまう。そこで，安全かつ有効にATを行うために，「短時間の練習を繰り返すこと」と，「消去動作を徹底すること」がポイントとなる。

◇ 練習を継続すること

　ATを身につけることで，最終的には，いつでもどこでも落ち着いた状態になれることが望ましい。しかし，毎日の練習は，周囲が騒がしかったり誰かに邪魔されたりしないほうがよい。一人で落ち着ける場所で，食後や就寝前など生活スケジュールの中の決まった時間帯にATを位置づけて，自分のためだけの時間（オートジェニック・タイム）を1日2回は確保してほしい。さらに，応用練習として，それ以外のさまざまな時間や状況でもATを試してみるとよい。そして，毎日2〜3回の練習を，とりあえず3カ月続けることが第一目標となる。

　ATはトレーニングなので，落ち着いたか，手足が温かくなったかよりも，練習を継続できたかどうかが重要であり，この目標が達成できたら大成功である。大きな変化は感じられないかもしれないが，ATを始めていなかった3カ月前を振り返ってみると，体調の良い状態が続いていたり寝つきが良くなっていたり，いろいろなことが変わっているはずである。自分では変化に

気づかなくても，周囲の人から何か言われるかもしれない。

◇ 短時間の練習を繰り返すこと

　ATの練習中，周囲が騒がしければ気が散ったり，睡眠不足であれば寝てしまったりする。そんなときは，1分以内の短時間の練習を繰り返すと，はじめはダメでも，少しずつ落ち着いて身心が自然に調ってくる。1回目より，2回目や3回目のほうが，少しはマシになってくるので，その変化に気づくことが大切である。

　逆に，身心ともに良好な状態で，気持ち良く集中できているようなときは，その状態が崩れるのが嫌で長く続けたくなるかもしれない。それでも，2〜3分たったら消去動作をして，仕切り直したほうがよい。長く練習したい場合は，1回の練習を長くするのではなく，短い練習を3回，4回と繰り返すようにしたほうが得られる効果が大きい。重感練習・温感練習によるリラクセーションと消去動作によるアクティベーションを繰り返すことで，身心の状態がほぐされていく。このような体験のほうが，少しずつリラックス状態が深まっていく体験よりも，自分の身心の変動を明確に感じることができる。

　ATの上級練習には，30分以上閉眼状態を続けて，自然に浮かんでくるイメージを介して自分の内面と対話する黙想練習などもあるが，それらの上級練習は自己流で実施せず，専門の指導者のもとで体験するべきである。

　また，ATに期待する効果として，日頃の身心の状態を調えるだけでなく，試験や試合などの現実場面でも活用することを考えた場合，身心の状態を切り替えてリラックスするのに何分もかかるようでは，あまり実用的ではない。1分以内でスッと落ち着いてリフレッシュできることを目指したいので，毎日の練習では，リラックスの深さよりもキレの良さを重視して，短時間の練習を繰り返すとよい。トレーニングの効果の大きさや深さは，練習中の一時的な努力ではなく，それを毎日継続する長期間の努力によって得られるものである。

◇ 消去動作を徹底すること

　1回の練習を続ける時間は，その日の体調や状況に応じて変えてよいが，

練習を終えて目を開ける前には，毎回必ず消去動作を行うようにする。

　毎回すべての練習を同じ時間だけ実施する必要はない。その日の体調や状況に応じて，重感練習だけでもよいし，もし不快になったらいつでも中断してよい。自分の身心の状態やペースを尊重して，柔軟にATに取り組むことが大切である。ただし，練習を終えて目を開ける前には，必ず消去動作を行うことを徹底してほしい。例えば練習中に携帯電話が鳴っても，慌てて立ち上がらず，軽く消去動作を行ってから電話に出るようにする。この消去動作のルールさえ守ってもらえれば，ATを実施することで起こりうる問題は，ほぼ防ぐことができる。

　ATに習熟していないうちは，身心の変化も小さいので問題も起こりにくい。しかし，深いリラックスが得られるようになると，その状態から日常の活動に適した覚醒水準に戻る際の差が大きいので，ATの練習を中断して急に目を開けたり立ち上がったりすると，ドキドキしたり，だるさが残ったりすることがある。激しい活動をする前に準備運動をするのと同じように，深い休息状態から日常の活動に戻る前には，必ず軽い運動（消去動作）をしてほしい。また，もしAT中に眠ってしまった場合は，5分後でも8時間後でも，目を覚ましたときに消去動作を行うと，だるさが残らず気持ち良く起きることができる。

◆自律訓練法（AT）の応用・活用

◇ 自律訓練法（AT）中のさまざまな反応への対応

　本格的なATの上級練習に関しては，日本自律訓練学会がいくつかの禁忌症や不適応を提示しているが，消去動作を徹底して短時間の重感練習・温感練習を行う場合は，実施してはいけない問題は特にない。発熱や出血など急性の症状がある日や，一時的に薬を服用しているような日は練習を控えたほうがよいというくらいである。また，月経中や慢性的に薬を服用している場合なども無理に実施する必要はないが，痛みや不快の緩和にATが有効なことが多いので，消去動作を徹底することを条件に試してもよいだろう。気持ち良く練習できれば問題ないし，AT中に不快な反応があったりしたら，消去動作をして中断すれば大丈夫である。慢性的な症状が改善するかもしれな

いが，投薬を受けている場合は自己判断で服薬を中止せず，医師に相談してほしい。

　また，ATの練習を始めた当初は，かえって肩が凝ったり，特定の部位に痛みを感じたり，息苦しさを感じたりする人がいるかもしれない。これらの体験の多くは，ATをすることで生じた変化ではなく，自分の身心に注意を向けて見守る時間が取れたことで，それまで自覚していなかった状態に気づいた体験であることが多い。これらの問題の多くは数日で自然に解消するが，何度も同じ部位が痛むような場合は，病気やケガの早期発見につながる可能性があるので，医学的な検査を受けたほうがよいかもしれない。

　しばらく練習を継続して，AT中に身心の状態がメンテナンス・モードに切り替わるようになると，身体的には，腕や脚が温かくなるだけでなく，筋肉がピクピクしたり唾液がたまったりお腹が鳴ったりさまざまな反応が起きる。心理的にも，過去の記憶やイメージが浮かんだりすることがある。これらは自律性解放とよばれる現象で，身心の調整が進む過程でみられる有益な反応と考えられており，あまり不快でなければそのまま受け流しておいて構わない。また，その反応が強すぎて不快な場合は，消去動作を行ってATを中断すれば，反応も治まるので安心してよい（**コラム 14** 参照）。

◇ 自律訓練法（AT）の上級練習

　ATには，各自の問題や課題に応じた個別の公式を活用する自律性修正法や，AT実施中に浮かんでくる色やイメージなどを通して自己の内面と対話する黙想練習などの上級練習もある。ただし，基本となるのは標準練習であり，その中でも最も重要なのが，本章で紹介した重感練習と温感練習である。この2段階に，心臓練習，呼吸練習，腹部温感練習，額部涼感練習を加えたものが，標準練習とよばれている。

　身体は統合的に機能しているので，筋緊張がほぐれてリラックスし（重感），血流が良くなって手足が温かくなっているのに（温感），心臓だけドキドキしているというようなことはない。したがって，標準練習のすべてを練習しなくても，ATの中核である重感練習と温感練習を極めれば，それで十分である。また，心臓練習や呼吸練習などはやや難しい課題なので，練習がうまく進まなかったり，不快な体験をしたりすることもあり，専門家のサ

●コラム 14●

自律訓練法（AT）中に浮かぶイメージ

【坂入 洋右】

　リラックスしてシャワーを浴びているときに過去の失敗を思い出して叫びたくなったり，気を許した相手に泣き言を言いたくなったりすることがある。AT に限らず，リラックスして筋緊張という身心の 鎧（よろい）が外れて戦闘態勢が解除されると，心の問題の掃除も始まるらしく，つらい経験とか意識下にたまっていた問題が，記憶やイメージや感情などの形で意識の表面に出てくる。日常生活では，過去の経験と同じようなストレス場面で，怒りや悲しみなどの同じ感情が再体験され，ネガティブな気持ちが雪玉のように大きくなってしまう。しかし，AT 中などの快適でリラックスした状態や，信頼できる人が愚痴を聞いてくれるような安心できる状況でネガティブな気持ちを吐き出すことができると，カタルシス効果（浄化作用）が得られてスッキリする。

　心の掃除が適度に進めばよいが，その再体験のストレスが大きすぎたり感情が強すぎたりすると，逆に不快になって AT もうまくいかない。そんなときは，力強く消去動作をするとよい。以前，人間関係のトラブルがあって怒りを感じていたときに，AT 中に突然その相手の顔が浮かんでイライラして集中できなくなった。そこで，消去動作をして思い切り腕の曲げ伸ばしをしたところ，イメージの中で相手を殴るような感じになった。少しスッキリしたと同時に，殴ってしまって申し訳ない気持ちにもなり，AT 後はその相手との問題を冷静に考えられるようになった。

　AT の上級練習に，イメージを通して自分の心の奥と対話する黙想練習がある。筆者が心理相談を担当し始めたばかりで悩んでいたころの体験として，黙想練習中に，突然大きな靴のイメージが浮かんできたことが心に残っている。そのときは何のことかわからなかったのだが，後日，夢の中にもその大きな靴が出てきた。寝ている人たちの部屋に筆者が乱入する夢なのだが，寝室なのに筆者はその靴を履いていたのである。「土足で踏み荒らす」という言葉が浮かんで，目が覚めた。当時，不登校の中学生とその両親の相談を担当していたのだが，未熟なカウンセラーで本人の気持ちやペースを尊重できず，何とか登校してもらいたくて焦って介入し，子どもを追い詰めてしまっていた。

　イメージを活用する能力には個人差があるが，誰でも夢を見る能力はあるので，AT などで覚醒水準を下げることができれば，リアルなイメージが浮かんでくる。そのため，カウンセリングだけでなく，スポーツなどでイメージ・トレーニングを行う準備としても，AT が活用されている。

ポートなしで実施するのは好ましくない。

　ATをトレーニングとして考えると，本格的な負荷の強い練習に取り組むことによって，高い効果が期待できると同時に，不適切なやり方をしたり，実践者に合わない課題に取り組んだりすると，オーバートレーニングなどの問題が生じて逆効果になるリスクがある。そのため本章では，ATの体系の中で最も重要であり，消去動作の徹底などの基本を順守すれば，自分だけで安全かつ効果的に実践できる重感練習と温感練習を解説した。それ以降の標準練習や上級練習に関心のある人は，書籍（例えば，松岡他，2013; 佐々木，2007）や日本自律訓練学会のウェブページ（https://www.jsoat.jp）などから必要な情報を得て，さらに学んでみてほしい。

❖ 医師・教師・コーチ・保護者などの自律訓練法（AT）の活用

　自分が身につけていないスキルを他者に指導するのは，倫理的に考えて，すべきでないことである。筆者は，ATのほかにも各種の瞑想法を実践し，それらの研究を続けているが，毎日の実践を継続しているのはATだけなので，それ以外の方法は他者に指導しない。もし，患者・生徒・選手・子どもにATを教えてあげたいと考えたら，まず自分が最低3カ月はATの実践を続けて，重感練習と温感練習を身につけることが不可欠である。どれだけ研修を積んだら他者に指導してよいかは難しい問題だが，少なくともATの専門家による適切な指導を受ける必要があるので，日本自律訓練学会が認定する講習会やセミナーなどを受講すべきであろう（コラム15参照）。

　自分が実践してその効果を実感できたら，そのATを生徒・選手・子どもに，あるいはクラスやチームに紹介してみるとよい。相手も実践して毎日の練習記録を書くようになると，自分と相手が，あるいは多くの仲間が同じ枠組みの体験を積み重ねることになり，さまざまなコミュニケーションが促進されて，相互理解が深まる。ATは，特定の効果が期待される技法としてだけでなく，共通体験と相互の関わりの場として，大きな影響力をもつようになる。指導や支援の場においても，会話による言語的な交流だけでなく，練習に取り組む過程での体験や身体感覚に基づいた具体的な関わりが多くなる。また，練習記録を活用すれば，交換日記のように文字での交流もできるので，その場で時間が取れなくても，お互いのペースで文面を通した対話が

●コラム 15●

自律訓練法（AT）の自己研修

【坂入 洋右】

　AT を紹介するウェブサイトはたくさんあるが，玉石混交である。正しく学ぶためには，適切な本や DVD などを活用するだけでなく，講習会などに参加して直接指導を受ける体験をしたほうがよい。日本自律訓練学会が主催する正式なものでも，AT 実践セミナーＡコースや基礎講習会は，学会の会員以外の人も参加可能である。

　正しいやり方を習ったら，毎日自分で実践を継続することが大切である。筆者は，サボりがちながらも AT をずっと続けてきたが，多忙で体調を崩したことをきっかけに，毎日 3 回の練習を継続することを決意し，現在まで欠かさず練習記録をつけている。AT をすると，背筋がシャンとして身体がほぐれて，あくびやゲップが出たりブルッとしたりして，消去動作をすると，頭がハッキリして気分がスッキリするので，とても気持ちがよい。気持ちのよいことだし，すっかり習慣になったので，無理なく自然に続けることができている。

　体調を崩した当時は，多忙で仕事がたまっている上に体調が優れず頑張れない状態にあり，「今日もサボってしまって，自分はダメだなあ」と暗い気分になりながら，そうかといってバリバリ仕事を進める気にもならないので，仕方なく AT をやったりしていた。そんなある日，AT 中に心臓の鼓動を感じていて，突然，「自分も結構すごいなあ」と思ったのである。手がジワンと温かくなってきたのだが，手が温かいのは心臓が頑張って血液を送り出しているからで，考えてみると，筆者の心臓は 24 時間ずっと働いていて，60 年以上一度も休んでいない。「私の心はダメかもしれないが，身体は奇跡のように頑張っている。自分の存在はすごいな」と実感したのである。この心臓の頑張りに比べたら，筆者が取り組んでいる仕事の頑張りなど小さなことに思えた。心臓がサボると死んでしまうが，仕事が多少遅れても大したことではない。

　それからの AT の実践は，自分の身体に感謝する時間になった。24 時間休まず頑張ってくれているのに，これ以上，何か変化を望むのはおこがましい。そう思えると心も身体もほぐれて楽になり，体調も回復していった。頭で考えた小さな自分の狭い世界のことだけにとらわれず，生き物として存在する自分を実感して視野が広がると，現実の広い世界を正しく見ることができるようになる。忙しいと，その現実をつい忘れてしまうので，毎日 AT を実践することで，そのことを再確認している。

でき，多面的な理解や個別の支援が可能になる。

　また，相手に AT を勧めなくても，自分自身が AT を実践すること自体に意義があり，その効果は極めて大きい。スポーツや楽器演奏などを考えてみれば，頭でわかるのと実際にできるのは全く違うということがわかるだろう。医師でも教師でもコーチでも保護者でも，他者を有効に支援しようと思ったら，適切な条件を整えて，根気よく見守ることが重要である。しかし，これが困難でなかなか実践できない。よほど自分の身心が安定していないと，ついイライラして手出し口出ししてしまう。他者を良好な状態にすることに役立ちたければ，まず，自分自身を良好な状態に保つ必要がある。アスリートが実力発揮するために，自分の身心の状態を調えることに全力を注ぐように，どんな立場の人でも，自分の能力を十分発揮するためには，根気よく努力する必要がある。

　指導や支援の場において何よりも大切なのは，相手との間に信頼関係を築くことである。もしそのような関係ができているなら，大好きな先生や保護者が安定するだけで，生徒や子どもも落ち着いてくるだろう。他者を変えることよりも，自分を変えることのほうが，ずっと確実である。そのための自己トレーニングの方法として，AT を活用してもらえるとありがたい。

◆まとめ

　本書では，身心の自己調整法について解説しており，その代表的な方法が AT である。有効かつ安全に AT を体験していただきたいので，最後にもう一度，重要な点を記載しておく。

　①AT は身心をコントロールする方法ではなく，モニタリングする方法であり，自分を優しく真剣に見守るスキル（受動的注意とマインドフルネス）を身につけるものである。

　②重感練習と温感練習によるリラクセーションと軽運動（消去動作）によるアクティベーションを，短時間で何回か繰り返すことが重要である。

　③練習の終了時には，必ず開眼前に消去動作を行うこと。

　④変化や効果があることよりも，根気よく毎日続けることが大切である。

第7章

マインドフルネス

【雨宮　怜】

◆「コントロールしない」ことを実現するマインドフルネス

　身心の自己調整トレーニングにおいて，自分自身の心をコントロールしようとすることの弊害（第1章や第4章を参照）に注目し，従来のトレーニングのやり方に対するアンチテーゼとして提唱されたのがマインドフルネス（mindfulness）である。マインドフルネスは，心理的な態度・スキル・状態と，それを高めるトレーニングの両方を指す言葉として用いられている（杉浦，2008）。本章ではまず，心理的なスキルとしてのマインドフルネスについて説明し，その後，それを高めるトレーニング法について紹介する。

　まず，心理的な態度としてのマインドフルネスについて説明する。学術的なマインドフルネスの定義はさまざまであるが，以下のような定義が用いられている。

　　「今の体験に評価や判断を加えることなく注意を向けることで生じる気づき」（Kabat-Zinn, 2003）

　　「個人の進行中の内的・外的な刺激を価値判断なしにそのまま観察すること」（Baer, 2003）

　　「今現在の体験に向けた，受容を伴う気づき」（Germer, Sigel & Fulton, 2005）

　このマインドフルネスという概念の起源は，仏教の瞑想にある。仏教には四聖諦あるいは四諦という，人々の苦しみや悩みを癒すための原理をまとめた言葉があり，それは「苦諦」「集諦」「滅諦」「道諦」という4つの真理から構成されている（水野，1972）。このうちの「道諦」，すなわち理想の涅槃

（悟りの境地）に至るための修行方法として，以下のような「八正道」がある（水野，1972）。

- 正見：正しい見解，信仰
- 正思：正しい意思，決意
- 正語：正しい言語的行為
- 正行：正しい身体的行為
- 正命：正しい生活法
- 正精進：正しい努力，勇気
- 正念：正しい意識，注意
- 正定：正しい精神統一

　この八正道の1つである「正念」が，いわゆるマインドフルネスにあたると説明されている（ただし，それぞれは関係し合うものである）。マインドフルネスという言葉は，古代インドの言語であるパーリ語の「sati」を英訳したものであり，awareness, attention, remembering の意味を含む言葉であるという（越川，2013）。なお，日本語では「気づき」を意味する。

　マインドフルネスの学術的な定義は，さまざまな表現が用いられているが，藤田（2014）は一貫して共通する2つの要素として「判断を加えない」と「現在の瞬間に中心を置く」の存在を指摘している（図7-1）。

◇ 判断を加えない（non-judgmental）

　「判断を加えない」とは，自身の体験がどのようなものであっても，評価や判断（良い・悪い，うまくいっている・うまくいっていない，など）を加

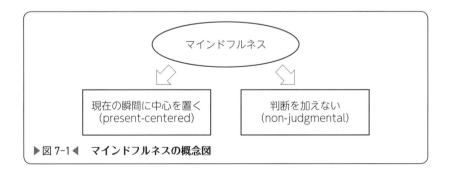

▶図7-1◀　マインドフルネスの概念図

えずに，受容の態度で体験をありのままに観察することを意味する。我々は自身の外的・内的な体験に対して，無意識のうちに好悪や善悪などの評価や判断に基づいて体験を概念化し，それによって欲求や怒りなどを生じさせてしまう。その結果，より深刻な問題につながり，悪循環にはまりやすくなる。

　しかしながら，そもそも我々が普段心の中で行う，体験への評価や判断は，真実・現実とよべるものなのだろうか。マインドフルネスの視点に立つと，真実・現実とよべるものは，皆が観察して「事実だ」と答えられること（客観的な事実）を指す。例えば，図7-2の下部に示したように，ペンがあり，あなたはそれを眺めているとしよう。実際にペンを眺めている状況を，思い浮かべてみてほしい。そのとき，真実・現実とよべる事象は，どのようなことであろうか。

　それは，その「ペンがある（存在する）」ということであろう。そのペンは誰から見ても（あるいは触れても）そこに存在する。ただ，ペンを眺めると，図7-2の上部に示したように，「嫌い」「格好悪い」など，そのペンに関する評価や判断を，いつの間にか加えてしまうのではないだろうか。

　では，そのような心の中で行っていたペンに関する「評価」や「判断」は，真実・現実とよべるものであろうか。あなたの心の中で生じた評価や判断

▶図7-2◀　ペンを見ることで生じる評価や判断

は，他の人からも客観的に把握することが可能なものだろうか。残念ながら，人の心の中というものは，本人以外からは正確に把握することは不可能である。当たり前の話だが，誰しも，人の心の中で何が生じているのかをはっきりと知る術はもっていないのである。

　先に述べたように，マインドフルネスの文脈では，真実・現実とよべるものは客観的な事実（すなわち，誰から見ても同じもの）であり，それ以外は単なる主観的な体験となる。つまり，評価や判断はバーチャルな世界における創造物であり，真実・現実のものではない。そうであれば，いちいち心の中の反応を気に留める必要はないのである。つい，人は評価や判断が，真実・事実を反映したものであるかのように感じ，影響を受けて，変えなければと躍起になって，コントロールしようとする。しかしながら，それはその反応に執着することとなり，ずっと心の中で我々に付きまとってくる。むしろ，変えようとするのではなく，評価や判断を加えずに，それが存在するだけ，という態度で反応しないまま，ありのまま認める（受容する）ことによって，その反応や行動パターンから外れることができる。マインドフルネスのプログラムは，このような態度の獲得を通して，体験との新しい付き合い方を学ぶトレーニングでもある。筆者はこれを「客観的に観る」ないしは「自己客観視」という表現を使って説明することがあるが，体験をただそのまま，いちいち評価や判断をしないで見守る姿勢であると言える。

◇ 現在の瞬間に中心を置く（present-centered）

　「現在の瞬間に中心を置く」とは，今の体験を過去の記憶や未来と関連づけるのではなく，「今ここ」という時間軸で生じることに意識を向けて気づくことを意味する。今に意識を定めることで，ついつい，今の自分と理想の自分とのギャップを意識して心を駆り立てたり，否定的な評価や判断のスイッチを入れたりしないで済む。あるいは，そのスイッチが入っていたら，それに「気づく」ことができる。

　マインドフルネスを自己客観視と説明したが，そもそも観察するためには，今自分が何を感じているのか，どのような体験をしているのかということに気づく必要がある。そのためには，無意識に意識がそれることに気づき，その意識を「今ここ」で生じる体験に向けることが求められる。

心理的なマインドフルネスの態度を有していることには，抑うつや不安といった心理的反応に対する抑制効果があることが報告されている。アスリートへの心理支援では，パフォーマンスの発揮を阻害する心理的反応として競技不安が問題となることがある。筆者は普段，アスリートに対するメンタルトレーニングや心理サポートを実践しており，感覚的には来談するアスリートの3分の1の相談理由が競技不安である。

　不安の正体とはなんだろうか。人は，生活の中でさまざまな不安を抱えるはずだし，その不安の内容は多種多様である。ただし，1つだけ，すべての不安に共通する点がある。それは，「不安とはすべて，将来（未来）のこと」であるという点である。例えば，「失敗したらどうしよう」「ここでミスをするのではないか」という言葉が必ず付きまとう。すなわち「不安」とは，少なくとも1秒程度は先の将来のことと関係するものである。

　我々は，このような不安が生じるときに，どこに意識が向いているだろうか。無意識的に将来という時間軸に意識が向き，そこで生じる可能性のある出来事を思い浮かべていないだろうか。そもそも，将来のことを我々が知る方法はあるだろうか。将来をある程度「予測」することは可能であるが，100％正確に明らかにすることは不可能である。極端な表現を用いれば，不安とは，将来起こるかどうかもわからないことを思い浮かべている「妄想」や「幻想」の類いのものなのである。

　また不安以外にも，怒りや悲しみといった感情反応は，人々のパフォーマンスを低下させるきっかけとなる。これらは将来のことではない。しかしながら，怒りや悲しみは過去のことに注意が向いて，心が反応した結果生じるものという点で同じである。過去は将来とは異なり確かに生じた出来事ではあるが，今それが起こっているかというと，そうではない。むしろ，記憶というものを頼りにしたイメージである。つまり，怒りや悲しみとは，過去に起こった出来事を思い出しているだけでしかない。

　以上のような説明は，図7-3のように表すことができる。マインドフルネスの理論に基づくと，ネガティブな反応（不安，怒り，悲しみなど）は将来や過去に注意が向き，心が反応したことによって生じる想像でしかなく，それは現実とよべるものではない。「今ここ」という瞬間ごとに生じる体験こそが，現実とよべるものとなる。アスリートが競技中にどこに注意を向ける

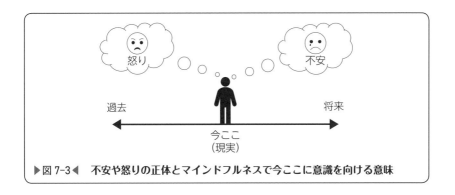

▶図7-3◀ **不安や怒りの正体とマインドフルネスで今ここに意識を向ける意味**

必要があるかといえば,「今ここ」で生じている,目の前のプレーや対戦相手である。もちろん,先の展開を読んで(予測して)準備する必要もあるが,絶対的に必要なことは,「今ここ」へ意識を向けることである。

　マインドフルネスは,「今ここ」の瞬間に意識を向け,そこで生じる体験を評価や判断をせず客観的に観察し,その体験に気づく力ということができる。そして,この力を高める方法が,マインドフルネスのトレーニングである。

◆マインドフルネスの実践方法

　マインドフルネスのスキルを高めるトレーニングは,瞑想やヨーガといった身心修養法と,仏教哲学や心理学(特に臨床心理学や認知心理学,身体心理学)の理論を基本とした心理教育から構成されている。マインドフルネスストレス低減法(Kabat-Zinn, 2003)やマインドフルネス認知療法(Segal, Williams, & Teasdale, 2002)といった,マインドフルネスを中心に置く心理療法は,1回2時間程度のセッションを8回行うプログラムで構成されており,基本的にグループで行われる。本章では,マインドフルネス認知療法を参考に,マインドフルネスのプログラムの実践方法について,いくつかの例を紹介する。

◆マインドフルネスの実践における基礎理解

　ここからは，実際のマインドフルネスのトレーニングで用いられるワークの背景と，具体的なワークの実施方法について紹介していく。ただし，マインドフルネスは劇的な変化を生むものではないことに留意してもらいたい。筋力トレーニングのように，日々続けることによって，地味ではあるものの着実に効果が積み重なっていくのがマインドフルネスのトレーニングである。そのため，継続して実践することが大切である。

　さて，マインドフルネスのトレーニングは主に瞑想やヨーガといった，身心修養法によって構成されており，先に説明したマインドフルネスのスキルの構成要素を，トレーニングして獲得することになる。まずマインドフルネスの構成要素の1つである「現在の瞬間に中心を置く」，すなわち「今ここへの注意」を高めるトレーニングとして，注意瞑想（サマタ瞑想）がある。注意瞑想は特定の対象物に意識を向けて，そこで生じる体験を観察することを行う。今ここに注意を向け，気づくための対象物として，仏教における四念処と同様に，身（身体）・受（感覚）・心（心）・法（心の対象：認知）が気づきの対象となる（ティク・ナット・ハン，2011）。これらのうち，身体感覚（特に呼吸の感覚）に注意を向けることが，マインドフルネスのプログラム導入時には強調される。

　呼吸の感覚とは，呼吸をすることで生じる身体感覚を意味する。我々は，呼吸を無意識に行っているときがあるが，そこに意識を向けて観察してみると，さまざまな身体感覚が生じていることに気づくだろう。例えば，空気を吸うことで生じる鼻や口と空気が触れる感覚，空気が気道を通る感覚，また空気が気道を通って，お腹にたまる腹式呼吸の感覚などである。このような呼吸の感覚に，穏やかに意識を向け続ける。

　しばらく実践していると，ついつい，気持ちいいな・今はうまくいっていないなといった「評価」をしたり，良い呼吸をしようと考えて呼吸を「コントロール」したりすることが多くなる。しかし，そういった評価やコントロールしたい気持ちなどの無意識の反応に気づいたら，また呼吸に注意を向け戻す，ということを行う。このワークを実施していると，無意識に注意が

それる。それは例えば，「こんなことをやっていて，意味があるのだろうか」とか，「この後，あの仕事をしなければいけないのに……」といった様子である。このように，我々の心は無意識のうちに，さまざまな対象に移ろい，彷徨していく。その彷徨が続くと，起きるかどうかもわからないこと（大抵はネガティブなこと）を考え，それにとらわれて考え続けてしまう。

　マインドフルネスのトレーニングでは，そのような注意の彷徨に気づき，それを認め，観察し，優しく注意を向け直すことを繰り返していく。ここでいう観察は，生じる感覚に評価を加えたり，あるいはコントロールをしたりしないで，まさに客観的に見守るイメージである。詳細についてはティーズデール他（2018）を基にして，これ以降で説明する。

◆具体的なマインドフルネスの実践①：呼吸のマインドフルネス

◇ステップ①：実施準備──特に姿勢について

　まず，自分が落ち着ける場所や環境を見つけて，ゆっくりとその場で腰を下ろし，実施する準備を始める。仏教の用語で調身・調息・調心という言葉があるように，実施時の姿勢も大事な要素となる。座る際には少し固めの椅子，あるいは座禅を行うための座布やクッション，丸めたヨガマットに座り，瞑想時によく見るあぐらのような座位の姿勢（結跏趺坐や半跏趺坐）を基本とする。柔らかい椅子の場合には，背中が丸まりやすく，リラックスして眠くなってしまうので，あまり推奨しない（マインドフルネスはリラックスのためのワークではない）。座るときに，一度お尻を外側に突き出して，股の付け根が伸びる感覚を味わってから座るとよい。ただし，それぞれの事情により，椅子に座りながら行ってもいいし，座位の姿勢が難しい場合は寝ながら行ってもよい。

　基本的な姿勢は**図 7-4** のようになる。座位の姿勢ができたら，背すじを軽く伸ばした姿勢をとる。イメージとしては，頭の先から糸が伸びていて，天井にその糸がくっついており，その糸によって，頭が天井に向けて引っ張られていることを想像するとわかりやすい。目は軽く閉じるが，もし目を閉じるのが難しい場合には，薄目を明けて 2〜3 メートル先の地面を眺めているイメージで行う。手は膝の上，あるいは腹部に手のひらが軽く触れるように

あごは軽く引き，可能であれば目を閉じる。

背筋は軽く伸ばす。頭の先から天井に糸が伸びており，その糸によって天井に引っ張られるイメージ。

手は腹部の前，あるいは腹部に手のひらを当ててもよい。または膝の上。手のひらの向きは上下どちらでもよい。

座り方は結跏趺坐あるいは半跏趺坐の姿勢がある。座布やマットを使って座ると，姿勢が整いやすい。ただし，椅子に座ったり，仰向けの姿勢でもよい。

▶図 7-4◀　マインドフルネス瞑想実施時の姿勢

置く。無理にリラックスする必要はないし，リラックスが目的ではないが，穏やかにワークを行うことができる姿勢・環境であることを確認する。このように姿勢を調えるだけでも，落ち着いてくることがある。これで事前の準備は完了である。なお，巷ではお香やアロマをたいたり，音楽を流したりする実践もあるが，「それがないとできない」ということになるものは，筆者は使用を推奨しない。

◇ ステップ②：実施

　姿勢や環境が準備できたら，呼吸に意識を向けて，その感覚を観察する。最初のうちは，数分など短い時間でもよいので，まずは取り組んでほしい。前述したとおり，呼吸の感覚というのは，呼吸をすることで生じる瞬間瞬間の感覚を意味する。ここでは「意識を向ける」とか「観察する」という表現を使用しているが，一点集中というよりも，その対象のあたりを全体的に眺めて，見守るイメージで注意を向ける。呼吸の感覚がつかみにくいという人は，「感じない」という曖昧な感覚もまた，観察してみてほしい。その場合には，手のひらをお腹に当てて，呼吸をすることで生じる腹部の動きから呼吸の感覚を体験してもよい。

❖ ステップ③：実施のポイント・実施中の体験との付き合い方

　ワークを実施していると，だんだんと無意識のうちに，「これは良い（悪い）呼吸だ」とか，「呼吸がいつもより速いな（遅いな）」といったように，呼吸について評価や判断をする場合がある。これが無意識の反応，あるいは我々が無意識に行っている評価や判断（価値判断）である。あるいは，呼吸に注意を向けているはずが，無意識のうちにイメージや思考，この後の予定や身体の中の強烈な反応（痛みなど）に意識がそれることがある。その場合にも，それに「気づく」ことが大切なので，気づいたら，優しく呼吸に注意を向け直してほしい。

❖ ステップ④：実施後における体験の振り返り

　実施後は，急に目を開けると立ちくらみがする場合もあるので，自分の身体や心と相談して，必要な動き（軽く腕を振るなど）をしてから目を開けるとよい。実施後は体験を自分なりに振り返って，探究してみよう。マインドフルネスのプログラムでは，この実施後の探究を支援者が参加者に向けて行うが，それもプログラムの内容の大事な要素として位置づけられている。

　興味深いことに，筆者がアスリートに対してこのワークを説明し，初めて実施してもらったり，ホームワークとして次回までに継続的に実施してきてもらったりすると，一定の割合で，次回に曇った顔をして来室する人がいる。その人たちに話を聞くと，言われたとおりに呼吸の感覚に注意を向けてはみたものの，どうしても注意がそれてしまうという。またひどい場合には，その難しさから，「このマインドフルネスは，私には合っていないのかもしれない。こんなにもできないのであれば，このまま続けても意味がないのでは」などと言う人までいる。もしかすると，読者の中にも，そんな体験や考えをもった人がいるかもしれない。

　ここであらためて注意してもらいたいが，「注意がそれてはいけない」とは，ひと言も書いていない。むしろ書いてあることは，「大事なことは，心が彷徨することに気づくということ」という内容である。

　我々は常に，無意識的に，自分が理想としている状態と現在の状態とが一致しているかを自動的に検討する癖がついている。そして，緊張したり不安

が高くなったりしやすい人であるほど，理想とする状態の基準は高い。ある意味それは，真面目とも言えるかもしれないし，そのような傾向は日本社会では評価されやすい「機能的な特徴」でもある。しかしながら，そのような特徴が強すぎる場合，自動的な自己評価（特に自己否定）を繰り返すという悪循環にはまりやすくなる。

　このような自動的な自己評価が，マインドフルネスの定義に出てくる「評価や判断を加えることなく」の反対の意味である。我々は，生まれてから成長する過程で，自動的に自分の内的あるいは外的な世界や行動を評価や判断する癖がついている。しかも，大抵の場合，そのような評価や判断はネガティブなものである。このような評価や判断が生じることによって，その体験に関するネガティブな思考や認知が連鎖的に生じ，その結果，特定の活動に対するモチベーションが下がったり，気が散ってしまったりして，まさに「今ここ」の活動に注意を向けることがどんどん難しくなり，求めていたものとは逆に，パフォーマンスが低下するという結果につながるわけである。

　この悪循環に対応する方法は，心をコントロールすることではない。心の問題に対処する方法は，気合いを入れたり覚悟を決めたりすることでも，他のすべてを犠牲にすることでもない。大事なことは，我々が無意識のうちに反応していることに気づき，それを認め，今ここという現実に意識を向け，その瞬間瞬間，冷静に選択していくことである。これを実現する方法がマインドフルネスのワークであり，継続的に練習することで柔軟な注意のスキルが獲得され，困難な出来事が生じても，柔軟に対応できるようになる。

◆具体的なマインドフルネスの実践②：呼吸と身体のマインドフルネス

　それでは次に，「評価や判断をせずに観察する」態度を養う観察瞑想（ヴィパッサナー瞑想）について説明する。本章では注意瞑想と観察瞑想を分けて説明しているが，はっきりと区別して実施するというよりは，オーバーラップしているものである。

　観察瞑想では，評価や判断に気づくことに加えて，その思考や感情にとらわれずに，一歩離れた視点で自分のことをただ見守る態度を意識する。これをマインドフルネスの文脈では脱中心化（悩んでいる自分の中心から抜け出

して，外から眺めるという意味）とよび，マインドフルネスの重要なエッセンスの1つとして扱われる。イメージとしては，ネガティブな思考が生じたようなときには，そこに「……と考えている」という視点を足し，離れて見守るものである。

　マインドフルネスでは，観察瞑想としてさまざまなワークがあるが，ここでは呼吸と身体のマインドフルネスを紹介する。

◇ ステップ①：実施の準備
　まず実施に先立ち準備を行う。おおよそ，先述の呼吸のマインドフルネスと同様である。

◇ ステップ②：実施
　呼吸と身体のマインドフルネスは，徐々に注意の対象を広げ，観察するワークである。最初は呼吸の感覚に意識を向け，しばらくしたら，腹部→上半身→下半身を含む全身の感覚，の順にゆっくりと注意の対象を広げ，観察していく（図7-5）。

◇ ステップ③：実施のポイント・実施中の体験との付き合い方
　ワークを実施していると，呼吸のマインドフルネスと同様に，注意が他の対象（考えごとや身体の感覚，周囲の音などの環境や眠気）にそれる。呼吸

▶図7-5◀　呼吸と身体のマインドフルネスの注意を向ける対象のレイヤー図

のマインドフルネスでは注意がそれた場合，それに気づいたら，また優しく呼吸に注意を向け戻すということを繰り返し行う。呼吸と身体のマインドフルネスの段階からは，注意がそれたという無意識の反応に対して，意識的に反応するということにチャレンジする。

　我々がネガティブなことを考えたりして，思考にとらわれているとき，それは無意識のうちに生じている。誰しも「今からネガティブなことを考えよう」など，意図的に（わざと）ネガティブなことを考える人はいないはずである。つまり，我々が心の反応にとらわれるのは，大抵の場合，無意識的な反応の結果なのである。そのような無意識の反応をコントロールすることはできないが，反応の仕方を意図的に変えることができる。これは例えば，意識がそれたことに気づいたら，あえて，それた先の思考に意識を向けて観察してみることである。あるいは，身体の中の強烈な反応（痛みやかゆみ）が生じていたら，無意識のうちに調整（身体を動かしたり，かゆい部分をかいたり）したりせずに，あえてその部位に意識を向けて観察してみる，ということである。または，呼吸に意識的に戻ってもよい。このように無意識の反応に気づいて，意識的に体験に応対することによって，今までの体験との関わり方が変化し，無意識的な心の反応や悪循環にとらわれることなく，客観的に体験を観察することができるようになる。

◇ ステップ④：実施後の振り返り

　通常，このワークは呼吸のマインドフルネスよりも長く行うため，目を開ける際には，立ちくらみなどに留意する必要がある。振り返りの中で，意識がそれたときの対応や，それを行ってみた際の体験について検討してほしい。必ずしも，意識がそれた先を見にいくというワークでなくても，気づくことができれば，我々は選択できるということを知るワークになっている。我々は，無意識のうちに意識がそれて，心がとらわれ，どこに意識を向けるかという主導権まで奪われてしまうことがある。しかしながら，どこに意識を向けるかを決めるのは自分であり，その主導権は本来，自分がもっている。あえて呼吸に戻ってもいいし，興味や関心をもって，意識がそれた先を観察してもいい。

◆注意点やつまずきやすいケース

◇ マインドフルネスを負けや逃げの方法としてとらえてしまう

　マインドフルネスはあえて変化させない（コントロールを手放す）トレーニングと言ってもよいだろう。しかしながら，一般社会では「よりよくなる」という変化の姿勢や行動が推奨されがちである。アスリートや企業だけではなく，多くの人々にそうした変化の姿勢や行動を示すことが暗黙のうちに求められているように思う。また，そのような変化しようという気持ちを手放すのは，向上心に欠けた「負け」や「逃げ」の態度と判断し，そのような態度を示した自分自身あるいは他者を非難する人もいるのではないだろうか。しかしながら，マインドフルネスは「あえて」コントロールを手放すトレーニングである。ある意味，勇気のいることであるが，手放すことによっていちいち反応しないでいられるようになる。そのため，マインドフルネスを行うことが「負け」や「逃げ」となるのではない。むしろ，変化しようとする姿勢が強くなるのは，変化しないという曖昧な状態にとどまることに不安を感じてしまうからかもしれない。そして，その不安をそのままにできずに反応し，変化を強く求めてしまうのではないだろうか。もし，コントロールしたくなったり，負けを認めるというネガティブなものではないかと考えたりしていたら，それこそが，マインドフルネスが扱う「評価」や「判断」なのだと理解し，ワークの実践を継続してほしい。

◇ 困ったときや余裕がないときにだけ行う

　マインドフルネスのプログラムは，その場のストレスマネジメント法としての使用はあまり推奨されていない。それは，トレーニングとしての要素があるからであろう。筋力トレーニングのように，継続的にワークを実践することでスキルが高まるのがマインドフルネスである。また，困ったときや余裕のないときにだけ行うのは逆効果にすらなる（第1章の**コラム3**参照）。マインドフルネスの特定のワークは，ストレスマネジメントのような使用の仕方も推奨しているが，それは普段も実施するという条件つきである。そのような使用の仕方ではなく，普段からトレーニングすることで，困ったとき

にも適切に対応することができるようになる，と理解してもらいたい。

◇ 自分の癖・パターンが邪魔をする

　マインドフルネスのワークを続けて行うのであれば，ぜひ毎日1回は行ってほしい。そして，記録をつけてほしい。そうすると，自分のパターンやつまずきやすい癖が明確になってくる。例えば，完璧主義的な人の場合には，「完璧に」マインドフルネスのワークを行おうとして，むしろ逆効果になってつまずく人が多い。筆者も，実のところ変なこだわりが強く，マインドフルネスのヨーガを行っているときに「素晴らしい姿勢（力が入りすぎている）」でやろうと無意識に行っていて，長らくヨーガが苦手だった。自分が苦手だと感じるワークの中には，そこに自分が苦手なパターンが生じている可能性がある。そのパターンに「気づく」こともまた，マインドフルネスの目的の1つである。気づくことができれば，日常生活においても，そのパターンにはまっていることに早めに気づくことができる。またそのパターンに気づくことができれば，事前に対処することもできる。むしろ，それが効果にもつながるので，ぜひ自分のパターンに気づいていってほしい。

◇ YouTubeなどとの付き合い方

　マインドフルネスは世界的に流行している（**コラム16** 参照）。企業やアスリートだけではなく，社会的に影響力のある芸能人なども実践している。また，マインドフルネス用のアプリや専門家を名乗る人物も，最近では多く見られるようになった。このような人々の発信をきっかけにマインドフルネスを始める人もいるだろうし，流行するのはよいことだが，正しく伝わっていない場合がある。誰もが発信できるYouTubeやSNSなどの登場により，誤った情報も広まりやすくなったように感じる。マインドフルネスを指導するためには，指導者本人の一定期間の実践が必要である。マインドフルネスのトレーニング効果を検討した学術論文では，そのほとんどに，実践者のマインドフルネスの実践歴が記載される。心理学における「知識」のとらえ方は，大きく分けて「わかる」知識と「できる」知識に分かれている。単にマインドフルネスについて調べて詳しいからといって，マインドフルネスを指導できるわけではないのである。また近年では，「マック・マインドフルネ

●コラム 16●

東洋と西洋

【坂入 洋右】

　アメリカのニュース雑誌である「タイム」誌で「マインドフル革命」という特集が組まれるなど，マインドフルネスやヨーガが世界的なブームとなっている。これまでにも何回か，瞑想法が注目される東洋ブームがあった。世界恐慌があった 1930 年ごろにヨーロッパでヨーガが流行し，ベトナム戦争が続いていた 1970 年ごろにビートルズをはじめ世界中の若者が瞑想に没頭した。西洋社会の人々が自分たちの文化や生き方に限界を感じる時代に，東洋思想や東洋的行法に目が向けられるが，東洋と西洋では基礎となる文化や宗教のパラダイムが全く異なるため，次第に西洋化して本質を失い，ブームが去っていった。しかし，もし今世界で起きていることが，第 14 章で説明するようなパラダイムの変革だとすると，今回は単なるブームでは終わらないかもしれない。

　西洋と東洋のパラダイムの違いの本質を端的に表しているのが，一神教と禅仏教の違いである。神が一人であれば真実が 1 つに定まるので，正しい教えや正解を教典やテキストに書くことができ，多くの人間がそれを学び，その解明や実践に取り組むことになる。西洋の科学や実践は，このような普遍的な法則が個別の人間に適用される「トップダウン型」のパラダイムに基づいて成り立っている。一方，仏教には神ではなく仏がいて，「衆生本来仏なり」という白隠禅師の言葉が示しているように，一人一人の人間がすべて仏であり，主体であることが想定されている。そこで禅や瞑想などの東洋的行法においては，一般的・普遍的な真実ではなく，自分自身の現実を，一人一人が探求し続けていくことが求められる。現実は無常であり流転しているので，人によって状況によって時によって，正しい答えは異なっている。現実の世界や人間のあり方とその関わりが，その時々の真実を生み出していくという「ボトムアップ型」のパラダイムが，東洋思想や東洋的行法の基盤となっているのである。

　このように，東洋的な観点では理想的な正しい答えなど定まっていないのである。だから，本書で紹介したマインドフルネスや自律訓練法（AT）を実践するときには，うまくやろうとか成果を得ようとか思わないでほしい。その時々の現実や自分の姿（身心の状態）を，そのまま正しく見てありのままに認識することを積み重ねる努力だけが，よりマシな正解に近づけてくれる。そのような認識に基づく適切な行動を続けていると，「なぜか物事が自然にうまくいっている」という経験が増えたり，感謝の気持ちが湧いてきたりする。

ス」というような皮肉的な言葉も国外で誕生している。そのため，発信者が
どのようなトレーニングの背景をもっているか，一定のトレーニングを受け
た上で取得が可能な専門資格を有しているかなども，それらを活用する際の
判断材料の１つとなる。

◆分かれるところにあえて立つためのマインドフルネス

　心をコントロールすることの弊害は第１章や第４章などで説明されている
が，マインドフルネスのような受容の態度を高めるだけで万事解決するとい
うわけでもない。

　ここで強調したいのは，この矛盾の間に立ち続けることの重要性である。
さまざまな宗教や哲学の教えの中で，このような一見矛盾するメッセージが
共通して提唱されている。例えば，仏教では「中道」，儒教では「中庸」とい
う言葉があるが，その意味としては，偏りのないことを表している。精神分
析家である北山（2013）は，日本的な臨床の文脈における二重性・中間性を
生きることの意義を語っている。また哲学の世界に目を移すと，弁証法の中
には相互に矛盾する定立と反定立を止揚するという意味のシンテーゼという
言葉がある。そして観察瞑想のヴィパッサナーという言葉には，「対象に深
く入り込み観察する」という意味が含まれており，対象に十分に気づきなが
ら深く観察することによって，観察する主体と観察される客体の境界線が消
失し，両者は一体になるとも言われている（ティク・ナット・ハン，2011）。
文化や背景が異なるものの中に共通の意味が自然に発生し，いまだに言い伝
えられているということは，これこそが，世界の真理とも言えるのではない
だろうか。すなわち，真の正解とは，２つのものの間を揺れ，バランスを取
ること——ここでは受容と変化のはざま——において，誕生するものと考え
られる（図7-6）。

　心のコントロールは確かに必要ではあるものの，それだけでは効果が期待
できない。それではマインドフルネスだけでいいかというと，そういうわけ
でもない。大事なことは，変化の試みと合わせて，マインドフルネスのよう
な自己客観視・受容的態度を高めるトレーニングを行うことである。このよ
うな考えに基づいた心理療法として，近年は弁証法的行動療法やアクセプタ

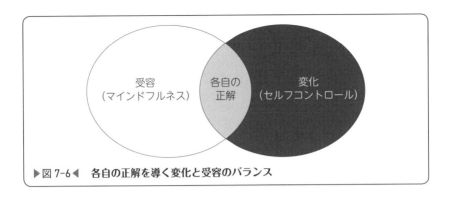

▶図7-6◀　各自の正解を導く変化と受容のバランス

ンス・コミットメント・セラピーなどがある。マインドフルネスに加え，プラス・アルファの要素を導入し，1つの心理プログラムとして開発されたもので，これまで支援が難しいとされてきた症例に対する有効性が報告されている（ヘイズ他，2014; リネハン，2007）。

　優れたパフォーマンスを発揮することが必要な場面では，つい人は切羽詰まり，自己や他者を無理にコントロールしようとしてしまいがちである。しかしながら，そのような状況であれば，まずは冷静に自身の身心の状態や状況を客観的に観察することが必要となる。そうすれば，心の反応や欲求に執着せずに手放す（let it go）ことができ，「今ここ」で必要な変化のための選択を，冷静に行うことができる。受容と変化のどちらか一方が正解ということではなく，相反するものの間に立ち，それぞれのバランスを取ることによって，その人にとってのそのときの正解が誕生するのである。現代社会では，つい「変化（コントロール）」を求める流れに偏りがちであるが，そのバランスをとるためにこそ，「受容」の態度であるマインドフルネスが役に立つ。

第8章

心理的効果を調べる

【坂入 洋右・吉武 誠司・金 ウンビ】

◆運動や音楽や香りの心理的効果

　気分転換して，心理状態を調えたいときに有効なのは，身体を動かすことだけではない。音楽を聴いたり，お茶を飲んだり，ソファで寛いだり，さまざまな物事が身心に影響を与える。できれば，自分に合った音楽，飲み物，家具などを選びたいものである。

　第5章において，身心の自己調整に活用する軽運動にもさまざまな種類があり，身心を安定させるリラクセーション効果をもたらすものと，身心を活性化するアクティベーション効果をもたらすものを紹介し，それぞれ異なる心理的効果があることを解説した。実際には，運動に限らずあらゆる活動や事物に心理的効果があって，それらの活動や活用する前後の心理状態の変化を二次元気分尺度で測定すれば，それぞれが有する心理的効果の特徴とその大きさを，こころのダイアグラム上にベクトル（矢印）として表すことができる。

　現在，さまざまな運動の効果（強度）の違いを表すのに，身体的エネルギーの消費量を表すメッツ（metabolic equivalents; METs）が用いられることが多い。本章の実践例①で紹介するように，メッツの異なるそれぞれの運動が有する心理的効果の違いも，すべて数量化して示すことができるのである。

　また，音楽や香り，室内環境，家具なども，すべてその心理的効果の特徴と大きさを数量化して比較し，より適したものを選択することができる。例えば，音楽には多種多様なものがあり，気分が高揚する楽しい曲もあれば，

気分が穏やかになる美しい曲もある。それぞれの曲に応じて異なる心理的効果の一覧表を作成すれば，その時々の状況と気分に応じて，自分に適した音楽を選択することが可能になる（実践例②参照）。

　香りも同様で，一般的には，心理状態の活性化効果が期待できる興奮系の香りと安定化効果が期待できる沈静系の香りがあるとされている。二次元気分尺度を活用すれば，各種の香りの心理的効果の特徴と大きさを数量化して，こころのダイアグラム上にベクトルで表すことができる。しかし，香りは各個人の好みによって効果が異なっている。したがって，各香料で示される一般的な効能を鵜呑みにすることはせず，いろいろな香りを嗅いで，その時々の心理状態の変化を自己評価してみることが大切なのである。そうすることによって，自分に適した香りを見つけることができるだろう（コラム17参照）。

　また，椅子やベッドなどの家具も，実際に座ったり寝たりして，その心理的効果を評価してみるとよい。一般的に，椅子は快適度が高く感じられるほうが気持ちよく使用でき，ベッドは覚醒度が低く感じられるほうがぐっすり眠れるだろうが，どれが最も適しているかは，使用目的によっても異なる。快適度が同じくらいの椅子でも，休息のために使うなら安定度が高くてリラックスできることが重要であり，仕事や勉強で使うなら眠くならずに活性度が高くて能率が上がることが重要になるだろう。

　住環境に限らず，衣食住のどれでも，さまざまな物事の心理的効果を二次元気分尺度で数量化できる。製品開発に携る人であれば，その製品の心理的効果を検証して一般的な効果を数量的に示すことに活用できる。また，製品の使用者であれば，それらの一般的な研究結果を参考にしながらも，実際にいろいろな場面で試してその心理的効果を確認することで，使用目的やそのときの身心の状態に応じて，より自分に適したものを選ぶことができるようになる。

◇ 実践例①：さまざまな軽運動の心理的効果

　運動習慣のない男女15人が，運動トレーニングや余暇活動として行われる16種目の身体活動に参加し，活動種目別に心理状態がどのように変化するか調べた研究（高橋他，2012）を紹介する。

●コラム 17●

香りの心理的効果

【坂入 洋右】

　坐禅をしているときには，脚を組んだ姿勢の感覚や呼吸の感覚を感じているが，坐禅の体験を思い出してまず浮かぶのは線香の香りである。沈香や白檀などの香り自体の効果もあるかもしれないが，禅堂で同じ香りに包まれて坐禅をする体験を繰り返すことで，坐禅をして集中と落ち着きが得られる効果が高まっていく。ヨーガや自律訓練法（ＡＴ）でも，同じ香りの中で実践を継続していると，その香りを嗅いだだけで自然に落ち着いてしまうような，条件反射的な反応が形成されていく。

　以前，香りの心理的効果を確認する実験をしたことがある。ラベンダーとジャスミンの香りを嗅いで，そのときの気分の変化を自己評価してもらったのだが，プラセボ効果の影響を検討するため，香りの効用の説明書きとして，リラックスする安定化効果と，元気が出る活性化効果の2種類のラベルを，半分ずつ貼り替えておいたのである。結果は，香り自体の効果よりもラベルの効果のほうが大きかったのだが，特にリラックスする安定化効果が，どちらの香りでも確認された。このような結果になった理由として，香りがそれほど強くなかったため，実験参加者が香りをしっかり感じようとして，注意を研ぎ澄ませて静かに深く呼吸をしていたことが1つの要因だと考えられる。注意集中とリラックスが両立した身心の状態が，香りを嗅ぐという行為そのものによって自然に生じていたかもしれない。

　注意集中には，能動的注意集中と受動的注意集中の2種類がある。「目を凝らして見る」というような視覚的な注意集中は，興奮を伴う能動的な注意集中であるが，「耳を澄まして聴く」というような聴覚的な注意集中は，落ち着きを伴う受動的な注意集中である。日本の伝統文化である香道では，香りを嗅ぐのではなく，香りを聴く（聞く）と表現する。香道における所作全体が，身心の自己調整になっているのかもしれない。真摯な態度でかすかな香りの違いを聴き分けようとすることで，受動的注意集中の状態でゆっくり呼吸することになり，自然にマインドフルネスの状態になっていくことが考えられる。

　日本文化には，香道だけでなく，茶道や華道，芸道や武道などがあり，お茶を飲んでも花を生けても，剣道や柔道などの闘いですら，身心を調え，自らを高める道として実践されている。香りでも実践法でも，大切なのは何を選ぶかではなく，自分がどのように体験するか，なのである。

心理状態の変化については，二次元気分尺度（坂入他，2009）を各活動種目前後（活動直前と活動終了2分後）に用いて，快適度と覚醒度の変化（活動後−活動前）を調べた。また，すべての活動中にフェイスマスクを着用してエネルギー消費量を測定し，運動強度（METs）を算出した。

16種目全体の傾向としては，運動強度と快適度の間にはマイナスの相関関係がみられ（$r = -0.59$），運動強度の低い運動のほうが快適度は高くなった。最も運動強度の高かった踏み台昇降では，実施後に快適度の得点はマイナスとなり，不快になっていた（快適度が4.8点低下）。しかし，同じくらい運動強度の高い縄跳びでは不快になっていなかったので，運動強度だけでなく，内容の楽しさなどが心理的効果に影響していることが考えられた（**コラム18**参照）。

また，運動強度と覚醒度の間には，中程度のプラスの相関関係がみられ（$r = 0.46$），運動強度が高いほうが興奮（覚醒度）も高まる傾向があった。しかし，例外も多く，同レベルの運動強度である静的ストレッチとアクティブビデオゲーム（野球）では，いずれも快適度は高くなったが覚醒度の変化が全く異なり，静的ストレッチは16種目の中で最も覚醒度が低かった一方，ビデオゲームの覚醒度は踏み台昇降よりも高かった。

運動強度ごとに代表的な活動種目を2種類ずつ抜粋して，それらの運動強度と心理的効果の大きさが実際にどのようなものであったかを，**表8-1**と**図8-1**に示した。同程度の運動強度の活動種目でも，快適度の変化や覚醒度の

▶表8-1◀　**活動種目による運動強度と心理的効果の違い**

活動種目	活動強度 (METs)	快適度の 変化（点）	覚醒度の 変化（点）
アクティブビデオゲーム（野球）	2.3（低）	4.3	11.0
静的ストレッチ	2.4（低）	2.9	3.1
卓球（ラリー）	3.9（中）	4.8	8.3
歩行	5.2（中）	0.8	8.6
縄跳び	7.3（高）	0.6	13.2
踏み台昇降	7.8（高）	−4.8	10.8

（高橋他，2012を著者一部改変）

●コラム 18●

気分や対人関係を良くする運動の工夫

【金 ウンビ】

　運動でも遊びでも，どんな活動をするかということ以上に，どのように行うか，あるいは，誰と一緒にするかによって，楽しさや気分が全く変わってくる。同じ活動でも，気の合う仲間となら気分転換になるし，心理状態だけでなく対人関係を良好にしてくれる効果もある。

　同じ運動をする場合でも，音楽に合わせて身体を動かしたり，誰かとペアで運動したりすることによって，快適な気分を感じると運動の満足感も高まってくる。さらに，手をつなぐなどの身体接触を伴う運動をした後は，相手に対する印象が肯定的になり，心理的な距離とともに実際に自由に座ってもらった際の対人距離も近づくことが，実験的に確認されている（金他，2014）。

　とはいえ，スキンシップは恥ずかしいとか，感染症などが不安だと感じたりする人も多いかもしれない。このような場合は，直接手をつながなくても，ロープやタオルなどの道具をお互いが持って相手の動きを感じながらペア運動をする方法もある。他人と直接的な接触をすることに抵抗を感じる人であっても無理なく実施できるため，より大きな心理的効果や対人的効果が得られるようである（松浦・坂入，2022）。

　音楽に合わせてダンスをすることは，身心の調整効果が特に大きい。リラックスして安定度を高めたいときの音楽や元気を出して活性度を高めたいときの音楽は，音楽のジャンルやテンポなどが異なる。そのため，目的に合わせて適した曲を自由に選んで活用することが求められる（Kim & Sakairi, 2015）。また，集団で実施する場合は，踊る人の体力や年齢，好みや個性に合わせてダンスの振り付けやリズムを変えることで，運動の難易度や強度を自在に調整することができ，子どもから高齢者まで，同じ音楽に合わせて誰もが一緒に踊ることが可能になる。

　音楽に合わせてダンスをするゲームがある。これを大学生 40 名にペアで体験してもらい，実際に身体を動かして踊る場合と，コントローラーを操作する場合とで効果の違いを比較した。その結果，一緒に踊ることで気分の高揚感や快適度が上昇し，対人距離が近づいた。しかし，コントローラーを使った場合は，そのような効果が得られなかった（山田，2008）。どうやら，仲よくなるには，ただ一緒にゲームをするだけでなく，音楽に合わせて踊ったりして汗をかくことが大切らしい。

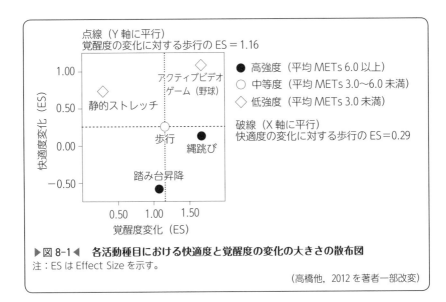

▶図 8-1◀　各活動種目における快適度と覚醒度の変化の大きさの散布図
注：ES は Effect Size を示す。

（高橋他，2012 を著者一部改変）

変化に違いがあることがわかる。消費カロリーが大きく，運動強度が高い活動種目ほど快適度が低くなる（不快になりやすい）傾向があるので，運動の継続を促進するためには，より快適度が高くなるような楽しい活動にする工夫が必要であろう。

◇ **実践例②：音楽の心理的効果**

　大学生 67 名が，イキイキとした躍動感のある速い音楽と穏やかで静かなゆっくりとした音楽のどちらかを 3 分間聴き，どのように心理状態が変化するか調べた研究（Kim & Sakairi, 2015）を紹介する。

　心理状態については，二次元気分尺度（坂入他，2009）を用いて，曲を聴く前後での活性度と安定度の変化を調べた。その結果，イキイキとした躍動感のある速い音楽（135 bpm）を聴くことによって，活性度が大きく上がって元気な状態になり（効果量 $d = 1.20$），穏やかで静かなゆっくりとした音楽（68 bpm）を聴くことで，安定度がやや高まって落ち着いたリラックス状態になる効果があること（効果量 $d = 0.60$）が確認された（**図 8-2**）。このような方法を活用すれば，あらゆる音楽の心理的効果の特徴と大きさを，

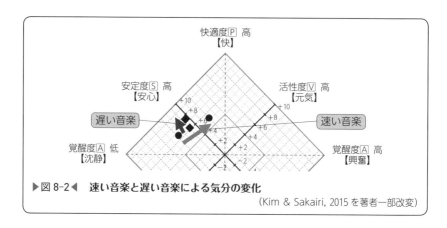

▶図 8-2◀　速い音楽と遅い音楽による気分の変化

(Kim & Sakairi, 2015 を著者一部改変)

こころのダイアグラム上にベクトル（矢印）で表すことが可能である。

　しかしながら，この研究では，もともと音楽を聴く前の状態がリラックス状態にあったために，穏やかな音楽によるリラックス効果が小さくなっていた。音楽を聴く人が緊張状態にあるような場合には，その効果がもっと大きくなることが考えられる。同じ音楽であっても，聴取者の音楽の好みや身心の状態によって効果が違ってくるので，ある音楽が有する心理的効果を代表的な数値で示すためには，さまざまな状況で多くの人々に，その音楽を聴いてもらう必要があるだろう。

◆運動や自律訓練法（AT）に伴う心理状態の変動

　運動や AT を実践しているときに，どのようなプロセスで心理状態が調っていくのか，それらの変化の様相を知るのにも，二次元気分尺度が有効である。運動の好き嫌いは個人差が大きく，運動することが気持ち良いという人と面倒で不快だという人がいる。また，AT は，正しいやり方で実施すれば，リラックスするだけでなくスッキリして快適になるが，不適切に行うと，眠くなったりだるくなったりする。どうしてこのような違いが生じるのか，心理状態の変化のプロセスから考えてみよう。

　AT の間違ったやり方の典型例は，深いリラックス状態を求めて，「気持ちが，とてーも落ち着いているー」などとゆっくり繰り返しながら，目を閉じ

たまま何分間もじっとしているようなやり方である。これでは，リラックスするかもしれないが，覚醒度が下がってだんだん眠くなり，実施後に不快なだるさが残ってしまう。第6章で詳しく書いたように，90秒程度の短時間の練習と消去動作とよばれる軽い運動を，交互に何回か繰り返すのが，ATの正しいやり方である。実践例③で詳しく紹介するが，リラクセーションによる心理状態の安定度の上昇と，軽い運動による活性度の上昇を繰り返すことによって快適度が高まっていくのである。

　第5章で紹介した筋弛緩法や呼吸法も同様である。筋弛緩法では，しばらく力を入れて活性度を上げてから，一気に力を抜いてリラックスして安定度を高めることを繰り返していく。呼吸法でも，息を吸うときに，フレッシュな酸素と一緒に，やる気・活気・元気のようなポジティブなエネルギーを吸い込むイメージで心理状態の活性度を上げてから，息を吐くときに，いらなくなった二酸化炭素とともに，不安やイライラのようなネガティブなエネルギーを吐き出すイメージで心理状態の安定度を高めていく。呼吸とともに変動している自分の身心の状態について，このような感覚をリアルにイメージできるようになれば，ただ呼吸をしているだけでも気分が快適になっていくだろう。

◇ 実践例③：自律訓練法（AT）における心理状態の変動

　大学生48名を対象にして，ATの実施前後の指の皮膚温と心理状態の変化を調べ，同じ時間安静にしていた場合との違いを比較・検討した研究（稲垣他，2017）を紹介する。

　ATは，基本的に閉眼安静座位のリラックス状態で実施するが，各練習の終了時には，必ず消去動作とよばれる軽い運動をしてから目を開ける。そのため実践者は，リラックス状態と運動を，短い時間で繰り返し体験することになる。そのプロセスで，身心の状態にどのような変化が生じているのか調べた。

　手指の皮膚表面温度の変化をサーモフォーカスで測定し，心理状態の変動については，二次元気分尺度・2項目版を用いて，安定度・活性度・快適度を測定した。ATは90秒の練習を2セット行い，1セット目に重感練習，2セット目に重感・温感練習を行った。AT実施前，1セット目の消去動作前，

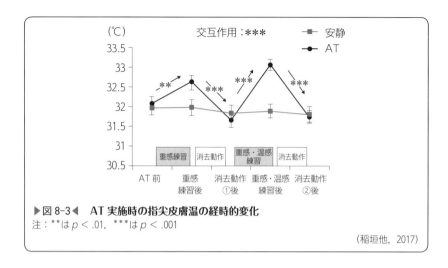

（℃）　　　　　　交互作用：***　　　■─ 安静
　　　　　　　　　　　　　　　　　　　　　●─ AT

▶図 8-3◀　**AT 実施時の指尖皮膚温の経時的変化**
注：**は $p < .01$，***は $p < .001$

(稲垣他, 2017)

1 セット目の消去動作後，2 セット目の消去動作前，2 セット目の消去動作後に皮膚温と心理状態を測定した。安静条件においても，AT 条件と同じ時間のタイミングで測定した。

　その結果，皮膚温は AT の重感・温感練習によって上昇し，消去動作によって低下することがわかった（**図 8-3**）。また，心理状態については，AT によって安定度が増加し，消去動作によって活性度が増加し，全体としては快適度が徐々に増加することがわかった（**図 8-4**）。このことから，AT は重感・温感練習中の安定度の増加（リラクセーション）と消去動作による活性度の増加（アクティベーション）を特徴とする生理・心理変化を繰り返す技法であり，単なるリラクセーション法ではないといえる。また，そのような覚醒度の変動を身心にもたらすことによって，快適度を高める効果があることが確認できた。

◆運動は快か，不快か

　さて，運動は快なのか不快なのかという問いに対しては，どのように答えることができるだろうか。誰でも，気持ちの良いことは他者から強制されなくても積極的に行い，不快なことはできるだけ避ける傾向がある。世界中で

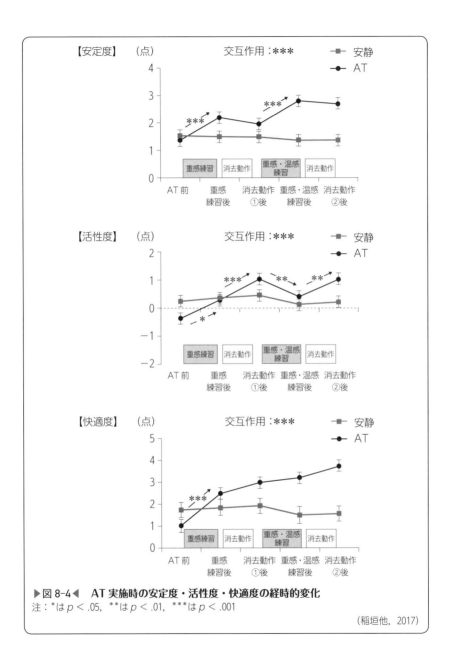

▶図 8-4◀ **AT 実施時の安定度・活性度・快適度の経時的変化**
注：*は $p < .05$, **は $p < .01$, ***は $p < .001$

（稲垣他，2017）

健康のためにもっと運動しましょうと勧められ，運動したほうが良いと考えている人が多いにもかかわらず，なかなか運動の実施率が高まらないという事実は，運動が必ずしも快をもたらすものとは言えないことを明確に示している。むしろ，汗をかいたり疲れたり，身体に負荷をかける運動は不快な場合が多いだろう。ではなぜ，運動がとても気持ち良いと感じる人がいるのだろうか。実は，そういう運動好きな人が実感している快適な状態の多くは，「運動の後のビールがうまい」「汗をかいてシャワーを浴びてスッキリした」など，運動中ではなく運動後に体験される爽快感のほうである。身体的負荷の強い運動から解放された後には，それほど強い刺激のない日常生活の中では考えられないくらい大きな快適度の上昇を経験することができる。

　この主観的な快適度の大きさは，変動前の状態が不快であればあるほど大きなものになる。激しい運動と同様な体験として，高温のサウナと冷たい水風呂をイメージすると理解しやすいかもしれない。そのような体験を繰り返し，不快を乗り越えた先にある爽快な体験にはまった人は，面倒な運動をしたり，高温のサウナに入ったりすることをいとわず，むしろ自発的に取り組むようになるが，そうでない人にとっては，不快な体験に積極的に取り組むことへのハードルは，高いままである。

　人間が体験する快感の強さは，心理状態の快適度の数値の高さではなく，変動の大きさで決まってくるのである。こころのダイアグラムでは，快適度の得点が高く，グラフの上のほうに点がプロットされるほど，身心が快適な状態にあることを表している。しかし，状態ではなく，その変動としての体験や反応は，ベクトル（矢印）で表され，快感の場合，上向きの矢印がどのくらいの長さになるかで，その大きさが決まる。最初から快適な状態にある場合は，大きな変動を期待することができないので，あえて快適度を下げるような行動が，強い快感を得るためには有効なのである。

◇ 実践例④：運動における心理状態の変動

　大学生・大学院生 20 名を対象にして，運動前，運動中，運動後における心理状態の変化について調べた研究（稲垣他，2015）を紹介する。

　心理状態については，二次元気分尺度（坂入他，2009）を用いて，快適度・活性度・安定度・覚醒度を測定した。対象者は 3 分間の安静座位を保っ

た後，トレッドミルを使用して 10 分間の漸増負荷走運動を行い，1 分間の
クールダウンを行った後，10 分間安静座位を保った。最初の 3 分間安静座位
を保った後から，運動終了 10 分後まで，2 分ごとに心理状態を測定した。

　その結果，心理状態の快適度の変動は，運動中にはみられず，運動終了後
に上昇することがわかった。運動中は活性度が上昇し，安定度が下降するた
め，総合的には変動が相殺される。しかし，運動の終了によって安定度が急
激に上昇する一方，活性度の高さはしばらく維持されるため，運動をした後
には，開始前より快適度が上昇することが明らかになった（**図 8-5**）。こころ

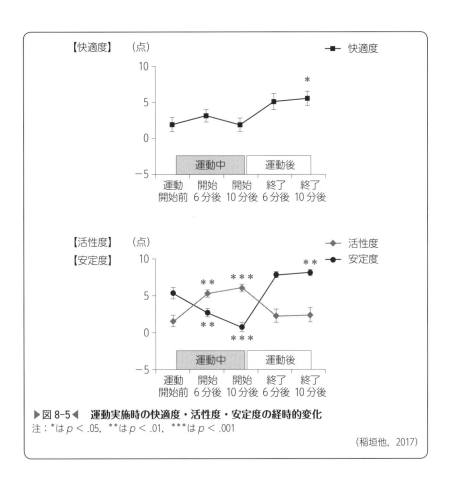

▶図 8-5◀　**運動実施時の快適度・活性度・安定度の経時的変化**
注：*は $p < .05$，**は $p < .01$，***は $p < .001$

（稲垣他，2017）

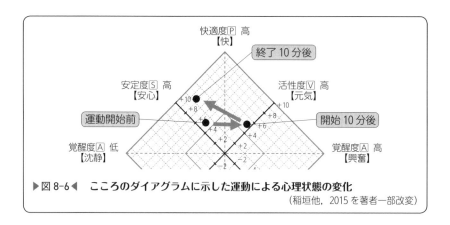

▶図8-6◀　こころのダイアグラムに示した運動による心理状態の変化

(稲垣他，2015を著者一部改変)

のダイアグラムを活用することで，運動による心理的効果がどのようなプロセスでもたらされるか，その変動の様相をベクトル（矢印）で表すことができる。図8-6に示したように，運動をすると覚醒度が上昇して興奮し，運動をやめると覚醒度の低下とともに快適度が上昇するので，気持ちの良い体験が得られるのである。

第9章

スポーツでの活用

【中塚　健太郎】

◆心のトレーニングの必要性

　身心の自己調整を必要とする領域の1つとしてスポーツが挙げられる。子どもから大人に至るまで，アスリートの多くが心理面の強化の必要性を感じている。しかし，その大半が心理面の強化やトレーニングが実践できていない現状がある。この根拠として，心・技・体の3つの側面におけるトレーニングの理想と実際の配分について，筆者が高校生アスリート96名に対して調査した結果を図9-1に示す。

　この結果から，理想とするトレーニングが現実として実施できていないカテゴリーが，心理的トレーニングであることがわかる。一方，体力トレーニングは理想よりも現実の時間配分が多くなっている。この理由として，「心理的トレーニングに取り組みたいが，どのようにトレーニングしてよいかわ

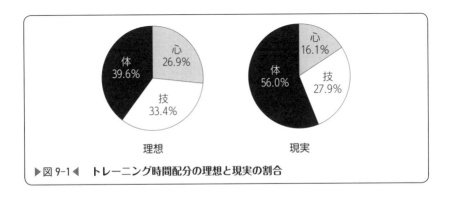

▶図 9-1◀　トレーニング時間配分の理想と現実の割合

からない」,「長時間の体力トレーニングの中で心理は鍛えるものだと教えられている」といったコメントが複数あった。指導者の中にも,根性練習や長時間トレーニングで心は鍛えているので大丈夫といった話をする人もいる。だが,そこで身につくものは忍耐力や我慢強さがメインであり,本来の心理的トレーニングという観点からは十分にサポートできていないと思われる。

　そこで本章では,スポーツ領域で心理的トレーニングを実施するために必要なスキルであるモニタリングに有効なツールとして,二次元気分尺度の活用法について解説する。次に,第6章で述べた自律訓練法（AT）を中心としたスポーツ領域での身心の自己調整の実際について,メンタルトレーニング講習会の実践およびその効果測定について紹介する。

◆モニタリングのツールとしての二次元気分尺度の活用例

　本章では,特にスポーツ領域における応用的な活用方法について,以下の6つの内容を具体的に紹介する。
- ベストパフォーマンスのための個人差を知る
- 実践場面での状況差をつかむ
- 日常生活での調整を考える
- ポイントからエリアまでベストな状態の幅とは
- モニタリングのススメ：コントロールにとらわれないために
- ICTを活用したモニタリングの可能性

◇ベストパフォーマンスのための個人差を知る

　ベストパフォーマンスを発揮するためには,各自の心理状態を適切な状態へ調整する必要がある。しかし,多くのアスリートにとって「適切な心理状態とは何か？」という問いかけに答えること自体が難しい。パフォーマンスの発揮に適した状態は一律ではなく,個人差が大きいためである。

　試験やスピーチなどであがってしまうようなタイプの人は,緊張しないほうが望ましいと考えるかもしれないが,スポーツ領域では必ずしもそうではない。例えば,幅広い競技レベルのアスリートに対して「実力発揮に緊張は必要ですか？」という質問をすると,「はい」と「いいえ」の回答はおよそ

半々になる。また，トップアスリートに限定すると，「はい」という回答のほうが多くなる。いずれにしても，高い覚醒度を示す緊張は，良くも悪くも作用するため，ゼロでは困るわけである。とはいえ，過度の緊張はダメだが，ある程度の緊張は必要といった一般論では，心理状態を調整するための具体的な対応ができないため，最適な覚醒度の水準（レベル）を探る必要がある。

　しかし，この最適な水準は誰もが同じというわけではない。よく，トップアスリートの心理状態を参考にして，まねをしようとする選手がいるが，動機づけはうまくいっても，結果が伴うことはまれだろう。では，自分にとっての適切な水準はどこにあるのだろうか。これを視覚的に理解するために，二次元気分尺度とその結果を表すこころのダイアグラムが活用できる。

　まず，競技種目や実施場面（例えば，バスケットボールのフリースローや野球のバントなど）を具体的に決め，その場面をイメージしてもらう。その後，以下のように質問しながら，二次元気分尺度に回答してもらう。

　　　「次のような場面とそのときのあなたの心理状態をイメージしてください。あなたが●●場面で実力発揮をするときの心理状態がその活動に適した状態にあって，最高の結果になりそうな場合，そのとき（パフォーマンス直前）のあなたの心理状態（気分）はどのようなものでしょうか。以下の言葉を表すような心理状態に，どのくらい当てはまりますか。近い数字をチェックしてください。」

　　　（●●には具体的な種目や競技場面を入れる）

　上記のように質問して回答してもらうと，イメージレベルではあるが，各選手の適切な心理状態の特徴が見えてくる。この具体例として，弓道の選手20 名に同様の質問をした結果を図 9-2 に示す。

　この結果を見ると，同じ種目かつ同じ競技場面であるにもかかわらず，選手一人一人の適切な心理状態はすべて異なっていることがわかる。このことからも，目指すべき調整の方向や適した方法は，個人ごとに異なることが推測できる。もし身心の自己調整法を活用するとしたら，こころのダイアグラムの右上の活性度の高いエリアに適切な心理状態がプロットされた選手はアクティベーション系の方法が，左上の安定度の高いエリアに適切な心理状態がプロットされた選手にはリラクセーション系の方法が，優先すべき選択肢になる。

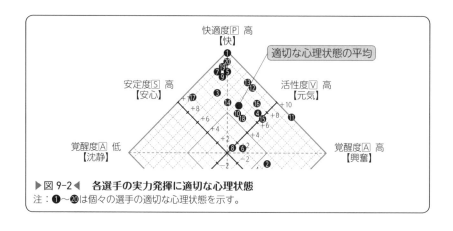

▶図 9-2◀　**各選手の実力発揮に適切な心理状態**
注：❶〜⓴は個々の選手の適切な心理状態を示す。

　もちろん，この段階ではまだイメージ上の話であり，実際の競技場面で得られたデータではないので正確性が低く，このとおりに身心の自己調整をしても，必ずパフォーマンスが維持・向上するわけではない。ここでは，適切な身心の自己調整につなげるためには，まず個人差を知る必要があるということをぜひ理解してほしい。この方法は，1回目はイメージで回答してもらうが，その後は，スポーツの現場でデータが取れる場合には毎回パフォーマンス前にデータを取り，その時々の心理状態とパフォーマンスを関連づけて記録していく。これによって，各選手に高いパフォーマンスをもたらす最適な心理状態が明らかになれば，選手個人だけでなく，指導者や支援者にとっても有益な情報となるだろう。

◇ 実践場面での状況差をつかむ

　具体的な競技場面ごとに，どのような心理状態が適しているのか，その平均的な特徴と各自の課題を理解することは有益である。しかし，より実践的な成果を求めるなら，実際に選手がプレーしているさまざまな状況において，どのような心理状態でパフォーマンスを行っているかを把握する必要がある。同じ競技種目や競技場面であっても，予選と決勝ではパフォーマンス前の心理状態には違いがあるだろう。また，大会の規模（地方大会，全国大会，国際大会など）によっても，身心の状態が大きく異なることは容易に想像できる。これらの状況差を的確につかむためには，本人がイメージしてい

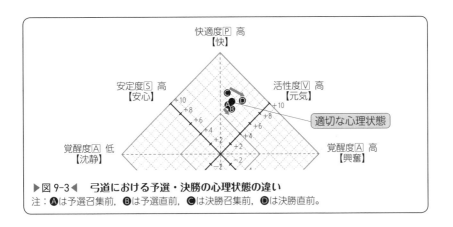

▶図 9-3◀　弓道における予選・決勝の心理状態の違い
注：🅐は予選召集前，🅑は予選直前，🅒は決勝召集前，🅓は決勝直前。

る心理状態だけでなく，実際の心理状態を実践場面で測定しておくことが必要になる。

　この具体例として，ある弓道の大会において，決勝まで進んだ選手 6 名の適切・不適切な心理状態，および予選と決勝の心理状態の違い（平均値）を，図 9-3 に示した。ここでは，最も心理的な調整が難しい試合前の待機場所（控え）での心理状態の変化を図示している。

　この結果を見ると，予選と決勝はどちらも右下（覚醒度上昇・快適度低下）方向に変化しているが，その変化量には大きな差があることがわかる。予選は適切な心理状態の近くで少し変化しただけなのに対して，決勝は予選よりも右下方向への変化量が大きい。したがって，状況ごとに異なる心理状態を二次元気分尺度で把握していくことで，適切な方向へ調整するためにはどのような自己調整法を選択すればよいかを考えられるようになる。また，自己調整法を行った結果も二次元気分尺度で測定してこころのダイアグラムに示せば，実際の変化の様子を視覚的に理解することができる。

◇ 日常生活での調整を考える

　試合場面だけではなく，準備期間の生活場面における身心の状態の調整も重要である。多くのアスリートは，試合場面での実力発揮に焦点を合わせているため，試合直前の身心の調整に注意が向きがちである。そのため，日頃のトレーニングも試合に向けて実施していることが多い。しかし，試合で高

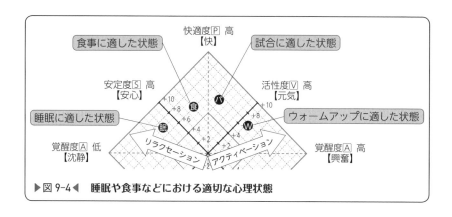

▶図 9-4◀　睡眠や食事などにおける適切な心理状態

いパフォーマンスを発揮するためには，当日の試合場面だけでなく，その前から長期間にわたって，睡眠や食事などの生活全般の調整を行う必要がある。実際に，実力発揮に向けた身心の調整を実践するためには，それぞれの活動の特徴に応じた適切な心理状態を理解しておくべきである。

　特に，試合の規模が大きくなると，国内であっても泊まり込みで数日から1週間程度は普段と異なる生活を送らなければならない。また，海外での大会などでは数週間から長いと数カ月といった単位で非日常的な生活を送る必要がある。そこで，実力発揮に向けた調整という観点から，さまざまな活動に応じた適切な心理状態を考えることが望ましい。例えば，良質な睡眠をとるために適した心理状態や，食事（栄養摂取）や休養（疲労回復）などに適した心理状態を把握し，実際の身心の調整に活用することは，万全な体調や心理状態で実力発揮の場面を迎えるための基盤となるだろう（図9-4）。

　調整の方法は，図9-4でも示したように，目的とする活動の違いやその時々の状況や体調に応じて，アクティベーションとリラクセーションを使い分ける必要がある。特に，海外での遠征や試合では時差による眠気やだるさ，食事に苦しむ選手も多く，このような問題を解消するためにも，それぞれの活動に適した心理状態を理解し，できる範囲で調整することをお勧めしたい。

❖ ポイントからエリアまでベストな状態の幅とは

これまで，個人差や状況差に応じた適切な心理状態を，ポイント（点）で考えてきた。しかし，実際のパフォーマンスとの関係をみると，必ずしもベストなポイントまで心理状態を調整できなくともよい場合がある。ポイントではなく，もっと大雑把にエリアとしてとらえたほうが，パフォーマンスとの関係を考える上で有益な情報となることもあるだろう。中塚・坂入 (2010) は，活動に適切な心理状態までの距離を DOP（distance from optimal point）として休息の効果を検討するとともに，このエリアの考え方も採用している。上記の研究では，特定の活動に適切な心理状態を回答してもらった際の活性度・安定度の平均と標準偏差を活用していた。つまり，高いパフォーマンスが得られたときの心理状態の平均値をベストポイントとして示し，1 SD（標準偏差）の範囲をエリアで囲むことで，適切な心理状態に幅をもたせることを試みた。この幅をどのような広さとして設定するかは，それぞれの実践場面に応じ，パフォーマンスとの関係性に基づいて調整する必要があるかもしれない。

スポーツ領域では，各個人が何度も反復して練習や試合における心理状態を測定し，データを蓄積することが可能である。それらを実際のパフォーマンスの高いときと低いときで分類して，それぞれの平均と標準偏差を算出する。これによって，自分が高いパフォーマンスを発揮できるときの適切な心理状態と，十分なパフォーマンスが発揮できないときの不適切な心理状態のポイントとエリアを，こころのダイアグラムに示すことができる。その情報から，調子が崩れるときの心理状態の変化の特徴や，その心理状態をどのように調整したらよいかなど，各自の心理面の課題を明確にすることができる。

❖ モニタリングのススメ：コントロールにこだわらないために

自分の心理状態をモニタリングするための道具として，二次元気分尺度の実践的な活用についてこれまで述べてきた。自分にとって適切な心理状態がわかると，すぐにでも理想的な心理状態に向けてコントロールしたくなるものである。しかし，本書を読んで初めて活用する方には，まずは焦らずじっくりとモニタリングだけに取り組んでほしい。本質的なコントロールの基礎

にはモニタリングのスキルが不可欠だからである（第1章参照）。

　アスリートでも，特に競技経験が浅い場合は，このモニタリングがうまくできていないケースが多い（コラム19参照）。自分の心理状態の変動を客観的に自覚できないまま，無理に落ち着こうとしたり気合いを入れようとしたりして，うまくいかずに空回りした経験がある人も多いだろう。そこで，自分を客観視するモニタリング能力を向上させるためのトレーニング・ツールとして，二次元気分尺度を活用することをお勧めしたい。

　最初は，実力発揮場面である試合当日の心理状態がどのように変化しているかをチェックしてみてほしい。朝，会場入り，ウォームアップ，ロッカールームや招集所，試合直前，試合間などで，各自の心理状態を測定してみると，あまり変化のない選手から大きく変化する選手まで多様性に富んでいることがわかる。そこから，時系列データとして各ポイントを矢印で結んでみると1日の心理状態の変動が可視化できる。実際には，この変動を正確につかめた選手は自分自身の状態がわかるため，本書で紹介した各種の自己調整法以外にも，オリジナリティにあふれた調整（コントロール）を勝手に始めることが多い。つまり，モニタリングをすることが自然とコントロールにつながっているのである。

　図9-5は，ある弓道選手の試合当日の心理状態の変動を，こころのダイアグラム上に示したものである。この選手は，二次元気分尺度を活用してモニタリングをすることで自分の状態に気づき，次の試合に向けて，自分で心理状態を調整することができた。この試合の日は，朝の会場入り時点では，心理状態にいつもと大きな違いがなかったが，予選の1試合目に向けて緊張が高まり不快感が増していた。午前中はなかなか切り替えができなかったが，昼食のタイミングで少しリラックスできるように自分で身心の状態を調整し，午後の準決勝からはうまく切り替えることができた。このような体験を，二次元気分尺度で可視化して振り返ることによって，モニタリング（自己客観視）能力のさらなる向上が期待できる。

　調子が悪いときに，人は，最適な状態に調整することを目指して一直線に進もう（コントロールしよう）としがちだが，その時々の状態をしっかり把握（モニタリング）できなければ，どのようにコントロールすればよいかわからないのではないだろうか。今回のケースでは，二次元気分尺度のような

●コラム 19●

トップアスリートの考え方と行動

【坂入 洋右】

　これまで，サッカー・野球・陸上・水泳など多様な競技の日本代表選手からいろいろな話を聞いてきたが，トップアスリートの考え方や行動には共通する点が多かった。例えば，トップアスリートは，目先の結果をコントロールしようとせず，最終目標（ゴール）に到達するために必要な自分の行動をコントロールする。また，目標達成のためにどんな方法や行動が必要なのか，ゼロベースでゴールから逆算して考える。

　頑張っても結果が出せない選手や指導者の多くは，選手やチームの能力を向上させるために，練習量を増やしたりして努力する。そのやり方でうまくいけばよいが，何年も同じ競技に取り組んだ上で直面している課題の多くは，それまでと同じ取り組み方を増強することで解決することは難しい。何か必要な要素が欠けていて，これまで進んできた道はゴールにつながっていない。困難を乗り越えて飛躍するには，バイパス（別の道）が必要なのである。このバイパス（別の道）とは，新たなトレーニング法の導入だったり，プレースタイルやフォームの再構築だったりするのだが，これまで慣れ親しんだやり方や積み重ねた実績をいったん放棄して，見知らぬフィールドに全力で踏み出す勇気は，なかなかもてない。また，必要であるにもかかわらずそれまでやっていなかったトレーニングや方略は，ほぼすべて，よく知らないか，実施が難しいか，嫌いでやりたくないものである。

　勝つために自分に何が必要か，考え抜いた結果，メンタル面の強化が必要という結論に達するアスリートは結構いると思うが，身近にメンタルトレーニングの専門家がいない場合が多いので，諦めたり自己流で取り組んだりすることになる。そんな中で，一部の貪欲なアスリートが，自分に必要な専門家を探す一環として筆者を訪ねてくるのである。本書の内容のような話をすると，トップアスリートの多くは，その内容に驚くことはなく「先生は，私の経験や考えを理論的に説明してくれる」という反応を示す。そこで自律訓練法（AT）などの実践を提案すると，納得して受け入れた場合は全力で実践する。やり始めたら中途半端になることはない。次に会ったときには，毎日実践を継続した練習記録に基づいて具体的に助言することになる。「トップアスリートは，スポーツ頭がよい」と言われるが，それは記憶力や思考力のことではなく，自分にとって必要な正解を見つける探究力と，それを継続的に実践できる行動力のことだと思う。

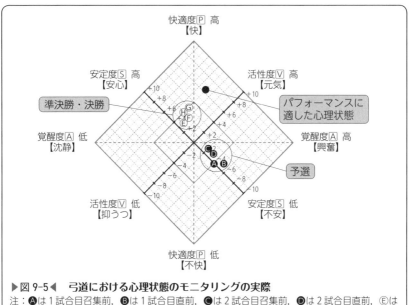

▶図 9-5◀　**弓道における心理状態のモニタリングの実際**

注：Ⓐは 1 試合目召集前，Ⓑは 1 試合目直前，Ⓒは 2 試合目召集前，Ⓓは 2 試合目直前，Ⓔは
　　3 試合目召集前，Ⓕは 3 試合目直前，Ⓖは 4 試合目召集前，Ⓗは 4 試合目直前。朝の心理状
　　態はⒽと同じ位置。

ツールを活用することで，特別な自己調整のスキルを用いなくとも，心理状態の自然なコントロールができていた。コントロールすることにこだわらず，ただひたすらにモニタリングをすることも，有効な自己調整の方法なのである。

◇ ICT を活用したモニタリングの可能性

　継続的に実践して自己調整のスキルを正しく身につけるために，専門家の指導を受けたいものである。しかし，身近に専門家がいるケースはほとんどなく，専門家の所属機関まで通って指導を受けるには時間や費用の問題が発生する。そこで，ICT を活用したモニタリングの補助ツールとしての二次元気分尺度の開発が，産学連携の共同研究（筑波大学・徳島大学・アイエムエフ株式会社）として進められている。この ICT を活用した二次元気分尺度のメリットとしては，以下の点が挙げられる。

①スマートフォンなどのタブレット型端末に慣れた世代にとっては，手軽に測定できるため継続的なモニタリングが可能

②結果（こころのダイアグラムなど）の即時フィードバックが可能

③遠隔でのサポートも可能なため，多くのユーザが利用可能

④利用を継続すると心理状態の週内・月内変動や生活習慣が可視化可能

　スポーツ現場では，紙とペンを用いる心理検査は導入しにくい。一方で，練習中だけでなく，試合前や試合間の待ち時間に気晴らしや集中するためにスマートフォンを利用して音楽を聴くなどの調整をする選手が多くなってきた。単なる音楽プレーヤーでは難しかったデータ収集だが，昨今ではスマートフォンなどを利用しているため，ICT を活用することで実践場面の身心の状態を継続的に測定することが可能になっている。また，その時々のデジタルデータをリアルタイムで取得して，その結果を即時フィードバックできる環境も整った。

　測定結果を選手が適切に活用するためには，これまでは専門家に，試合や海外遠征などの現地に帯同してもらう必要があった。しかし，ICT を活用することにより，専門的なサポートを遠隔地から受けることができる環境が急速に整いつつあるといえる。また，現地に帯同した場合も，規模の大きな大会になると，常に選手のそばにいられるわけではない。このような場合も，普段の練習時から信頼関係を築くことができていれば，遠隔サポートを有効に活用することができるのではないだろうか。

　選手一人一人の二次元気分尺度のデータを，ICT を活用して一定期間継続的に蓄積していくと，心理状態の週内変動（練習日とオフ日の違いなど）や月内変動（試合，ケガ，月経，月経前症候群などの影響）を，専門家でなくても選手本人や指導者が適切に理解できるようになる。また，起床時や就寝時に二次元気分尺度に回答すれば，その時刻もデータとして残る。このような生活習慣に関する情報も含めた蓄積されたデータを活用することは，他者（コーチや家族）に対して自分自身の状態を客観的に訴える手段にもなる。そして最終的には，パフォーマンス発揮に向けた適切な身心の調整を自分自身の力で実施できる自律型のアスリートを育成することにもつながるだろう。特に，さまざまな事情から専門的なサポートを受けたいのに受けられないアスリートには，ICT を活用した身心の自己調整が適している。まずは継

続的なモニタリングによる自己理解という課題から，取り組んでみることを
お勧めしたい。

◆メンタルトレーニング講習会

　スポーツにおける競技力向上には，心・技・体の充実が不可欠である。そ
のため，選手は日々トレーニングを実施している。しかし，本章の冒頭で述
べたように練習の実態としては，技術・体力トレーニングに時間が割かれ，
心理的トレーニングにかける時間は少ないのが現状である。また，指導者の
中には，心理的スキルトレーニング（リラクセーションやアクティベーショ
ンなど）の理解が不十分で，心理面は厳しい練習を通じて鍛錬できると考え
る指導者もいる。これでは，タフネス（忍耐力など）は身についても，あが
り（過緊張）やだらけ（無気力）などへの有効な対処はできない。
　これらの解決方法の1つとして，多くのアスリートが実際に行っている心
理的スキル（メンタル）トレーニングが自律訓練法（AT）である。ここで
は，実際の講習会の概要を紹介しながら，ATの実習とその効果測定（心
理・生理・パフォーマンス）の方法と結果について解説する。ATの習得を
通して緊張緩和のためのリラクセーションが可能になるだけでなく，モニタ
リングやコントロールのスキルを身につけ，実力を発揮するための身心の自
己調整を選手自身で実践できるようになることが，講習会の目的である。

◇ 弓道選手に対するメンタルトレーニング講習会の実践例
　今回紹介するのは，高校生の弓道選手13名を対象に実施した，ATを中心
としたメンタルトレーニング講習会である。講習会は約3カ月（11月～2
月）の間に全6回（各3時間）行った。1回目は，なぜ心理的スキルトレー
ニングが必要であるかについて講義を行い，メンタルトレーニングを実践す
る前の身心の状態を測定した。2～4回目は，心理的スキルトレーニングとし
てのATの実習を集団で実施した（ATについては第6章参照）。5回目は，
実践場面での心理的スキルトレーニングの応用についてディスカッションを
行い，適切な身心の状態への自己調整のために必要な方法について，ATの
活用法を含めて検討した。

▶表 9-1◀　メンタルトレーニング（自律訓練法）講習会の概要

回数	内容	実施内容
1回目	メンタルトレーニングとは	• 講義（目標設定等含む） • 効果測定（講習前） • 身心の自己調整法（実技）
2回目	自律訓練法「重感練習」	• 訓練記録チェック • 実技（重感練習） • 意見交換・質疑応答
3回目	自律訓練法「温感練習」	• 訓練記録チェック • 実技（重感・温感練習） • 意見交換・質疑応答
4回目	自律訓練法「温感練習」「空間感覚練習」	• 訓練記録チェック • 実技（重感・温感練習） • 意見交換・質疑応答
5回目	自律訓練法の応用	• 訓練記録チェック • グループワーク（発表） • 効果測定（講習後）
6回目	まとめ	• これまでの練習の振り返り • 効果のフィードバック • まとめ

　また，講習で習得したスキルが実践場面で効果を発揮するのかを検証するために，講習会前後の期間（各1カ月）に，緊張感が高まる試合形式の練習におけるパフォーマンスの測定を実施した。この結果を含めた講習会前後での変化について，6回目の講習会でフィードバックした。このメンタルトレーニング講習会の概要を**表 9-1**に示す。

◇ メンタルトレーニング講習会の効果測定
　講習会に参加した高校生弓道部員 13 名が AT を習得した前後での，心理的効果・生理的効果・パフォーマンス効果を確認した。

◆心理的効果：二次元気分尺度の心理的安定度の向上
　講習会の1回目に，弓道で実力を発揮するために適切な心理状態および不適切な心理状態について部員全員を対象に調査した。

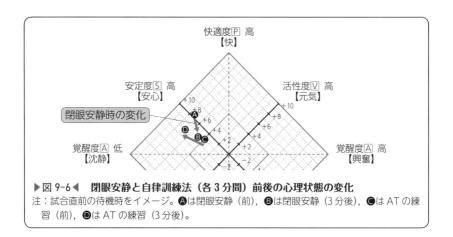

▶図9-6◀ 閉眼安静と自律訓練法（各3分間）前後の心理状態の変化

注：試合直前の待機時をイメージ。Ⓐは閉眼安静（前），Ⓑは閉眼安静（3分後），Ⓒは AT の練習（前），Ⓓは AT の練習（3分後）。

　また，AT を習得する前と後で，3分間の単純な閉眼安静によって心理状態がどのように変化するのかを二次元気分尺度でチェックした。閉眼安静状態では，試合直前に招集場所や控え室などで待っているときをイメージしてもらった。全体の平均値を図9-6に示した。

　AT 習得前は，閉眼安静の前後を比較すると矢印は右下向きとなり，やや興奮するとともに不快な状態に変化した。このことから，大事な試合などの実力発揮場面で，リラックスや落ち着きを得るために目を閉じる行為は，イメージレベルであるが，逆にやや緊張して不快な状態になってしまうことが理解できる。一方，AT 習得後（約3カ月実践した後）は，閉眼安静によるAT の練習前後を比較すると矢印は左上向きとなり，安定度が高まって快適な状態に変化していた。このことから，AT を習得することによって，リラックス感や落ち着きを得るために目を閉じる行為が効果的に機能する可能性が高いことが確認された。

　ただし，実力発揮に適した心理状態には個人差や試合展開による状況差（予選や決勝など）が大きく関与しており，心理的なリラックス状態が常に良い結果につながるとは限らない。これらの点についても考慮しつつ，試合などの実践場面に応用する必要がある。このように，二次元気分尺度を利用することで，メンタルトレーニングの技法を習得する前後でどのような心理的な効果があったかを，視覚的に理解することが可能になる。AT に限らず，

さまざまな心理的スキルトレーニングやプレパフォーマンスルーティンなどについても，同様の方法で心理的効果を確認していくことが大切である。

　一般的にトレーニングは，長期間根気強く練習を継続していくことが求められる。しかし，体力トレーニングと比べてメンタルトレーニングは，その効果が目に見えにくいために，モチベーション（動機づけ）が下がって継続が困難になりがちである。メンタルトレーニング講習会に参加しても，動機づけが不十分ではドロップアウトしてしまう可能性が高い。そこで，心理的効果を参加者に実感してもらうために二次元気分尺度を活用したのである。心理的効果を視覚的なデータで示すことができれば，モチベーション維持の観点からも有効であろう。

　◆生理的効果：手指の皮膚温度の上昇

　AT を習得すると，心理的な変化だけでなく生理的な変化も生じる。特に，リラクセーション反応が生じると，スポーツ場面でのパフォーマンスに関係する生理的変化の 1 つである末梢（手先・足先）の皮膚温度が上昇することが報告されている（佐々木，1976）。今回は，AT の練習を始めて約 1 カ月後（3 回目の講習時）に，AT の練習（約 3 分間）前後で末梢皮膚温がどのように変化するかを測定した。測定は，非接触型皮膚温計を用いて非利き手の中指の中節にて行った。

　その結果，13 名の平均が 27.2 ℃から 29.0 ℃へと 1.8 ℃上昇し，AT の実施によって末梢皮膚温が上昇することが示された。一般的に過緊張（あがり）状態では，手足が冷たくなって末梢皮膚温が低下するため，モニタリングによってそのような状態に気づいた場合，AT を用いた自己調整が有効である。また，あがりとは逆の覚醒度が低下した（だらけ）状態で末梢皮膚温が高すぎる場合は，特別なトレーニングをしなくても軽運動（例：その場で 20〜30 秒，軽くジャンプを繰り返すなど）で，個人差はあるものの 1〜2 ℃の変化（低下）を起こすことができる。冬場に行われる持久走の際，寒さをしのぐため，スタート前にその場で飛び跳ねたり，手をこすり合わせたりする子どもを見かけるが，この行為は筋活動による体温を維持させる効果はあっても，末梢皮膚温を低下させることにつながる。そのため，目的によっては注意が必要だろう。

緊張（興奮）状態では血管が収縮して手足が冷たくなるが，特に，手足の指先などの感覚がパフォーマンスを左右する可能性が高い競技種目や冬季に試合がある種目などにおいては，この状態が大きな問題となる。緊張場面で手足が冷たくなりやすいアスリートには，ぜひ AT を実践して，身心の自己調整のスキルを習得してもらいたい。

　ただし，今回はある程度リラックスしやすいメンタルトレーニング講習会における変化であるため，その効果は限定的であるかもしれない。特に，試合や大勢の前でプレッシャーがかかる場面では，意識的にコントロールしたいという気持ちが強いため，AT の極意とも言える受動的注意集中ができないこともある。これではリラクセーション反応は生じないため，末梢皮膚温は上がるどころか下がることもあるだろう。実際に，講習会において初期段階ではリラクセーション反応がよく出ていた選手が，いざ測定する検査場面では，緊張からか末梢皮膚温が上昇しなかったケースもあった。したがって，過緊張状態になりやすい実力発揮場面で望ましい生理的変化が常に生じるかどうかは，個別に継続的に確認する必要がある。

◆パフォーマンス効果：的中率の向上

　通常の練習では，試合場面を想定して実施する最初の4射の的中の記録をつけていた。その記録をパフォーマンスの指標として活用して，講習会の前後で的中率がどのように変化するかを調べた。講習会前の的中率は各自の講習会前1カ月分のデータを，講習会後の的中率は AT の基礎を習得したと思われる講習会後3カ月目の1カ月分のデータを用いた。その結果，的中率は54.1%から59.8%へと5.7%上昇したことが確認できた。

　ただし，このパフォーマンス変化については，部員の技術が上達したという成長要因（時期の効果）が影響している可能性もある。必ずしもメンタルトレーニング講習会の効果とは言いがたい部分もあるが，少なくとも，メンタルトレーニング講習会を実施することで通常の練習時間が減少したことによるパフォーマンスの低下はみられなかった。このことは，ケガへの対応のために練習量を減らしたかったり，感染症対応などで練習場が使用できなかったりするときに，練習の中断によるパフォーマンスの低下を防ぐための別のトレーニング手段として，メンタルトレーニングが活用できることを示

唆している。特に，ピリオダイゼーション（期分け）の観点から，準備期から試合前期あたりでメンタルトレーニングとして AT などを導入することは，検討する価値があるだろう。

◇ メンタルトレーニング講習会のまとめ

　今回のメンタルトレーニング講習会は，集団（チーム）で AT を学ぶことによって，実力を発揮するための身心の自己調整を，選手が自身の力である程度できるようにすることを目的として実施した。その結果，心理指標（二次元気分尺度）および生理指標（手指の末梢皮膚温度）から，少なくとも講習や練習などの場面では，選手自身が身心の自己調整をある程度できるようになったことが確認できた。

　また，心理的トレーニングの効果を数値の変化として実感できたことは，練習を継続するモチベーション（動機づけ）の維持・向上という観点からも有効であった。しかし，効果の測定をすることで，期待する測定結果を得ることに意識が向いてしまうようでは，受動的注意集中ができず本末転倒である。測定の目的は，モニタリングを通して自分の身心の状態を正確に理解することであることを常に自覚して，モチベーションを維持し，AT の練習を主体的に毎日継続することが重要である。

　また，講習会参加者の身心の変化が，的中率といったパフォーマンスの向上に関与している可能性があることは特筆すべき点である。個人差や成長などの影響があるため，現段階で断言することは難しいが，継続的に効果測定をすることで実践場面における実力発揮に役立つスキルになると考えられる。また，新型コロナウイルスのような感染症の流行やケガ，そのリハビリなどで予定していたトレーニングができない状況でも，本章で述べたようなICT を活用したツールを用いながらメンタルトレーニングを実施することができれば，パフォーマンスの向上が期待できる。また，練習者が得られる身心の自己調整のスキルは，身心の状態を良好に保つ健康の維持や，スポーツに限らず勉強や仕事などの多様な場面でのパフォーマンス発揮に役立つであろう。

　今回は高校生弓道部員を対象とした講習会であり，競技種目や実践場面などが違えば効果は異なってくると思われるが，今回の講習会の実践例では，

次の 4 つのことが示された。

①自己調整法としての AT で得られる心理状態は，単純な閉眼安静状態とは異なることが，心理的変化から確認できた。

② AT を習得することで，心理的変化とともに手指の末梢皮膚温度のような生理的変化も生じるため，身心の自己調整法としての応用可能性が高い。

③ AT で生じる心理的・生理的状態の変化を測定することは，実践を継続するためのモチベーションの維持・向上に役立つ。自分に起きている実際の変化がわかることで，長期間のトレーニングを継続できる可能性が高まる。また，競争心や向上心が強いタイプのアスリートは測定結果にこだわるため，より大きな変化を起こそうとして練習中に能動的な態度をとりやすい。そのため，AT において最も重要な受動的注意集中ができなくならないよう配慮する必要がある。

④メンタルトレーニング講習会を実施することで，パフォーマンスが向上する可能性が示唆された。また，通常練習の時間が減ることによるパフォーマンス（的中率）低下が生じることはなかった。

これらの結果を踏まえた上で，スポーツ領域で実力発揮するための身心の自己調整法としての AT や，心理的効果を測定するための二次元気分尺度の活用を，積極的に検討するとよいだろう。

第10章

健康での活用

【雨宮 怜】

◆健康に対する二次元気分尺度の活用

　二次元気分尺度は産業やスポーツ，学校教育などの多様な現場で活用されているとともに，人の健康に対してアプローチする際にも，優れた機能を有するものである。

　我々は日頃から，自分を含めた人々の健康や発達を客観的に評価するために，体温や血圧，あるいは身長や体重などの生体情報を測定する機会が多いのではないだろうか。そして，各自の生体データを習慣的に随時測定することに対して，以前よりも人々は，負担を感じることが少なくなったように思う。これは，スマートウォッチなどのウェアラブル端末の流行や，新型コロナウイルス感染症の拡大による公衆衛生的対応の1つとして，「体温を計測し，記録する」という行動が推奨され，強化されてきたことが影響していると言えよう。もちろん以前から，我々には日常的に自身の身体状態を測定・記録し，その情報を用いて健康的な選択を行う習慣はあったが，近年では，より一層，そのような行動が習慣化され始めていると言えるだろう。

◆心の健康問題に必要な経時的なモニタリング

　先に生体情報の記録については，我々にとってより身近なものになっていることを説明したが，心理的健康や心理状態に関する情報については，いかがだろうか。実は心理的健康に対するデータの活用は，一般社会だけではなく，医学や企業，教育の現場においても，身体的なデータよりは重視されて

こなかったように思う。しかしながら，現代社会における心の健康問題は，人々が抱えている重要な課題の１つであり，その予防や対応のためにも，個々人の心理状態に関するデータの蓄積や活用は，今後より一層必要となることが予想される。

　ここでは，心理的健康の問題として精神疾患を例として説明していきたいと思う。日本においては，これまで「癌」「脳卒中」「急性心筋梗塞」「糖尿病」が四大疾病として設定されていたが，2011 年ごろに「精神疾患」を加えて五大疾患とよばれていることからも，社会において問題視されている疾患の１つであることがわかるだろう。この精神疾患の中で，最も患者数が多いのは，気分障害である（厚生労働省，2019）。これ以降は，精神疾患の１つである気分障害（いわゆるうつ病）を例として挙げていきたい。

　精神疾患を含め，何らかの疾患の有無を医学的に評価するためには，日本では医師による診察や診断が必要となる。気分障害の診断が行われる際の基準として頻繁に登場するのが，「症状が持続している期間」である。例えば，精神疾患の診断分類として用いられる『精神疾患の診断・統計マニュアル（DSM-5）』を参照すると，気分障害の診断基準として，症状が基本的に「2週間の間に存在」することが明示されている。また近年，芸能人などでも多く報告されている適応障害についても，その診断基準として「ストレス因の始まりから３カ月以内に情動面または行動面の症状が出現」と記載されている（米国精神医学会，2014，p. 284）。

　このような一定期間の症状の持続については，多くの場合，患者が来談した際の問診や検査において，２週間以上前の状態を振り返るという方法が用いられる。しかしながら，個々人の気分や身体の状態は，瞬間ごとに変化するものであるし，ましてや２週間前の状態などは，覚えていない人のほうが多いのではないだろうか。そうであれば，より正確な状態やその原因を把握するためには，本来は一定期間継続して測定した，経時的なデータが必要となる。また個々人の心理状態の変動は多様であり，それぞれに有効な対策も異なることが予想される。そもそも，心や身体の状態の移り変わりには個人差があるだろうし，その各自のパターンから外れる瞬間にこそ，その人の回復や問題解決へのヒントが隠されている場合もある。そのため日常的に心理状態のデータを収集し，蓄積することができれば，その人の状態や変動を正

しく把握でき，長期的な健康の維持や，回復へとつながることが期待される。

◆心の体温計としての二次元気分尺度の活用例

　このような目的のために二次元気分尺度が活用可能である。二次元気分尺度は 8 項目あるいは 2 項目という少ない項目数によって，その場の気分状態を即時的に測定することができる。ICT ツール（アプリなど）などと組み合わせれば，より簡便にそのときの心理状態の測定と記録が可能となる。近年，心理学の研究でも，そのような日常生活の中での日々の変動が注目されており，経験サンプリング法という測定手法が用いられることがある。これは，1 日ごとといったように特定のタイミングで心理検査に回答してもらうことによって，日常の変動を検討することを目的とする研究方法である。

　心理的健康の問題が疑われる場合には，以下のような二次元気分尺度の活用が可能である。例えばあなたが，このごろストレスがたまっていて，調子が優れないとする。しかしながら，さしあたって原因もわからないし気分にも波がある。そのような状況において，まずは本人が何週間か，自分の心理状態のモニタリングを，二次元気分尺度を用いて行う。あるいは以前から，習慣的に記録をとり続けていたらなおよい。1 日に最低 1 回，あるいは複数回決まった時刻に測定し，それを一定期間続けてみる。その記録をグラフ化した例が図 10-1 である。

　ここでは仮に，ストレスがたまっていない時期の記録もあるという前提で話を進めたい。毎日就寝前に測定を行っていると仮定するが，グラフを見てみると，確かにストレスがたまっていないときには，快適な気分状態がある程度高く，問題のない，プラスの得点で推移しているように見える。しかしながら徐々に，快適な気分状態の得点が下がってきて，その後数週間は，とても低い値で推移している。また，曜日ごとにも異なっており，なぜか木曜日や金曜日あたりで，快適な気分が下降気味になる。そして，日曜日の夜頃には，少し改善するようである。

　この図を見るとわかることは以下の 2 点である。①ここ最近は以前よりも確かに，心理的に不快な状態が続いているということ，②特定の曜日で，心

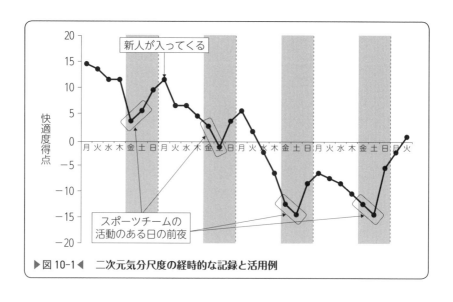

新人が入ってくる

スポーツチームの
活動のある日の前夜

▶図10-1◀　二次元気分尺度の経時的な記録と活用例

理状態の変動が生じるということである。そこでこの2点の特徴について，
図10-1をもとに振り返ってみると，実は土日に子どもが通っている地域の
スポーツチームの活動がある日の前夜に気分が低下していることが多いのが
思い浮かぶ。その活動は朝が早くて大変だが，他の子どもの保護者との関係
をこじらせないためにも自分は参加する必要があり，実は気疲れしていたこ
とに気づくかもしれない。そして，日曜日の夜になると解放された気分に
なって，気分の改善がそこでみられている。だいたいは，「やっぱり」という
ふうに，自分がおおよそ認識している原因があるものの，視覚化されること
で，曖昧に認識していたストレスの原因が鮮明に見えるようになることが多
い。
　しかしながら，なぜ最近になって（図の右側にいけばいくほど）極端に，
心理状態が不快なほうに転じてきたのだろうか。例えば，仕事が繁忙期を迎
えて忙しくなり，それ以外の疲労やストレスがたまってきているということ
もあるかもしれない。二次元気分尺度の快適度の得点が下降し出した時点を
思い返してみると，ちょうど職場の部署に，研修と称して新人が入ってきた
が，なかなか思うように仕事をしてくれず，好き勝手ともとれるような働き
方をしており，その尻拭いをし始めた時期と重なっているかもしれない。す

でにその新人は他の部署での研修に移動して，会うことはないが，実は自分の気がつかないうちに，いろいろなことが重なって，身心の疲労や負担が重なっていたことが考えられる。

　上記はあくまでも例であるが，このように長期的に気分の変動を記録しておくことによって，自分の平常時と今の状態がどの程度異なるのかといった点や，心理的な不調が始まった時期やきっかけ，自分の気分の変動のパターンなどを，視覚化して具体的に理解することが可能になる。そして，その特徴を把握できれば，解決策についても考えることができる。例えば本事例であれば，なるべくスポーツチームの活動と距離をとるように心がけ，可能なものは他の人にお願いするとか，土日に自分の好きな食べ物を摂取するなど，気分転換の時間も合わせてとるなどでもよいだろう。必要であれば，子どもと相談して，チームを変えるということも，選択肢として考えてよいと思う。それ以外にも，職場の新人について，信頼できる人に相談したり，愚痴を聞いてもらったりすることも，原因がはっきりすれば行いやすくなる。時間や曜日によって気分が好転することがあるのであれば，気分の変動は自分の問題というよりも，状況の影響が大きいかもしれない。心理的に負担がかかっている状況では，それを経時的に把握するための記録をつけることも面倒になるが，二次元気分尺度はかなり少ない負担で実施することができる。また気分が優れている日とそうではない日の特徴も合わせて記録しておくことによって，個人の得意・不得意な状況やパターンを把握したり，有効な対処につなげたりすることも可能となる。

◆病気やケガからの復帰時の活用

　上述の内容は，一般的なストレスの問題を取り上げて説明した。本来は，日頃から自分の身心の状態を把握して調整することによって，疲労やストレスが蓄積した状態が長期間続いて，不注意などによる事故でケガをしたり病気になったりすることを未然に防止できれば，それに越したことはない。しかしながら，自分の心理状態の振り返りが習慣化されていない人にとっては，忙しい日常生活に毎日の心理状態の記録を組み込むことは負担感が大きく，なかなか実施できないかもしれない。それでも，もし不運にもケガや病

気で健康を損ねてしまった場合は，ぜひその回復過程で，身心のモニタリングを活用してほしい。

　例えば，ケガをして練習に参加できないアスリートや，病気で仕事を休職している人などは，復帰までに長期間のリハビリや治療に取り組むことになるが，心理的にも不安や焦りを感じて追い詰められたり，気分が落ち込んで治療に取り組む意欲が低下したりして，身心の健康状態の回復がさらに遅れてしまうことがある。そのような状況で，自分の現状を客観的に把握して冷静に受け止めることができるようになるための補助ツールとして，二次元気分尺度が活用できる。ケガや病気などの健康問題で入院をしたり，休職した際の毎日の気分状態の変動を確認したり，退院や復帰に当たっての準備を進める期間において，適宜，測定を行うことによって，自分の心理的な負荷や疲労度の変化についても把握することができる。

　ケガやストレス性の疾病は，再発を経験する人も多い。そこで，治療期間に取り組むべき課題として重要なのは，早く回復して復帰することだけでなく，各自の身心の状態の変動パターンを理解して，将来の再発を防ぐことである。例えば，休職後の職場復帰で，再度，同じようなストレスの問題に直面し，再休職となる人もいる。2度目の休職となると，本人の自信はかなり低くなるし，周囲の目も気になりやすい。そのような事態にならないためにも，例えば復職支援の段階で，どの程度業務を行ったら，気分の変動が生じるのかを，その作業の前後で毎日，二次元気分尺度を用いて測定することを試みる。そうすることで，1日ごとの就労活動における気分の変動を記録することができ，特定の業務の影響に加えて，長期的な疲労の把握をすることによって，必要な休息のタイミングや業務内容の調整を行うヒントを得ることが可能となる。

　このように1日1日の心理状態を記録しておけば，その日の調子がわかるだけではなく，蓄積型の疲労を含め，長期的な身心の状態の変動を視覚的に把握することができる。高血圧が気になっている人は，毎日，血圧を測定しているだろうし，体重が気になっている人は，毎日，体重計に乗る習慣があるのではないだろうか。これと同じように，毎日決まった時間に二次元気分尺度を活用すれば，1日1日の心理状態を視覚的に把握することができ，その情報に基づいて必要な対処を行い，自己調整を行うことが可能となる。

◆自律訓練法（AT）やマインドフルネスを通した身心の感覚に基づく健康への自己調整

　先に二次元気分尺度を用いた，自分の心理状態の客体化（数値化や視覚化）について紹介した。しかしながら，我々が見ている世界や感じているものは，必ずしも心理検査や生理測定機器の数値だけで判別できるものではない。例えば，我々が疲労を感じている場合，それを身体の感覚情報として認識する。また抑うつ気分が続いている人は，不快な身体反応を体験し，それによって抑うつ気分を把握する場合もある。

　自分自身の心理状態を客観的に把握するための「物差し」として，二次元気分尺度は有効であろう。しかしながら，我々には「各自がもつ世界のとらえ方」があり，各自が使用する感覚の受容器を通して自己や世界を認知している。そのため，皆に共通した物差しがあっても，その物差しのどこが，自分の世界における健康（正解）とつながる感覚とリンクするかは，特に最初の段階では，一致しない可能性がある。つまり，個人の感覚と物差しの目盛りが一致して初めて，各自の状態やパターンを把握したり，その情報に基づいて調整したりすることが可能となるのである。では，そのような個人の感覚の情報を得るための方法には，どのようなものがあるだろうか。それが，先に紹介したような，ATやマインドフルネスといった，身心のモニタリング法に期待される効果なのである。

　ATやマインドフルネスは，自分の身心の状態を客観的に観察し，それを把握する能力や態度を獲得することを目的としたトレーニングである（詳細については，第6章と第7章を参照してほしい）。そのトレーニングを通して，各自が主観的に個人内・外の体験やそれによって生じた感覚を，先入観や期待などによる余計な情報なしに，正しく把握することが可能となる。そしてその情報の蓄積が，必要な身心の自己調整を実現することにつながるわけである。

　脳は身体を通して，外界の状態（外受容感覚）と自己の生理的状態（内受容感覚）に関する情報を受け取る。そして，我々が有する，絶えず変化する環境の中で適切に対応する適応能力の根底には，脳と身体の間の微調整され

た相互作用がある（Craig, 2002; Lefranc et al., 2020）。

　このような，脳と身体の情報を基にした調整を可能とする，個々人の内外の状態の感覚に，余計な雑音を入れずに（評価や判断を行わずに）気づく能力が，ATやマインドフルネスを通して獲得されるものである。ここではマインドフルネスの研究を例として説明するが，マインドフルネスとATで獲得される，効果を導く中核となる概念はかなり類似していることから，ATでも同様の効果が期待できるだろう。

　これまでの研究によると，マインドフルネスのトレーニングによって獲得されるスキルが，身体の内外から得られる情報を意識的に処理することを促進すること（Verdonk et al., 2020）や，マインドフルネスのスキルが身体感覚の気づきやすさと関連することが確認されている（Treves et al., 2019）。さらに，実際に実験参加者のマインドフルネスの得点が，主観的な匂いや味覚の正確さの課題成績と関連することが報告されている（Lefranc et al., 2020）。

　このような，自分の内的・外的感覚の情報に基づいて対応する能力は，各自で異なる「健康」を実現するために，非常に有効な機能を有することが予想される。事実，ATやマインドフルネスは，身心の健康の領域におけるその効果が，これまで数多くの研究論文によって報告されている。さらに近年では，対人関係などの社会的な側面に対する効果も，報告されるようになってきた。本章では，以下に，心理的健康，身体的健康，そして社会的な健康に対する効果を紹介したい。

◇ 心理的健康に対する自律訓練法（AT）やマインドフルネスの活用

　心理的健康に対するATやマインドフルネスの有効性は，すでに多くの研究から支持されている。これらのプログラムの目的としては，ATであれば受動的注意集中の獲得，マインドフルネスのプログラムはマインドフルネスの態度やスキルの獲得であるが，先に述べたように，両概念はかなりオーバーラップする。マインドフルネスのスキルの高さと他の指標との関係性について検討した研究によると，対象者におけるマインドフルネスのスキルの得点が人生の満足度や自尊感情（Brown & Ryan, 2003）とポジティブな関連性を示し，反対に抑うつ症状や神経症傾向などとは，ネガティブな関係性

を示すことが報告されている（Brown & Ryan, 2003; Dekeyser et al., 2008; Giluk, 2009）。

　さらに，メタ分析による AT の効果を検討した研究によると，不安や抑うつの問題に対して，コントロール群と比較して優れた効果が認められている（Stetter & Kupper, 2002）。またマインドフルネスに基づくプログラムにおいても同様に，一般人を対象とした研究において，反すうや心配，心理的ストレス，抑うつ症状や不安の問題の減少に加えて，QOL やウェルビーイングの向上に有効であることが報告されている（Querstret et al., 2020）。

　マインドフルネスや AT の実施が心理的健康を導く背景には，先述のような要因に加えて，無条件の自己受容の獲得という，自己との関わり方の変化があることも想定される。自己受容は心理的な健康の維持や増進に寄与するが，自分を受容する際，時折「条件つき」の受容となってしまうことがある（例：社会的に高い地位にいる自分だから受容することができる↔社会的に高い地位にいなければ自分のことを受容することはできない，など）。そのような自己受容は，受容できる条件を失ったり，満たされない状況に置かれたりした場合には，反対に心理的健康を阻害する要因として機能することが考えられる。そのため，条件つきの自己受容を，無条件の自己受容に転換させることが求められる。吉田他（2019）は，条件つきの自己受容も，表面的には抑うつ症状と抑制的な関係性を示すものの，その背景には無条件の自己受容が働いていることを指摘している。さらに，このような無条件の自己受容は，個人が有するマインドフルネスの高さや AT の実施と関係することが，先行研究によって確認されている（Thompson & Waltz, 2008; 吉田他, 2020）。そのため，無条件の自己受容の獲得もまた，これらの技法による心理的健康の効果を説明するものであると言えよう（**コラム 20** 参照）。

◇ 身体的な健康に対する自律訓練法（AT）やマインドフルネスの活用

　身体的な健康問題と心理的な健康問題は，同時に，あるいはどちらかが原因となってもう一方が生じるため，一概に分けて説明することは難しい。その点は考慮していただきたいが，マインドフルネスのプログラムを実施することによる身体的な健康への効果も，これまでに報告されている。先行研究をレビューした報告によると，疼痛や循環器疾患，呼吸器疾患などを有する

●コラム20●
無条件の自己受容と注意欠如・多動症（ADHD）

【吉田 昌宏】

　ADHDは，不注意・多動性・衝動性などの行動特性を特徴としている。この特徴を有する人は，学校や職場などの社会にうまく適応できず，不眠，不安や緊張，抑うつ，不登校や引きこもり，強い反抗や暴力といった二次的な問題に苦しむことがある。これらの問題の背景には低い自己受容があると考えられている。行動特性が原因で頑張ってもうまくいかない経験が多くなり，次第に自己受容ができなくなってしまう。そこで，成功体験を積むことによる自己受容という考え方とは別に，無条件の自己受容を育むという視点が必要になる。

　無条件の自己受容は，心理療法家のエリス（A. Ellis）が重要視した概念である。自分自身に価値づけを行う条件つきの自己受容ではなく，現実をあるがままにとらえ，自分自身もあるがままに受け入れる態度が尊重される。

　無条件の自己受容は，自分への自信を根源とする自尊感情とは異なる。自尊感情は成功体験によって高まると考えられているが，他者と比較しての優越感が高まると，他者への攻撃性につながる可能性があることも報告されている。そこで，失敗体験が多くなりがちなADHDの人の自己受容を促進するためには，成功体験を多く積ませて自尊感情を高める視点ではなく，あるがままの自分を受け入れられるようになるという視点をもつことが重要だと考えられる。では，どうしたら無条件の自己受容を高めていくことができるだろうか。

　筆者は，ADHDを有する人たちに自律訓練法（AT）を実践してもらうことで，無条件の自己受容が高まることを確認した（吉田他，2020）。その際にポイントとなるのが受動的注意集中である。目標や結果を目指す意図的な努力をせず，身体に優しく注意を向けることが大切で，毎日あるがままの自分を見守ることを積み重ねていく。このようなATの実践を続けることにより，あるがままの自分でよいということを身体と脳が覚え始める。そのような体験の蓄積を通して，無条件の自己受容が育まれていくのではないかと考えている。

　ADHDに限らず，個性的な特徴をもつ人は，自分を周囲に合わせようとして無理に努力を重ねた結果，うまくいかず二次的な問題に苦しむことがある。難しすぎるものは，無理に努力して克服するよりも，お互いに受容し合い，各自が得意なことで貢献し，助け合うことが大切である。これからの時代に求められるのは，自己責任で競争を強いられる社会よりも，短所も長所も含めて，あるがままの自分でも大丈夫だと誰もが思えるような，安心して生活できる社会であろう。

患者が経験する身心の問題に対して，その有効性が指摘されている（楳野，2016）。さらに，マインドフルネスのスキルの得点と健康的な生活習慣や将来の身体的な健康度との関連性について検討した研究によると，食事や睡眠の健康習慣が，将来の身体的な健康と関連するだけではなく，マインドフルネスの得点も有意に関係すること，またマインドフルネスのスキルそれ自体と，健康的な食事や質の高い睡眠との関連性も報告されている。この研究は質問紙調査という，心理尺度の回答に基づいた結果であるが，実際にマインドフルネスのプログラムを通した症状への効果も報告されている（Murphy et al., 2012）。

それによると，例えばウェブベースのマインドフルネスのプログラムを実施することによって，慢性疼痛などの痛みへの対処の自信や痛みの受容，過敏性腸症候群や耳鳴りの深刻度，てんかん患者の抑うつ症状の低減や，精神的な疲労感の改善に有効であることが報告されている（Toivonen et al., 2017）。さらに，がん患者の抑うつ不安の症状に加えて，主観的ながんの再発への恐れや疲労，痛みや睡眠障害への効果も確認されている（Cillessen et al., 2019）。このような，身体的な健康に対する効果が認められる背景には，対象者の認知面や情動面，行動面の変化だけではなく，実際の生理学的な効果機序の存在も指摘されている（楳野，2016）。

◇ 社会的健康に対する自律訓練法（AT）やマインドフルネスの活用

AT やマインドフルネスは，個人で行うこともできるが，集団でも実施することが可能である。むしろマインドフルネス・ベースのプログラムは，個人よりも集団療法としての位置づけが強調されている。例えば，マインドフルネスのトレーニングを集団で行うことの意義として，支援者と被支援者の人数に偏りが生じても問題がない点だけではなく，各自が体験する心の反応やパターン・プロセスは多くの人に当てはまるため，他者の体験も同じような体験として理解できることが指摘されている（クレーン，2010）。また AT においても，集団で実施することで他者（あるいは他の患者）との交流を通した行動変容や症状改善が期待され，実際に集団自律訓練が行われている（小林・芦原，2012）。また，社会的な側面にフォーカスを当てれば，もともと AT やマインドフルネスの背景にあるのはヨーガや瞑想であり，それらは

寺院などの地域と結びついた場所で行われていたものであろう。ヨーロッパ諸国には各地域に教会があるように，そのワークを行う場として集まるという機能があったことが予想される。すなわち，各自が自分の身心の状態を知るための場や，社会的コミュニティとしての機能もまた，その効果として挙げられる。

　さらに，マインドフルネスを高めることが，向社会行動と関連することが報告されている。それによると，メタ分析を行った研究の結果から，マインドフルネススキルの得点と向社会行動の関連性において，中程度の効果を示すことに加えて，実際にマインドフルネスに基づくプログラムを実施することによって，対象者の向社会行動の向上に中程度の効果を示すことや，マインドフルネスのプログラムと関連の深い慈悲の瞑想を行うことがポジティブ感情を高め，向社会行動につながることが確認されている（Donald et al., 2019; Reb et al., 2010）。さらに，マインドフルネスと向社会行動の関係の背景に，共感的配慮（empathic concern）や他者の感情理解と関連するニューラルネットワークや実行機能，ポジティブ感情の体験なども関係していることが指摘されている（Berry et al., 2018; Reb et al., 2010）。

◆二次元気分尺度と自律訓練法（AT），マインドフルネスを組み合わせることによる包括的な健康の実現

　これまで述べてきたように，二次元気分尺度とAT あるいはマインドフルネスは，それぞれ単独でも使用することができるが，その効果を最大化するためには，それぞれを組み合わせて使用することが有効である。

　例えば，AT やマインドフルネスのプログラムを実施する際に，各ワークの実施前後に二次元気分尺度の測定を行うことを提案したい。ここでの二次元気分尺度の使用は，効果測定の指標というよりも，トレーニング・ツールとして用いることが可能である。単純にプログラムの実施前後の気分の変化を見るのではなく，実施前後で把握した身心の主観的な感覚が，二次元気分尺度の得点やこころのダイアグラム上ではどこに位置するのかを，客観的に把握する手がかりとして用いることが重要である（雨宮, 2019）。AT やマインドフルネスで自己客観視によって身心の状態に気づいても，それは客観的

にとらえようとしている主観的な情報となる。それもまた，その場で適応するためには重要であるものの，その体験をアウトプット可能な情報とすり合わせることによって，他者にも自分の状態を適切に伝えることが可能となる。アスリートがコーチなどから指導を受ける際に，個々人の特徴的な感覚をいかにしてコーチという他者に伝え，理解してもらうかは，トレーニングの過程で重要な課題である。上述のようなすり合わせとそれに基づく他者への適切な情報の伝達ができるようになれば，他者からの優れたフィードバックや自己調整を導くことができるようになる。このことは，生徒が教師に，患者が医師に自分の心理状態の変化を適切に伝えるためにも，同様に有効であろう。

　さらに，二次元気分尺度を用いなくとも，ATやマインドフルネスの実践を行った際に，そのときの体験を記録しておくことは，技法を単独で実施する以上の効果につながることが期待される。ATやマインドフルネスでは，練習記録をつけてもらうことがある。その練習記録は，日記のような役割をもち，1日1日の実践の膨大な記録となる。その記録は，各自の性格や行動のパターンを認識するためにも役に立つ。例えば，完璧主義でついオーバーワークをしてしまい，一定期間がすぎると身心ともに疲労がピークに達し，倒れてしまう人がいるとしよう。そういう人は突然，限界が訪れるため，本人も周囲も，いつその爆弾が爆発するか，内心不安になりながら仕事を行ったり，常に気を張りながら見守ったりするはめになる。しかしながら，そういう人には特定の反応パターンがあるはずである。例えば，倒れる2週間前から，かなりストイックに物事をこなすようになったり（心理学的な立場でいえば，強迫的に行動している），言葉がとげとげしくなったり，だんだんと集中ができなくなってきたりする。それは単に疲労がたまっているということを意味しているかもしれないが，一方では，休息やメンテナンスの必要性を伝える身体からのメッセージでもある。身心の反応は，ある種の信号機である。それを無視して進み続けてしまうのは，その人特有のパターンであろうが，自分の身体や心の黄色信号に気づければ，赤信号になる前に仕事を止めたり，周囲が休ませたりすることも可能である。しかしながら，そのためには，その人自身のパターンについて冷静に知る（気づく）必要があり，その方法として，ATやマインドフルネスの実践や，その実践の記録が役に

立つのである。

　このように，AT やマインドフルネスを通して，そのときごとの自分の身心の状態を把握する力を養っていくとともに，その状態がこころのダイアグラムの中ではどこに位置するのかをすり合わせられる力を養うことによって，身体と心の両面から，その手続きを行えるようになる。そのような能力が，身心の包括的な健康を維持し，増進するための基礎となるのではないだろうか。筆者としてはそれを，道具に頼らずに自分の頭の中で行うことができるようになることが，最終的には必要であるように思う。もちろん，ICT 機器などを用いることも有効であるが，最終的には自分の心と身体の関係の中で，そのようなすり合わせができるようになることが望ましい。それによって，いつでもどこでも自分で自分の調整を行うことができる，真の自己調整が可能となるのである。

第11章

教育（子ども）での活用

【松浦　佑希】

◆教育領域における身心の自己調整

◇子どもにとっての必要性

　学校教育の領域では，子どもたちが身心の自己調整法を身につけることによって，学校への適応感，自己の感情調整，行動調整，ストレスマネジメント能力の向上，メンタルヘルスの維持といったさまざまな効果が期待できる。身心の自己調整がうまくできない子どもとは，例えばどのような子どもだろうか。時と場合にかまわず，欲求の赴くままに何かが欲しいと思ったときに欲しがるような子どもがいるかもしれない。また，思いどおりにならなければ，そのときの感情を相手にぶつけてしまう子どももいるだろう。はたから見たら大変な迷惑だが，自分自身が全く思いどおりにならず，そのときの感情に振り回され，一番つらくストレスを感じているのは，おそらく本人である。子どもたち自身の力で自由な心で幸せに生きていくためにも，身心の自己調整法を身につけておくことが役に立つだろう。

　さまざまな効果が期待できる身心の自己調整法であるが，自分自身を客観視できる能力が高まることは，特に教育的な効果として，メタ認知的能力を身につけた自律した人間の育成に資することが期待できる。メタ認知能力とは，自分自身の認知を第三者視点で客観的に認知する能力であり，自身の認知活動をモニタリングする過程と，そのモニタリングの結果に基づき，意識的にコントロールする過程が含まれる。現代社会は，変動性（volatility），不確実性（uncertainty），複雑性（complexity），曖昧性（ambiguity）のために将来の予測が極めて困難な VUCA の時代とも言われるほど変化が激

しく，行く先が不透明である。このような時代を生き抜いていくためには，身心ともに健康であり，一人一人が自律した人間として，他者と協同しながら生きていく必要がある。このような時代背景からも，身心の自己調整を子どものうちに身につけておく必要があると言える。

　そこで本章では，教育領域における身心の自己調整の活用法を，実践例を紹介しながら解説する。まず，実践例①では，子どもたちが身心の自己調整法を学ぶために，身心の自己調整プログラムを小・中学校で導入した事例を紹介する。次に，実践例②では，二次元気分尺度を使って生徒の運動体験の心理的効果を評価し，生徒自身の活動や教師の指導の改善に役立てる事例を紹介する。最後に，実践例③では，教師やコーチを目指す大学院生を対象とした自律訓練法（AT）の講習会を実施して，その心理的効果を確認した事例を紹介する。

◇ 子どもを見守る側にとっての必要性

　子どもたち自身のためだけでなく，保護者・教師・指導者側も身心の自己調整法を身につけることは非常に大切であり，それによって得られる重要な効果の1つに，根気強く見守るスキルの習得がある。見守るスキルは，いわゆるマインドフルネス（第7章参照）であるが，子どもたちの主体的で自律的な学びを促すためには，保護者・教師・指導者側の「見守るスキル」が必須である。もちろん，指導者からの働きかけによって，強制的に子どもを伸ばすこともできる。しかし，見守ることによって，子どもたちは自分の力で自律的に伸び，学ぶことそのものを学んでいく。教科書には正解が書いてあるが，実際の社会では正解が1つだけということはほとんどない。だからこそ，一般的な知識ではなく，今このとき，この現実における自分自身にとっての正解を，子どもたちが自分で考え，気づき，そして学び続ける姿勢を身につけていく必要がある。そういったことを身につけさせるには，保護者・教師・指導者側に「見守るスキル」がなくてはならない。

　ただ見守ると言われると簡単にできそうな気もしてしまうが，実際はそうでもない。子どもたちがすぐに変わってくれれば気楽で楽しいが，成長や学習は思うようには進まず，長い期間を必要とするものである。子どもたちの果てしないチャレンジを根気よく温かく見守り続けるのは，至難の業であ

る。例えば，見守る際に子どもとの距離が近すぎては，つい正解を教えたくなったり，手出し口出しをしたくなったりする。逆に遠すぎては（例えば，放任など），おそらく子どもたちの様子は全くわからず，これは見守っているとは言えない。危ないときには助けてあげられる，守ってあげられる適度な距離で，優しく熱心に見守るスキルを身につけることが大切である。子どもたちは，優しく熱心に見守られているという安心感があってこそ自律的に成長していく。「見守るスキル」は，子どもたちが成長するために今は何が必要なのか，逆に阻害するものや危険はないか，そういったことを正しく認識できるようになるための能力でもある（コラム 21 参照）。本章の実践例③では，保護者・教師・指導者側にとって必要なスキルとして身心の自己調整法を学ぶ講習の例を紹介する。

◆ 実践例①：中学校における身心の自己調整法を習得するプログラム

　子どもの精神疾患はあまり耳にしないかもしれないが，厚生労働省の調査によると，10 代半ばから現れることが多く，例えば，憂うつな気分が続くうつ病や，過剰に不安を感じてしまう不安障害などが報告されている。また，新型コロナウイルス感染症の拡大や，拡大防止のための対策により，精神的・身体的なストレスによる健康被害はさらに増加していると考えられる。文部科学省の報告では，児童生徒の不登校・自殺が 2020 年度に過去最多となった。このような社会的な背景からも，近年，学校におけるストレスマネジメント教育が注目されており，文部科学省も，ストレスマネジメント教育によって，対処能力や自己コントロール能力を身につけることの必要性を指摘している。はじめに，身心の自己調整法を習得するプログラムを中学校で導入した事例（稲垣，2019）を紹介する。

◇ プログラムの概要

　関東圏内にある公立中学校 3 年生 180 名（5 クラス，男子 90 名，女子 90 名）を対象に，8 週間にわたる自己調整法を習得するプログラムを実施して，その前後の生徒たちの変化について調べた。プログラム全体の流れは図 11-1 に示したとおりである。

●コラム21●

見守る指導法

【松浦 佑希】

　「見守る」というスキルは，スポーツや運動の指導においても非常に重要なスキルである。見守る指導を行うと，子どもたちの体験にどのような違いが生じるだろうか。松浦他（2018, 2021）の研究では，自分の身体感覚をモニタリングすることに取り組む「感覚経験型指導法（見守る指導法）」と自分の身体をコントロールすることに取り組む「モデル習得型指導法（一般的指導法）」について，エクササイズボール上でバランスを保持する課題を用いて，それぞれの指導方法の心理的効果と運動技能の向上効果を検討した。

●感覚体験型指導法（見守る指導法）
　自分の重心とボールの中心を感じる（モニタリング）
　重心がずれるさまざまな感覚を体験できるように，多様な動き方を促す教示をする
●モデル習得型指導法（一般的指導法）
　自分の重心とボールの中止を重ねる（コントロール）
　重心を重ねてバランスを保持するためのやり方や技能を教示する

■心理面に関する効果
　楽しさ・主体性……見守る指導法 ＞ 一般的指導法
　他者との協力………見守る指導法 ＞ 一般的指導法
■運動技能に関する効果
　姿勢の安定性………一般的指導法 ＞ 見守る指導法
　復元力………………見守る指導法 ＞ 一般的指導法

バランス保持課題

自身の重心位置とボールとの位置関係でバランスの安定が決まる

　詳しい結果は上に示したとおりである。見守る指導法では，子どもたちの主体的な取り組みや学習に対する楽しさの評価が高く，運動技能の高まりも確認できた。じっと安定した姿勢を保つのではなく，グラグラしたりボールから落ちたり，子どもたちが失敗を気にせず自由に，そして安全に多種多様な体験ができるような学習環境を作り，そして見守ってあげることが重要である。とはいえ，つい指導者が知っている「正解」や理想的なやり方を教えたり，口出ししたりしたくなってしまう。しかし，同じようにやり方を教えても，できるようになる子どもも，全くできるようにならない子どももいる。なぜなら，筋力や身長，体形，性格も全く違う子どもたちが，同じやり方でできるようになるわけではないからである。同じ課題であっても，その達成に至る正解は子ども一人一人全く違うのは当然だろう。ぜひ一度，子どもたちがもっている力を信じて，見守る指導を試してほしい。子どもたち自身が，自分の身心を自由に使った豊かな体験から，自分自身に適した身心の使い方を学び，そしてその結果として運動技能が向上していく姿を目の当たりにすることだろう。

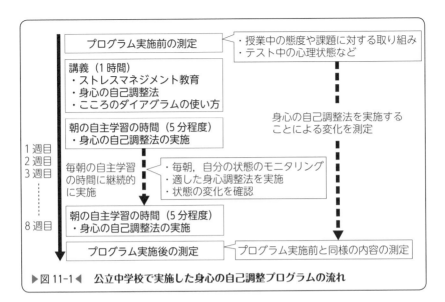

▶図11-1◀　公立中学校で実施した身心の自己調整プログラムの流れ

　このプログラムでは，まず50分の授業時間を用いて，ストレスが身心に
及ぼす影響と，身心の健康を維持するためには，自分の心と身体の状態を理
解し，ストレス反応が生じていることに早く気づくことの重要性を伝えた。
また，試験や試合などの大事な場面で高いパフォーマンスを発揮するために
も，そのときの身心の状態を理解し，その状態に合わせて，各自が最適な状
態へ自己調整をすることが重要であることも説明した。その上で，二次元気
分尺度とこころのダイアグラムの使い方，身心の自己調整法のやり方を指導
した（自己調整法の具体的な方法については，第5章を参照）。
　その後8週間，毎朝5分間の自主学習の時間に，身心の自己調整法を各自
で実施した（表11-1を参照）。生徒たちはまず，各自の身体感覚と心理状態
を観察するボディスキャンを行って，自分の身心の状態をモニタリングして
から，二次元気分尺度・2項目版に回答する。その後，その日の身心の状態
や目的に応じて適した自己調整法を選び，リラクセーション法（呼吸法，筋
弛緩法）かアクティベーション法（背すじ伸ばし姿勢，アクティブ呼吸法，
アクティブストレッチ）のいずれかを実施する。実施後にもう一度，自分の
身心の状態をモニタリングして二次元気分尺度に回答し，その結果をこころ
のダイアグラム上に記入して，その日の自分の心理状態と自己調整法による

▶表 11-1◀　身心の自己調整プログラムの流れ

①**ボディ・スキャン（自己観察）**
- 椅子に座り，両手をももの上に乗せて，目を閉じてから 2〜3 回ゆっくり呼吸する。
- 自分の身体の感覚に注意を向け，頭の上から足先まで，自分の身体をスキャンするように感覚を感じ取っていく。自分の心の状態を観察してみる。
- 現在の自分の状態を受け入れ，ありのままを観察する。

②**こころのダイアグラム（自己調整前）**
- 二次元気分尺度・2 項目版に，今の心の状態を回答する。
- こころのダイアグラム上での場所を確認し，記入する。

③**自己調整法（※詳細は第 5 章を参照）**
- ②で記入したこころのダイアグラム上の位置を見ながら，適切な自己調整法を実践する。
- 自己調整法が終わった後の心の状態の変化を観察する。
※自己調整法を行うことによって起こる，心と身体の変化に注意を向ける。

④**こころのダイアグラム（自己調整後）**
- 二次元気分尺度・2 項目版に，自己調整後の今の心の状態を回答する。
- こころのダイアグラム上での場所を確認し，記入する。

　心の状態を無理やり変えようとするのではなく，そのときの心と身体の状態を受け入れ，自然に起こる変化を観察することが重要

変動を確認する。

　いろいろな調整法の体験とその効果の確認を毎日繰り返すうちに，生徒たちは各自に合った方法を見つけていくようである。また，日々の身心の状態の違いや，それらが日常生活や学校環境，自分の体調などと深く関わっていることなどに気づいていく。そして，あまり調子が良くない場合でも，それらを客観的に受け止めて理解することを心がけ，自分で少しましな状態に調整する体験を積み重ねていく。また，身心の状態の変動を毎日記録しているので，過大なストレスなどにより心理状態が悪化したような場合でも，うつ病や不安障害などの深刻な問題に至る前に，本人あるいは友達や教師が気づいてサポートすることが可能になる。

◇ **自己調整法を習得するプログラムの効果**

　◆**心理状態の改善**

　毎朝回答した二次元気分尺度の得点について，自己調整前と自己調整後を

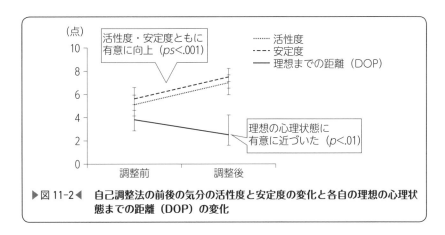

(点)

活性度・安定度ともに
有意に向上（*ps*<.001）

········· 活性度
----- 安定度
―― 理想までの距離（DOP）

理想の心理状態に
有意に近づいた（*p*<.01）

調整前　　　　　　　調整後

▶図 11-2◀　自己調整法の前後の気分の活性度と安定度の変化と各自の理想の心理状
態までの距離（DOP）の変化

比較すると，活性度と安定度がともに有意に高まって，より快適な心理状態
になっていた。また，各生徒が朝の始業時の心理状態として最適と考える理
想の心理状態をそれぞれ設定し，自己調整法を選択する際の参考にした。実
際の朝の心理状態と理想の心理状態をこころのダイアグラム上に示して，そ
の間の距離を自己調整前と自己調整後で比較したところ，理想の状態に有意
に近づいていることが確認できた（図 11-2）。この結果は，毎朝自己調整法
に取り組むことで，自己調整後にはより良い気分で，授業や学校生活に臨め
る効果が期待できることを示している。

◆授業中や課題に対する取り組みの変化
　授業中や課題に対する取り組みの変化については，プログラムを実施した
ことにより，身心の自己調整の能力が高まり，授業中の集中力や宿題への取
り組みの改善に効果が確認された（図 11-3）。また，「学校が楽しい」という
項目の得点が，有意に向上していた。学校における楽しさの得点の高まり
は，今回のプログラムとは別の学校生活上の変化によるものかもしれない
が，身心の自己調整法を習得するプログラムを通して，自身の感情調整スキ
ルやストレスへの対処能力が高まることで，以前はストレスと感じていたこ
とに適切に対処できるようになり，楽しさの向上につながった可能性がある。

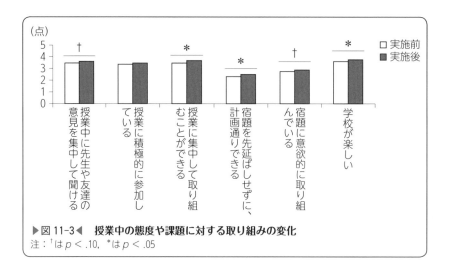

▶図11-3◀　授業中の態度や課題に対する取り組みの変化
注：†は p < .10, *は p < .05

◆テスト中の心理状態と自己評価の変化

　身心の自己調整を習得するプログラムは，朝の自主学習の時間に1回実施していたが，部活動や試験のときなど，その他の場面でも自主的に実施している生徒もみられた。真面目で緊張しやすい生徒などが，試合や試験であがって失敗しないように，身心の自己調整法を活用していたようである。

　そこで，学力テスト受験時の状態をプログラムの実施前後で比較した結果，テスト中の心理状態と実力発揮の自己評価の変化について，テスト中の緊張や焦りの得点が低下しており，心理状態の改善がみられた（図11-4）。これは，身心の自己調整法を習得するプログラムによって感情調整スキルが高まった成果であると考えられる。テストでの実力発揮の自己評価の高まりは，6月と11月では学力テストの内容が異なるため一概に学力が向上したとは言えないが，図11-3の「授業に集中して取り組むことができる」の変化の結果を合わせると，授業への集中力や学習に対する意欲などが高まったことも影響しているかもしれない。

◆プログラム全体に対する感想

　8週間のプログラムの体験に対する感想を書いてもらった結果，身心の状態への気づきが高まり，身心の自己調整スキルが身についたことを実感して

いることが確認できた（**表11-2**）。朝の自主学習の時間におけるたった5分間，それを8週間継続することで，子どもたちがこれだけの効果や成果を感じていることは，今後，身心の自己調整を習得するプログラムの学校現場への導入を促す有用な知見であると考えられる。

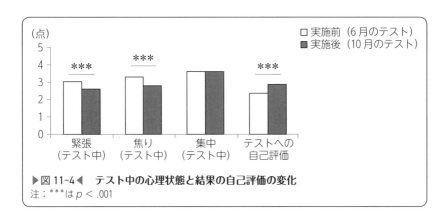

▶図11-4◀　テスト中の心理状態と結果の自己評価の変化
注：***は $p < .001$

▶表11-2◀　プログラム全体に対する感想

良かった点
- 自分の調子がわかるようになった。
- 自分の感情をコントロールできるようになった。
- イライラしていたことが多かったけど，少しずつ自分で落ち着けるようになり，いつも楽しく過ごせるようになった。

良くなかった点
- 朝の時間にするのが大変だった。
- やり忘れてしまうことがあった。

実施前後でどのような変化があったか
- グラフを使うことで，自分の心理状態を知ることができ，その気持ちに合った改善方法をすることで，自分の気持ちを良くすることができた。
- 心の状態の変化に気づくことが早くなり，そのとき，すぐに対応することができました。
- リラックスすることができ，いつも落ち着いて，行動することができました。
- 自分の気持ちがすぐにわかるようになった。感情を自分でコントロールできるようになった。
- ちょっとだけ，発表の前に緊張しなくなった。
- 自分の心をコントロールできるようになり，学校生活が変わった。
- 毎日が前より楽しくなった。

◆実践例②：運動体験の効果の確認に役立てる二次元気分尺度

◇10分間の休憩時間における身心の自己調整効果

　身心を自己調整する方法は，実践例①のような自己調整を習得するプログラムを実施することだけでなく，さまざまな方法がある。例えば，好きな音楽を聴くことで少し明るい気持ちになったり，友達とくだらない話をすることで楽しい気持ちになったり，天気のいい日に外を少し散歩するだけでポジティブな気分になったりするなど，皆さん自身もさまざまな経験をしているのではないだろうか。自分に合った自己調整の方法を見つけて活用していくことが大切である。ここでは，コロナ禍でさまざまな活動が制限される中で，休憩時間などに行う気分転換の方法として，軽運動やゲームの心理的効果を比較した実践例（松浦他，2018）を紹介する。

　授業と授業の間には，10分程度の短い休み時間があるが，そのような小休止の効果として，作業パフォーマンスの維持・向上や疲労蓄積の防止が挙げられる。休憩時間の使い方には，友達との会話，ぼんやりするなど，人によって好きな過ごし方があると思うが，短時間（10分）の休憩をどのように過ごすことが，身心の状態をより快適にするであろうか。ここで紹介する実践例では，より快適な気分状態をもたらす自己調整の方法を検討するため，安静・運動・ゲームの3つの過ごし方を取り上げて効果を比較した。二次元気分尺度を活用して心理状態の変動を測定し，それぞれの方法を実施した際にどのような効果が得られるかを調べるとともに，その結果を本人にフィードバックして，休憩時間の有効活用について考えた。

　大学生14名を対象に，10分間の休憩時間の過ごし方について，

　①10分間をただ安静に過ごす条件（椅子に座る）

　②軽運動を行う条件（トレッドミル走5分＋安静5分）

　③ゲームを行う条件（ダーツ5分＋安静5分）

という3つの条件を経験してもらい，気分の変化について効果の比較を行った。研究の手続きを図11-5に示した。14名全員がすべての条件を経験できるように，実施順序のカウンターバランスを取って日を分けて実施した。各条件における気分の変化は，二次元気分尺度を使用して，休憩開始後0分，

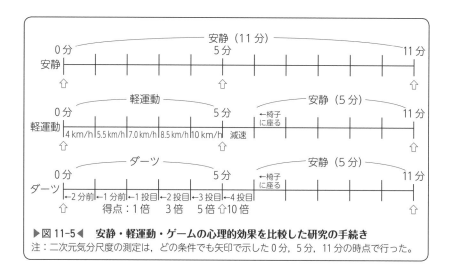

▶図 11-5◀　安静・軽運動・ゲームの心理的効果を比較した研究の手続き
注：二次元気分尺度の測定は，どの条件でも矢印で示した 0 分，5 分，11 分の時点で行った。

5 分，11 分という 3 時点を測定し（**図 11-5** の矢印の部分），休憩時間に気分がどのように変化していくのか測定し，その気分の経時的変化を 3 条件で比較した。運動条件では，減速しているトレッドミル上で，二次元気分尺度に口頭で回答した。

◇ 3 条件それぞれの効果

　図 11-6 は，休憩時間の開始時から終了時までの気分（快適度，活性度，安定度）の変化を示したものである。快適度（**図 11-6** の(a)）に関しては，軽運動でもゲームでも開始 5 分後に同じように上昇したが，軽運動では運動後に安静に過ごしたあとの測定でも快適度がさらに上昇した。その理由として，軽運動によって上昇した活性度（元気な気分）が，運動後も維持されたまま（**図 11-6** の(b)），安定度（リラックスした気分）が高まったことが（**図 11-6** の(c)），快適度の上昇につながったと考えられる。

　10 分間という短い休憩時間であっても，軽運動を取り入れた身心の自己調整を行うことで，休憩時間後も気分を快適な状態にできることが確認された。運動が身心の健康に良いということは，頭でわかっていても効果もなかなか実感できないし，実行に移せない，という話はよく耳にするが，二次元気分尺度を活用すれば，目に見えない身心への効果を自分自身で確認するこ

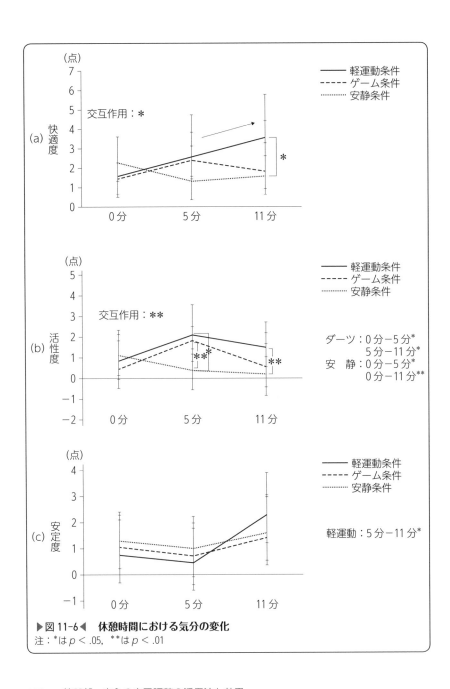

▶図 11-6◀　**休憩時間における気分の変化**
注：*は *p* < .05, **は *p* < .01

とができる。二次元気分尺度を活用すると運動の効果を実感しやすくなるため，教育場面での指導にも役立てられるだろう。

◆実践例③：教師やコーチを目指す学生向けの自律訓練法（AT）の研修

　子どもや選手の身心の状態を安定させたければ，まず，子どもに大きな影響を与えている保護者・教師・指導者が安定することを目指したほうが近道である。とはいえ，イライラせずに見守るというのは難しいことなので，自分の身心を調整するだけでなく，自分や他者を見守るために有効なスキルを身につけていないと，かえってストレスがたまってしまう。そのような自己調整のスキルを身につけるためのトレーニングとして，AT が活用できる。トレーニングなので，短期間での効果は期待せず，少なくとも 2～3 カ月は実践を継続することが大切である。AT の具体的な内容は第 6 章を参照してほしい。

　教師やコーチやカウンセラーの研修として AT を指導する機会が多いが，対人支援の専門職を目指す学生たちにも指導しており，一定期間 AT を実施した前後でトレーニングの効果を確認している。AT 研修の実施方法の概要を表 11-3 に示した。ここでは，AT の研修の実践例を紹介しながら，その方法と効果を具体的に解説する。

◇ 心理面の安定と認知スタイルの変容を目的とした AT（標準練習）の研修

　ここで紹介する研修の実践例（坂入，1999）は，教師やコーチを目指す大学院生を対象とした，心理面の安定性と思考の柔軟性と客観性を高めることを目的とする AT の研修である。思考の柔軟性と客観性については，認知スタイルという概念と関連している。認知スタイルとは，人が何らかの情報を処理したり，問題に対処したりする際にとる認識や思考の仕方の特性のことである。身心の状態が安定していること，認知スタイルとして思考の柔軟性と客観性をもっていることは，さまざまな個性をもった子どもや選手たちに対応し，予測不能な出来事に対処していく教師やコーチにとって，必要不可欠である。

▶表 11-3◀　自律訓練法（AT）研修の実施方法の概要

研修内容
　1～2 週間に 1 回，1 時間程度の集団講習を数回実施する。参加者は各自で毎日の練習を継続して，練習記録を提出する。AT の指導者は，各自の練習の仕方や体験の内容を確認し，コメントを個別にフィードバックする。また，効果測定の結果と変化の特徴をフィードバックする。

実施期間
　最低 6 週間。参加者は，毎日 2～3 回の実践を 2～3 カ月実施することが望ましい。トレーニング法として AT を実施する場合は，効果を得るために最低でも 6 週間は継続する必要がある。

効果測定
　ストレス度や心理特性に関する心理検査など，目的とする効果を確認するために必要な測定を行う。測定のタイミングは，練習を開始する前と一定期間練習をした後に実施し，その期間の変化を確認する。

練習記録
　参加者はトレーニングごとに AT の練習日記を書く。その内容に対して専門家が指導を行う。難しい場合は参加者自身が振り返りを行う。

全 6 回の研修の実践例
　第 1 回：事前の心理検査・AT の理論と方法の講習・練習への動機づけ
　第 2 回：AT 重感練習の指導・練習記録の説明
　第 3 回：練習記録の確認とフィードバック・AT 温感練習の指導
　第 4 回：練習記録の確認とフィードバック
　第 5 回：練習記録の確認とフィードバック・事後の心理検査
　第 6 回：フォローアップ・心理検査のフィードバック・継続への動機づけ

　教師やコーチを目指す大学院生 38 人を対象として，AT（標準練習）の研修を実施した（研修の内容は，**表 11-3** を参照）。6 週間の AT の研修前後に，効果測定として，状態-特性不安検査（STAI）と 3 因子認知スタイル尺度（柔軟性・客観性・楽観性）を用いて，心理面の安定効果（特性不安の低減）と認知スタイルの変容効果（柔軟性と客観性の向上）を確認した。また，AT の習得過程で生じる，自律性解放とよばれる多様な体験（特に不快な体験）の違いによる効果を比較した。

　研修期間において，参加者全員が AT の基本である第 2 公式（四肢の重感と温感）まで習得できた。第 3 公式以降（心臓・呼吸・腹部・額部の練習）は体験に個人差があり，問題なくリラックスできて順調に習得できた者が多かったが（順調習得者），3 分の 1 の者（38 人中 13 人）が練習中に息苦しさや不安を感じるなどの不快な反応を体験しながら AT に取り組んで，それら

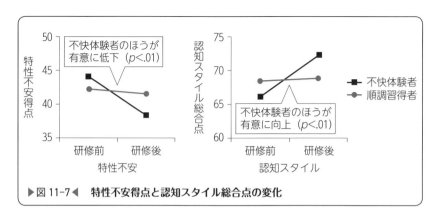

▶図 11-7◀　特性不安得点と認知スタイル総合点の変化

を克服して AT を習得していた（不快体験者）。また，参加者全体の結果としては，仮説どおり，研修後に不安得点が有意に低くなり，認知スタイルの総合点も向上し，特に柔軟性得点の向上が顕著だった。

　AT の習得に至る過程での体験の違いによって，参加者を順調習得者と不快体験者の 2 つのグループに分けて心理的効果を比較したところ，意外な結果が得られた。順調習得者よりも不快体験者のほうが，不安得点の低減も，認知スタイルの向上も，大きな効果を得ていたのである（図 11-7）。また，認知スタイルの 3 因子に関しては，冷静に見守ることのできる客観性得点の向上が特に大きかった。

　AT は，第 6 章で紹介したような，第 2 公式（重感・温感練習）までの短時間の練習を繰り返す基本的なやり方を順守すれば，ほとんどの人が不快な体験をせずに，問題なくリラックスできるだろう。しかし，手軽なリラックス法としての AT ではなく，身心の自己調整スキルを習得したり認知スタイルを変容させたりするためのトレーニング法として，第 6 公式までの標準練習に本格的に取り組んだ場合は，不快な体験などが生じて AT の習得につまずいてしまう可能性がある。このような目的の場合は，専門家による適切な指導を受けながら実践してほしい。

　しかしながら，上手にリラックスできなかったり，不快な体験があったりしたからといって，その人が AT に向いていないわけではない。上記の例で示されているように，実践を継続して不快な体験をしても，それらの問題を克服したときにはより大きな効果が期待できる。例えば，筋力トレーニング

を考えてみてほしい。負荷が軽くて，何の抵抗も感じないようなトレーニングでは得られる効果も限られるだろう。AT も同じである。不安を感じやすかったり，考え方の柔軟性が欠けていたり，冷静に見守ることが苦手だったりする人は，リラックスすること自体が苦手で，AT の習得でもつまずきやすいかもしれない。しかしながら，快適な体験だけでなく，不安感や息苦しさといった不快な体験をはじめとするさまざまな経験を積み重ねながら直面する課題を克服していったときこそ，大きな成果が期待できる。うまくできてもできなくても，毎日根気よく練習に取り組む経験の蓄積が，認知スタイルの変容や特性不安の軽減などの効果をもたらすと考えられる。心のトレーニングも身体のトレーニングと同様である。

第**12**章

職場や家庭での活用

【坂入　洋右】

◆仕事や日常生活における効果

　身心の自己調整が有益なのは，アスリートや病気の人や子どもだけではない。自分の身心を良好な状態に調整することは，すべての人にとって重要であり，仕事や日常生活においても積極的な活用が望まれる。各自が自分の状態を調えて，体調が良いだけでなく快適な気分で過ごすことができたら，職場や家庭の雰囲気も明るくなるだろう。仕事においては，健康面だけでなく生産性も向上するだろうし，ミスや事故も減る可能性がある。また，家事や育児で多忙な人でも，イライラしたときや疲れたときに，身心をリフレッシュすることができればストレスをためずに済むので，毎日の生活がイキイキとしてくるかもしれない。

　とはいえ，二次元気分尺度の測定や自律訓練法（AT）の実践を毎日継続するのは，試合や試験で良い結果を出したい人や，病気の苦しみから解放されたい人のように，明確な目的がある人ならまだしも，健康な人にとっては面倒でなかなかできないことである。強制的に実施させられても，かえってストレスが増してしまう。この継続へのモチベーションという問題を解決しないことには，職場や家庭での有効な活用は期待できないだろう。健康な人にとっては，「健康」は魅力的な目標とはなり得ない。健康になるだけでなく，仕事の能率が高まるとか，肌の調子が良くなるとか，一人一人に応じた有益な効果が期待できることが，毎日の実践を継続していく上で不可欠な条件である。

　本章では，職場や家庭で二次元気分尺度の測定や AT の実践などを活用す

ることの意義を解説した後，関連する実践例や研究結果を示しながら，具体的な活用の仕方を紹介する。また，仕事における事故の防止や美肌効果など，身心の自己調整の多様な効果について解説する。

◆職場における活用

　近年，働く人のメンタルヘルスの問題が注目され，2015年12月1日から50人以上の労働者がいる事業所の従業員のストレスチェック制度が義務化された。病気の予防を目的とした心理面の健康診断のようなものだが，組織としても労働者個人としても，これを実施することによる効果がイメージできず，ストレスを緩和するための具体的な方法がないのでは，実効性はあまり期待できない。

　各事業所において，従業員の福利厚生のために，どのくらい優先的に費用や労力をかけられるだろうか。余力がある大企業ならまだしも，経営状態が苦しい組織の場合は優先順位が低くなるだろう。費用対効果を，ストレスによるうつ病や身体疾患の発症予防などの健康の観点だけで考えると，それほど大きな効果が期待できないと思うかもしれない。しかし，各従業員がアスリートのように身心を調えて良好な状態で仕事に取り組むようになると考えると，生産性向上やリスクマネジメントの観点で多大な効果が見込まれる。社会的責任の追及が厳しい現代では，仕事に不備があったり事故を起こしたりすると，不良品の回収や操業停止などの多大な損害が生じることがある。さらには，誰かの人為的ミス（ヒューマンエラー）によって人命が失われるようなことがあれば，社会的信用が失墜して，その組織全体にとっても致命的な問題となってしまう。

　事故が起きる最も大きな要因はヒューマンエラーである。例えば重大な交通事故のほとんど（死亡事故の97％）がヒューマンエラーによるものだという（国土交通省自動車局，2018）。しかし，事故がいつ起きるのかを予測することは難しく，ヒューマンエラーで起きる事故の原因は多種多様で複合的であり，状況によっても人によっても異なっている。このため，過去の事故のデータから主な原因を抽出して一般的な対策を講じてもあまり役に立たない。身心の状態の要因だけでも，寝不足・疲労・人間関係のストレス・時間

切迫による焦りなどのさまざまな原因が重なってミスを犯してしまい，それが事故につながる。

　必要なのは，多くの事故に関するビッグデータではなく，その組織で働いている人間一人一人の身心の状態の変動に関する情報である。さらに，その状態がどの程度悪化するとリスクが高まるのかについて，個人ごとに危険域がわかることが望ましい。長時間労働や睡眠不足，血圧や体温の上昇などの状態が同じでも，その影響による身心の状態の悪化やパフォーマンスの低下は，人によっても，取り組む課題によっても全く異なっているからである。眠気を感じているような状態は作業をするには適さないが，仮眠を取るためには望ましい。そのため，長時間働いている人の覚醒度がどのくらい低下しているのか，それとも逆にイライラして覚醒度が高まっているのかというような身心の状態の特徴の把握だけでなく，その人が置かれた状況において，その状態がその人にとってどの程度望ましくないのかという評価が必要となるのである。

　病気やケガなどのように身心の状態に問題がある場合や，自分自身は元気でも問題のある環境に置かれているような状況では，不快感が強くなる。人間は，それぞれの環境における身心の状態の望ましさに関する総合的な判断を，快－不快という感覚で評価している。沈静－興奮のような覚醒度は，心拍変動などの客観的指標の測定によって把握できるかもしれない。しかし，状況の違いや個人の特性を踏まえた総合的な評価である快－不快という快適度を知るには，本人による主観的評価が必要となる。こころのダイアグラムを活用することによって，一人一人の心理状態とその変動を，覚醒度と快適度という，次元の異なる2種類の指標によって数値化してグラフに示すことができる。こころのダイアグラムの変動データと，その時々の仕事におけるパフォーマンスの高低やミスや事故の生起などとの関連を明らかにすることができれば，仕事におけるパフォーマンスの向上や事故の予防に役立つだろう。

　以下に，身心の自己調整の活用事例として，デイケア施設で働く人のストレスのセルフケアと事故の予測に応用した実践例を紹介する。

◆実践例①：医療・福祉施設における活用

　さまざまな職業の中でも，医療や福祉の業界は感染症対応や高齢者の増加に伴って，人手不足で働く人に過重負担がかかっている。過重負担によるストレスなどで離職者が増えると，さらなる悪循環に陥ることが想定され，人員の補充や職場環境の改善などの根本的な対応が望まれる。とはいえ，組織によるケアが十分でない場合は，少なくとも状況が改善するか別の組織に転職するまでの間は，働く人自身が自分の身を守る必要が出てくる。そのような観点からデイケア施設で働く人々に身心の自己調整を実施してもらった実践例を紹介する（Nakatsuka et al., 2006）。

　なお，セルフケアを職場で活用する際の重要なポイントとして，労働者だけでなく経営者も協力して，それを業務の一環として実施することが必須である。ヒヤリ・ハットの記録や報告などもそうだが，事故防止やストレスマネジメントのための対策を実施することによって業務が増えて，逆にストレスが過重になり，身心の状態が悪化してしまっては本末転倒である。身心の自己調整を導入する際には，新たな業務の追加ではなく，仕事のルーティンワークを組み替えて，その中に位置づける必要がある。

◇ デイケア施設職員の携帯電話を用いた身心の自己調整の実践

　二次元気分尺度のオンラインプログラムを活用して，各自の携帯電話を用いて仕事の始業時と終業時に心理状態を測定し，その時々の状態に応じた身心の自己調整法（軽運動やストレッチなど，各種のリラクセーション法もしくはアクティベーション法）を各自が選んで実施した。また，終業時には，その日の仕事のパフォーマンスの評価とミスや事故の発生状況についても記録した。

　参加者は，東京都内のデイケア施設の職員 18 名であった。身心の自己調整法を習得するプログラムを 2 カ月間実施した。実施期間の前・中・後に，各 2 時間の集団形式による講習（講義と実習）を 3 回行った（**表 12-1**）。実施期間中は，始業時と終業時に各職員が携帯電話を用いて自分の心理状態を測定し，いずれかの自己調整法を個別に実践した。自己調整法の実施とその

```
▶表 12-1◀   デイケア施設での集団講習の概要

第 1 回「モニタリングに関する講習」(自分の心理状態の変動を知る)
  講義：身心のストレスマネジメントに関する理解
  実習：携帯電話を活用した心理状態のモニタリング法の習得
    ★研修後，毎日 2 回(始業時と終業時)の心理状態のセルフチェック
  評価：モニタリング結果の個別フィードバック(携帯画面表示)

第 2 回「コントロールに関する講習」(心理状態の調整法を知る)
  講習：身心の自己調整法に関する理解
  実習：軽運動やストレッチを活用した身心の自己調整法の習得
    ★研修後，毎日 2 回(始業時と終業時)の身心の自己調整法の実施，および実
     施前後の心理状態のセルフチェック
  評価：コントロール結果の個別フィードバック(携帯画面表示)

第 3 回「2 カ月間の実践結果の個別フィードバックと継続への動機づけ」
  講習：身心の自己調整講習の全体的結果の解説と今後の継続的活用
  評価：研修前後(2 カ月間)の変化と各自の特徴の個別フィードバック(施設全
     体の結果は全員に，各職員の個別結果は本人にのみ通知)
```

前後の測定に必要な時間は，3〜5 分であった。

　心理状態の測定は，二次元気分尺度のオンラインプログラムを活用した。心理状態の活性度・安定度・快適度・覚醒度が自動計算され，携帯電話の画面に表示されるとともに，そのデータが蓄積された。また，各自の通常の心理状態(過去のデータの平均)からのズレや，各種の自己調整法を実施した前後の心理状態の変動量も画面に表示された。表示された自己調整前の心理状態や目的に応じて，活性度を高めたい場合はアクティベーション法，安定度を高めたい場合はリラクセーション法など，それぞれの状況に適した自己調整法を各自が選んで実施した(具体的な方法については，第 5 章を参照)。

◆結果①：心理状態の調整効果

　職員一人一人が，自分の心理状態を自分で管理し良好な状態へ自己調整するための専門的知識と技術を学び，2 カ月間のセルフチェックの実践を通してストレスマネジメントの意識を高め，セルフケアのスキルを習得できた。

　本研修においては，参加した職員全員に対して，各自の心理状態の特徴およびその自己調整効果に関して，心理測定結果を分析して個別にフィード

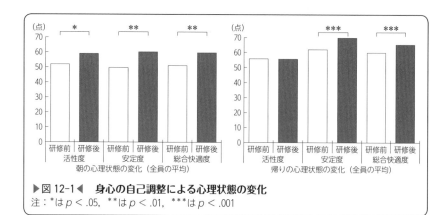

▶図 12-1◀　身心の自己調整による心理状態の変化

注：*は $p < .05$，**は $p < .01$，***は $p < .001$

バックした。各職員が，始業時（朝）および終業時（帰り）の自分の心理状態について，「朝，イライラして心の安定度が低くなることが多い」とか，「帰りに疲れ果てて，心の活性度が極端に低くなる日がある」など，各自の身心の状態が良いときと悪いときの特徴を知ることができ，また，研修において習得した自己調整法（軽運動およびストレッチ）を毎日実践した結果として，「軽運動の実施前後で，朝の安定度が平均 8 ポイント上昇していた」などのフィードバックを受けて，自己調整のスキルを身につけたことによる自分の心理状態の変動を確認できた。

　全職員の心理状態の変化の平均を図 12-1 に示した。3 分間の身心の自己調整を実施することで，朝（始業時）の心理状態は落ち着いて活気のあるものになり，帰り（終業時）の心理状態はリラックスして快適なものになっていた。

　◆結果②：仕事のパフォーマンスやミス・事故との関係

　個人ごとに違いがみられたが，職員全体の平均的傾向として，朝（始業時）の心理状態の活性度が高いことが仕事の成果とやや関連していた（図12-2）。また，朝（始業時）の心理状態の安定度が極めて低い日に，ミスや事故が起きやすいことが判明した（図12-2）。心理状態のモニタリング期間中に何回か軽度のミスや事故が発生したが，利用者の車椅子を倒してしまっ

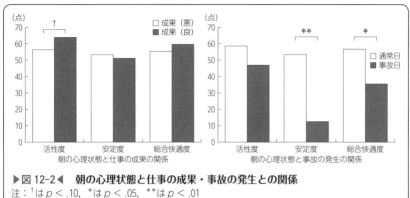

▶図 12-2◀　朝の心理状態と仕事の成果・事故の発生との関係
注：†は $p < .10$，*は $p < .05$，**は $p < .01$

たなどの大きな事故が5件起きていた。事故が起きた日の朝の心理状態は，いずれの場合もミスをした人の心理状態が極めて不安定で，通常は100点満点に換算して50点くらいある安定度が10点しかなかった。

　結果論だが，朝の心理状態の安定度から，その後の事故の発生を予測できる可能性がある。ヒューマンエラーによって事故が起きる原因は，過労や時間切迫や慣れない業務などさまざまであるが，それらが複雑に重なって悪化した総合的な身心の状態がイライラや焦りや不安などを生じさせ，安定度の低下として認識される。ヒューマンエラーによる事故の発生を予測するためには，毎回異なっている事故の原因を解明することだけでなく，職員各個人が，自分の身心の状態の危険ラインを知ることが有効であろう。

　残念ながら，これらの結果は研修後の分析で判明したことだが，今後，各職員が今回の成果を活用して，心理状態の活性度や安定度が低いときには自分でその状態に気づき，軽運動やストレッチを活用して心理状態を良好な状態へと自己調整するとともに，それでも改善されない場合は，休息を取ったり上司に相談したりするなどの対処を取ることによって，仕事の能率の向上や事故の防止，ストレスの緩和などの効果の促進が期待できる。

　職場において身心の自己調整を実施する際に重要な点として，各職員の個人情報の扱いやプライバシーの尊重という問題がある。各職員の心理状態の変動は，本人にしか伝えず，セルフケアを優先した。しかし，そのために心

理状態の測定結果を，職場全体としては適切に活用することができなかった。研修開始時期に，心理状態の快適度の数値がかなり低かった職員が2名いたが，結果として両名ともその後退職していた。今回は実施できなかったが，心理状態の測定結果に基づいて，早期に支援的な介入をすることによって，問題の改善や離職の防止に役立つかもしれない。

◆家庭における活用

　身心の自己調整を活用するための大きな問題は，継続することの大変さである。学校や職場で教育や業務の一環として導入する場合には，ホームルームの時間や朝礼の時間などを活用して半ば強制的に実施することも可能で，勉強や仕事の一部だと思えば割り切って取り組むこともできるだろう。しかし，そのような組織に所属していない人が，毎日時間を作って自発的に実施することは，よほど几帳面な人でないと困難であろう。特に，小さな子どもを抱えた保護者などは，自分のためだけに利用できる時間や空間を，家庭生活の中で確保することさえ難しいかもしれない。

　運動や食事制限などもそうだが，継続すると健康に良いとされることは面倒で負担感が大きいことが多く，毎日続けるのが大変である。一方，それでも頑張って半年くらい続けられると，負担感が低減してくる。さらに何年も続けて，その行動が生活パターンに組み込まれて習慣化すると，逆に，やらないと落ち着かない感じになったりする。以前ある学会で，「身心の自己調整を毎日実施することは面倒で大変そうだが，朝晩歯磨きをすることには，あまり負担を感じない。そんなふうに日常生活の中で習慣として継続できると理想的だ」と話したところ，化粧品関連の企業の研究者が，「朝晩のスキンケアを習慣にしている女性は多いが，そこに身心の自己調整を組み込めないだろうか」と発言され，共同研究を実施することになった。ストレスも肌荒れの原因となるようなので，毎日の心理状態が改善されれば，肌の状態も良好になることが期待できる。毎日スキンケアの努力をしている人にとっては，肌がきれいになる効果が確認されれば，ストレスの軽減以上に魅力的なことかもしれない。

◆実践例②：スキンケアに組み込んだ身心の自己調整の実施

　乾燥肌を自覚して朝晩のスキンケアを行っている一般女性を，スキンケアとともに自律訓練法（AT）を行うグループと，スキンケアとともに3分間の閉眼安静をするグループに分け，肌の状態の変化を比べた研究（Sakai et al., 2019）を紹介する。

　参加者は，スキンケア習慣のある40〜50歳代の女性26名で，ランダムに2グループに分けた。一方はAT実施グループで，ATのやり方を指導して，スキンケアの前にATを3分間実施してもらった。もう一方は対照グループで，スキンケアの前に3分間の閉眼安静をしてもらった。

　すべての参加者に，それまで各自が使っていたものと同じスキンケア製品を継続して使用してもらい，講習会では，顔への化粧水や乳液の塗布の仕方を指導して，今後も朝晩2回のスキンケアを継続するように依頼した。また，AT実施グループには，AT標準練習の重感練習と温感練習のやり方を指導し，スキンケアを行う前にATを3分間実施するよう依頼した。

　肌の状態の変化を調べるため，8週間のスキンケア実施前後に，顔面頬部の角層水分量と皮膚弾力性について，皮膚計測機器を用いて測定した。

◇ 結果：肌の状態の変化

　AT実施グループは，対照グループと比べて，肌の水分量の増加が大きく，肌の弾力性も増していた（図12-3）。そのほかに，皮膚表面キメ解析装置で調べた肌の滑らかさでも改善がみられた。

　AT実施グループは，肌の水分量・弾力性・キメが改善していたが，なぜ対照グループよりも効果が大きかったのだろうか。参加者の感想を聞いてみると，朝晩のスキンケアの時間帯は，あまりリラックスできない人も多いようで，「家族を会社や学校へ送り出したり，朝の支度で忙しいときに落ち着いてスキンケアをする余裕はない」し，「夜の風呂上がりのときは特に肌の乾燥が気になるので，慌てて化粧水をつける」とのことだった。これではリラックスできず，せっかくスキンケアをしても，残念ながら自分の肌や身心をケアする時間にはなっていない。そんな一刻を争うような忙しいときであ

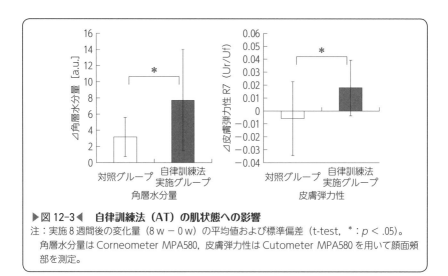

▶図 12-3◀　**自律訓練法（AT）の肌状態への影響**
注：実施 8 週間後の変化量（8 w − 0 w）の平均値および標準偏差（t-test，*：$p < .05$）。
　　角層水分量は Corneometer MPA580，皮膚弾力性は Cutometer MPA580 を用いて顔面頬
　　部を測定。

れば AT などする気になれないかもしれないが，今回は研究への参加者とし
ての責任感から継続的に実施してくれたようであった。とはいえ，最初は義
務的な作業でも，毎日続けるうちに習慣化して，「スキンケアの時間が生活
の一部になった」「今後も続けたい」という参加者が多かった。朝晩数分間だ
けでも，仕事や家族のことなどのすべてをいったん横に置いて AT とスキン
ケアを続けるうちに，忙しい日常生活の中にバッファー（ゆとり）が生ま
れ，貴重な「自分のためだけの時間」が確保できるようになっていったこと
が考えられる。
　スキンケアや AT はセルフケアなので，ケアする自分とケアされる自分と
いう一人二役を担う必要がある。このとき，ケアされる自分は，最高級のエ
ステティックサロンにでもいるような気分で，「すべて身を委ねて何もしな
い」という態度が重要である。AT の体験を通して，ありのままの自分を受
容するような態度が身についてくれば，慌ただしいスキンケアの時間が，自
分のためだけの贅沢なリフレッシュタイムに変容するだろう（**コラム 22**）。

自分のためだけの時間

【坂入 洋右】

　大学の授業で,「寝る間も惜しんで長時間頑張るのと, ゆとりをもって楽しく頑張るのは, どちらのほうが優れた成果が出ると思うか」という問題提起をして議論をしている。受講生は学生アスリートが多いので, 前者だという意見が多い。確かに, 彼らが経験してきた受験勉強と競技スポーツは, 全力で必死に頑張ったほうが勝つことが多いかもしれない。しかし, 現実の社会で遭遇する多くの課題を解決するためには, 後者の取り組み方ができないと, 意義のある優れた成果を得ることは難しいだろう。

　試験や競技は, ルールやするべきことが定められた状況での競争なので, わずか1点や1秒という現実には意味のない差で, 合否や勝敗が決まる。そのような課題では, 脇目も振らずに必死で頑張ったほうが勝つかもしれない。しかし, 例えば「隣の村までの途中にある大きな川を渡る」というような社会的な課題の解決に取り組むなら, 競泳のように泳ぐスピードを高める努力よりも, 安全に泳げるような道具を工夫したり, 船を手に入れたり, 橋を架けたりしたほうが, はるかに高い成果が得られるだろう。

　職場や家庭でも, 仕事のノルマや家事・育児など, 毎日毎日「しなければならないこと」が膨大にあり, 睡眠時間を削って頑張っている人が多いかもしれない。しかし, 生産性や効率を高める努力には終わりがなく, 限界が来るまであがき続けることになるかもしれない。ゴールのない永遠の努力で自滅しないためには, 自分の人生を俯瞰して, それは本当に「しなければならないこと」なのか, 無理して泳ぎ続けなくても済むような別の努力の方向がないのか, クリアな頭で冷静に考える時間を確保して, 自分が取り組む内容自体を広い視野で再検討してみたほうがよいだろう。

　身心の自己調整の実践を続けることで, 毎日何分間かは, 自分のためだけの時間（オートジェニック・タイム）を確保することができる。どんなに忙しいときでも, 仕事のことも家族のことも,「しなければならない（と思い込んでいる）こと」をすべていったん保留にして, 何の成果も求めずに自分の身心をいたわる, 浮世離れした一見無駄な時間を過ごすのである。何もしていない時間はバッファーとして機能するので, 生活にも心にもゆとりをもたらす。慌ただしい生活の中に, ほんの数分でもゆとりの時間があることによってイライラし続けることが減るので, 自分にも周りの人にも優しい気持ちをもつことができるようになる。

第13章

応用的な活用

【谷木　龍男】

◆自己調整法の実施形態の工夫

　身心の自己調整法，特に自律訓練法（AT）の特徴は，実践方法が体系化されている点と，異なる目的をもつ人が集まった集団でも学ぶことができる点である。これまでの章（第8章から第12章）で示したように，多種多様な効果が期待できる。また，やり方が定まっていて基本的に自分一人で実施できるので，集団で研修を行うことや，オンライン指導にも適しており，専門家のフォローを受けながら，時間と場所に制限されずに，各自が自由に練習することができる。

　一方，特定の問題や病気などを有していない健康な人を対象とする場合にネックとなるのが，自己調整に取り組み，毎日の練習を継続するための動機づけである。健康な人は，現在困っていることがないため，身心の自己調整法を学ぶためだけにわざわざ特定の時間と場所に集まることは，あまり期待できない。また，練習を開始したとしても，緊張の緩和や不眠の解消などといった，明確な目的・目標を設定することが難しく，効果を実感しにくい。そのため，動機づけが低下し，練習が継続できずに，身心の自己調整法を習得する前にドロップアウトしてしまうことが多い。

　しかし，健康な人でも自己調整法を習得するメリットは十分にある。超高齢社会に突入した日本社会において，膨大な医療費を抑制することが喫緊の社会的課題となっている。また，これからの社会は人生100年時代，生涯現役社会とも言われている。公的医療保険制度を維持し，生涯にわたって健康で能力を発揮するためには，二次予防（病気の早期発見・早期治療）と三次

予防（機能の維持・回復）に加えて，一次予防（健康増進・予防）の重要性がますます高まっている。したがって，健康な人が，健康な時期に身心の自己調整法を習得しておくことは，一次予防として大きな意義がある。動機づけが高くない健康な人に対してどのようにアプローチすれば有効であるのかを検討することは，とても重要な課題である。

　本章においては，健康な人への応用的な活用として，「ついで」実施とオンライン活用を提案し，筆者が行った実践例を紹介する。「ついで」実施とは，別の目的で集まった集団に対して，身心の自己調整法を「ついで」に体験してもらうというものである。オンライン活用とは，Zoom などのビデオ会議システムと Google Classroom などの学習管理システム（learning management system; LMS）などの情報通信技術（information and communication technology; ICT）を活用し，遠隔地から参加してもらうというものである。特定の時間に同じ場所に集まる必要がないため，移動時間や交通費などの負担が少なく，継続しやすいと考えられる。

◆「ついで」実施

　「ついで」実施とは，別の目的で同じ場所に集まった集団に対して身心の自己調整法を紹介し，「ついで」に体験してもらうというものである。健康な人を身心の自己調整法の講習会にわざわざ集めることは難しいが，すでに他の目的のために集まっている集団であれば，その「ついで」に体験してもらうことは比較的容易であると考えられる。そして「ついで」であっても，身心の調整効果を実感してもらえさえすれば，それをきっかけとして練習の継続と習得につながっていく可能性がある。

　これから紹介する例は，ジュニアスポーツ会場にいる保護者を対象とした「ついで」実施である。ジュニアスポーツの会場には，子どもやコーチのほかに，大勢の保護者が付き添っている。子育てに忙しい健康な保護者がわざわざ時間を捻出して，自分のために講習会に参加することのハードルは高いが，子どもの付き添いの「ついで」であれば参加してもらいやすい。また，近年では，ジュニアアスリートとその保護者を対象とした栄養学や心理学などの講習会も多く開催されている。保護者の中には，子どもに役立つ情報や

スキルを求めている方も多いと考えられる。自分のためよりも、「子どもの
ため」というほうが参加することへの抵抗が少ないだろう。

　筆者らは、東日本大震災復興支援活動として、日本各地で空手道のセミ
ナーや練習会を実施してきた。空手道のナショナルチームのコーチや元世界
チャンピオンがセミナー講師を務め、毎回、たくさんの子どもたちとその保
護者が参加してくれている。そして、子ども向けのセミナーや練習会と並行
して、ヨーガやスポーツ栄養学など、さまざまな保護者向けプログラムも実
施している。子どもがセミナーや練習に参加している間に、保護者は興味を
もったプログラムを「ついで」に受講できるのである。

　そのようなプログラムの１つが「リラクセーション（AT）」である。生活
環境が一変してしまった被災地では、子どもたちだけでなく大人も多くのス
トレスを抱えて生活している。そのような人たちに身心の自己調整の方法を
伝えて、少しでもリラックスして過ごしていただきたいという思いから、こ
のプログラムを計画して実施した。

◇ 実践例①：ジュニアスポーツ会場の保護者に対する「ついで」実施

　ここでは、筆者が東北地方（岩手県と宮城県）で 2011 年秋に実施した空
手道セミナーでの実践例を紹介する。このセミナーで用意された保護者向け
プログラムは「リラクセーション（AT）」だけであった。

◆講習会へのリクルーティングと参加者

　開会式で「リラクセーション（AT）」を紹介するとともに、セミナー会場
の保護者スペースを巡って勧誘を行った。その際、子どもが最優先である保
護者の参加を促すために、「親（保護者）が緊張していると子どもも緊張し
てしまいます。子どもをリラックスさせるためにはまず親（保護者）がリ
ラックスすることが重要です。リラクセーションのやり方を体験してみませ
んか」などと声がけをした。講習会には、合計 33 名の保護者が参加してく
れた。

◆実施方法

　セミナー会場と同じ体育館の別の部屋に参加者が移動して、リラクセー

ション講習を行った。講師は筆者が務めた。

　冒頭で，子どもにとって保護者がリラックスすることの重要性をあらためて強調し，リラクセーションの方法として AT があることを伝えた。次に，AT の歴史，効果，姿勢，消去動作，公式，受動的注意集中などを説明した。

　その後，全員で AT の標準練習（背景公式と第 1・第 2 公式）を練習した。初回練習時のみ，筆者が公式を声に出して唱え，保護者に無言で復唱させた。それ以降は，保護者自身が心の中で公式を繰り返した。各公式につき 3 回練習し，練習ごとに全員から体験の感想を求め，指導を行った。最後に，背景公式，第 1・第 2 公式を連続で 3 回実施した。AT の練習はすべて仰臥姿勢で行った。講習会の時間は，全部で 90 分程度だった。

　また，AT の実習を通して，ある程度のリラクセーションを体験できたか，あるいは，逆に不快な体験をした人がいないか確認するために，講習会の前後で二次元気分尺度に回答してもらった（谷木・坂入，2012）。

◆ 副作用予防と対策

　リラックスすることが，常に望ましい効果をもたらすとは限らない。リラックスしすぎることの副作用として，リラクセーション誘因性不安とよばれる現象が知られている。これはリラクセーションが逆説的に緊張や不安を生じさせるというものである。飲酒をして深酔いすると泣き出してしまう人がいるが，大きなストレス状況の中で張り詰めた心理状態で生活している場合，身心の緊張が緩んでリラックスすることが，抑え込んでいたつらい感情を思い出すことにつながる場合がある。継続的なカウンセリングの場などでは，そのような感情を温かく受容しながらサポートしていくことも可能だが，単発的な講習会では，不快な体験を生じさせないように，より慎重な対応が求められる。

　このようなリラクセーションによる副作用を予防するために，1 回の練習時間を 3 分以内とし，深いリラクセーション反応を誘発しないようにした。また，練習中に，少しでも異変を感じたら，すぐに消去動作を行い，練習を中断するようにお願いした。さらに，練習中の保護者の表情や姿勢を観察し，練習後は必ず全員から感想を伺った。加えて，練習の前後で二次元気分尺度に回答を求め，極端に気分が悪化した人がいないかを調べた。

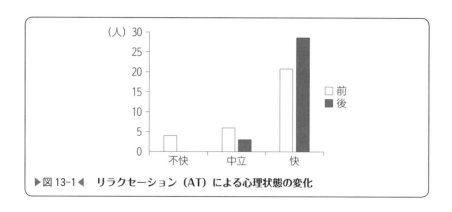

▶図13-1◀　リラクセーション（AT）による心理状態の変化

◆結　果

　練習終了時に全体的な感想を求めた結果，「何も考えない時間が過ごせた」「身体が軽くなった」「気分がすっきりした」「ぐっすり寝た後みたいだ」「身体がポカポカしている」など肯定的な意見が述べられた。「変化がなかった」「わからなかった」という意見も述べられたが，身心の不調などの否定的な感想はなかった。二次元気分尺度の得点の変化を確認しても，快適度が向上していた。また，講習会前の時点では不快な状態の保護者が一定数みられたが（4名），講習会後は不快な状態の人はおらず，参加者の9割以上が快適な状態になっていた（図13-1参照）。

　この結果から，最初から身心の自己調整法を受講したいと思って集まった集団ではなく，「ついで」に参加した集団であっても，不快な体験をすることなく，十分なリラクセーション効果を体験できることが示唆された。当初の動機づけが高くなくても，また事前の知識や経験がなくても，身心の自己調整法は，適切な方法で慎重な配慮とともに実施すれば，最初の段階から効果を体感できることが示された。

◇ さまざまな領域での「ついで」実施

　以上が，筆者が行った「ついで」実施の例である。この例では，ジュニアスポーツ会場の保護者を取り上げたが，「ついで」実施はさまざまな領域で実施できるだろう。教育領域では，受験生の保護者に対する「ついで」実施

の需要が高いと思われる。試験や面接であがらないための理論と方法を知りたい受験生や保護者は多いだろう。美容領域では，第12章のように，スキンケアセミナーやメイクセミナーにおいて，スキンケアやメイクの仕方を教える「ついで」に身心の自己調整法を体験してもらうことも有効だろう。介護領域では，介護者の介護疲れやストレスを緩和する方法の1つとして，マインドフルネスやATを「ついで」に体験してもらうことも考えられる。

　観光領域においては，すでにヘルスツーリズムが行われている。ヘルスツーリズムとは，「医科学的な根拠に基づく健康回復・維持・増進につながる観光」（日本観光協会，2007）であり，観光をしながら健康回復・維持・増進するようなプログラムを実施し，行動変容のきっかけとするものである。江戸時代に盛んに行われたお伊勢参りと湯治の現代版と考えてもよいだろう。例えば，山形県上山市の「かみのやまクアオルトツーリズム」では，さまざまな「気づき」のきっかけと，その後の日常生活に生かせるヒントの提供をねらいとした，フィットネス，栄養，コミュニケーション，リラクセーション，アクティビティ，学びを組み合わせた心と身体の健康増進プログラムを提供している。

✧「ついで」を「きっかけ」としてルーティンへ

　ヘルスツーリズムが行動変容のきっかけであるように，次の重要な課題は，「ついで」体験を「きっかけ」として取り組み始めた身心の自己調整法を，その後も練習を継続して，スキルの習得につなげていくことである。どのようにすれば，手洗いや歯磨きなどと同様に日常のルーティンとして身心の自己調整法を日々の生活に取り入れてもらえるだろうか。そのための有効な手段の1つとしてオンラインの活用がある。

◆オンライン活用

　オンラインを活用するに当たっては，インターネット環境，PC・タブレットなどの情報端末，ビデオ会議システムやLMS，それを使いこなすICTリテラシー，オンラインに対する社会的許容度などのさまざまな条件をクリアする必要がある。2000年に「IT革命」が流行語大賞を受賞するなど，

一時的に世間の注目を集めはしたものの，オンライン会議やオンライン授業などが一般的となることはなかった。

しかし，2019年末から始まった新型コロナウイルスの世界的な感染拡大を契機として，オンラインの活用が急速に普及した。全国の大学でオンライン授業が導入され，社会においてもオンライン会議が行われるようになった。コロナ禍が収束したとしても，オンラインの活用が途絶え，すべて対面に戻るということは考えにくい。さまざまな場所からオンライン授業やオンライン会議に参加することは，新しい日常，ニューノーマルとして定着していくと考えられる。

◇ オンラインの種別

オンラインは，ライブ配信（同時双方向）型とオンデマンド型に大別することができる。ライブ配信型とは，全員が同じ時間に任意の場所から参加するものである。オンデマンド型とは，事前に作成した資料や録画した映像をLMSなどにアップロードしておき，参加者が任意の時間にアクセスするものである。

◇ オンラインのメリット

対面と比較したオンラインのメリットは多い。対面では，全員が同じ時間・同じ場所に集まらなくてはならないが，ライブ配信であればどこからでも参加できる。また，配信を録画しておけば，オンデマンドでいつでも確認することができる。また，LMSシステムを利用することで情報の伝達や共有が非常に簡単にできる。

◇ 実践例②：大学生を対象としたオンライン活用

ここでは，筆者がオンラインで実施したAT講習会の概要を紹介する。この講習会は，首都圏にあるA大学で，部活動と同様の課外活動として，コロナ禍以前から対面で行われていたものである。A大学では，2021年度は全面的にオンライン授業が導入されたため，講習会もオンラインで実施することとなった（谷木他，2021）。

◆リクルーティングと参加者

A大学の LMS やオンライン授業を通じて，学生に講習会を告知した。参加者はA大学の学生 21 名であった。

◆講　師

筆者を含めた 4 名が講師を務めた。全員が大学の教員かつ日本自律訓練学会正会員であり，2 名が AT 指導の有資格者（自律訓練法認定士）だった。対面の講習会では講師は 1 名であったが，オンラインでは遠隔地から参加でき，時間的拘束も少なくなるため，講習会の講師として多くの専門家が指導に関わることが可能になった。

◆講習会の内容

A大学ではウェブ会議システムの 1 つである Zoom を用いてオンライン授業が行われていることから，講習会も Zoom で実施した。開催時間は授業に支障がない毎週月曜日の昼休み（12 時 30 分から 13 時）で，最初に AT や関連する事柄についての講義を行い，最後の 10 分間を使って参加者全員で AT の練習をした。講義の時間は，講師のみカメラをオンにし，学生は昼食をとりながら視聴していた。AT の練習の間は，各参加者の練習のやり方などを確認するため，全員カメラをオンにしてもらった。講習会は受講生全員から許可を取った上で録画し，講習会終了後，LMS に資料とともにアップロードした。講習会は 5 月から 7 月で全 10 回であった。

◆練習記録

AT の練習記録は電子ファイルで作成し，講師と参加者で共有した（図13-2 参照）。共有とは，同一のファイルに複数のユーザがアクセスをして利用することを指す。インターネット環境で，学生が共有された練習記録に書き込みをすると，同じくインターネット環境にある指導者は，その書き込みをリアルタイムで確認できる。また，指導者がコメントを書き込むことも可能である。練習記録では，開始時刻，時間（分）・回数，場所・姿勢，効果（○，△，×），メモなどを記入してもらった。加えて，二次元気分尺度を用

		2020/6/1 月		2020/6/2 火		2020/6/3 水	
1	開始時刻	12：50		7：00		10：40	
	時間・回数	3	3	3	3	1	1
	場所・姿勢	自室	椅子	自室	椅子	自室	椅子
	活性度（前・後）	0	0	0	＋2	－2	－2
	安定度（前・後）	0	0	＋2	＋2	－4	－3
	効果	△		○		△	
	メモ	昼食を食べた後で，かなりリラックスしていた。		朝のスイッチを入れられたような気がする。		授業の前はかなり緊張していたが，落ち着いた。	
2	開始時刻	16：20		14：00		23：00	
	時間・回数	3	3	5	3	6	3
	場所・姿勢	自室	椅子	自室	椅子	自室	仰寝
	活性度（前・後）	－4	＋1	＋3	＋4	－2	0
	安定度（前・後）	0	0	＋2	＋3	0	＋1
	効果	○		○		○	
	メモ	疲れて放心状態だったが元気になった。		昼食（ラーメン）後にやった。元気になった。		あまり眠くなかったので寝落ちはしなかった。	
3	開始時刻	23：00		23：00		1：00	
	時間・回数	5	1	3	2	5	3
	場所・姿勢	自室	仰寝	自室	仰寝	自室	胡坐
	活性度（前・後）	＋2	0	0	0	0	＋3
	安定度（前・後）	0	＋2	0	＋2	＋1	＋2
	効果	○		○		○	
	メモ	目がさえてしまっていたがリラックスできた。		リラックスしてそのまま寝てしまった。		今日も自分の体について意識を向ける時間をとった。	

▶図 13-2◀　自律訓練法（AT）練習記録の例

いて，毎回の練習前後の気分（活性度と安定度）を自己評価してもらった。

　ATに限らず，身心の自己調整法の多くは，一人で行う自主練習が基本である。指導者が，練習記録に書かれた各種の情報とともに練習者の心理状態の変動を把握することで，より適切な指導が可能となるし，練習者が自分の気分を継続的にモニタリングすることで，身心の相互作用についての理解が深まり，身心の状態の適切な自己調整につながっていくことが期待される。

　対面の講習会では紙に印刷した練習記録を用いるが，講習会参加時に練習

記録の持参を忘れてしまうと，指導者が適切な指導を行えないという問題があった。練習記録を電子ファイルで共有することによって，このような持参忘れがなくなり，確実に指導できるようになった。さらに，練習記録へのコメントなどによって，複数の指導者から，講習会の時間以外にも随時指導を受けることができた。

　また，効果の自己評価だけでなく，こころのダイアグラムの変動の様子を表示することが効果的な指導につながった。例えば，効果が×という評価には，「うまく集中できなかった」「ねらった身心の反応が生じなかった」「緊張が高まってしまった」などさまざまな体験が含まれる。こころのダイアグラムでの変動を確認することで，どのようなタイプのネガティブな体験が生じたのかを推測することができ，そのネガティブな体験の予防や対処の仕方を指導することができた。

◆結　果

　対面講習会よりもオンライン講習会のほうが参加者の継続率が高くなった。2018 年度の対面講習会の継続率が 36％（47 名中 17 名）であったのに対して，2020 年度のオンライン講習会の継続率は 76％（21 名中 16 名）と約 2 倍であった。また，例年，対面講習会では，「第 1 公式と第 2 公式の習得に 10 回を要したが，オンライン講習会では 5 回目の時点で，全員が第 1 公式・第 2 公式を習得したことが確認された。習得のスピードも 2 倍に早まったことになる。以上の結果から，対面講習会と比較してオンライン講習会では，参加者の AT の継続率と習得スピードが大幅に向上したことが示された。

　講習会後に全体的な感想を尋ねたところ，**表 13-1** に示したような内容が報告された。表の 5 つのテーマは，感想の記述内容から指導者間で協議し抽出した。「ソーシャルサポート」に関する記述から，オンライン講習会が指導者と参加者，参加者同士をつなげ，情緒的・情報的・評価的なサポートとして機能したことがわかった。「ウェルビーイング」には，「自分が生きているということを実感できるようになりました」「生きるのが楽しいと感じることが増えた気がする」といった記述が含まれていた。これらの「ソーシャルサポート」と「ウェルビーイング」は，オンライン講習会に特有のものであった。感染症への対応で対人交流の機会が制限された特殊な状況下のため

▶表 13-1◀ オンライン AT 講習会に関する感想

テーマ	感想（自由記述）
覚醒のコントロール・安静感	・気持ちが落ち着いたり，眠気が取れたりした ・睡眠前に実施することによって，よく眠れるようになった ・気持ちのコントロールがしやすくなりました ・自律訓練法を行っていない時でも心が落ち着いている状態を思い出して心を落ち着けることができるようになった
重感・温感	・手が温かくなった ・自律訓練法をしている最中は体温が上昇しているような気がした ・重感や温感を感じたり，眉間にしわが寄っていることを意識できたりできました
セルフ・モニタリング	・自分に向き合う時間ができたおかげで，自分の性格の良い面，悪い面を見つめ直すきっかけとなった ・自分の抱える悩みやストレスに正面から向き合えるようになれました ・自分の身体に注意を向けられるようになった ・「今ストレスがかかっているね」と自分で言えるだけの余裕ができた
ソーシャルサポート	・先生方や他の仲間の体験談が参考になることが多かった ・毎週コメントをいただくことで，自分が自律訓練法を正しくできているか確認でき，良かったです ・週に一回先生方とコンタクトを取れることや，生徒たちも一緒のことをやるということがこのご時世でやっていく中での支えでした
ウェルビーイング	・自分が生きているということを実感できるようになりました ・生きるのが楽しいと感じることが増えた気がする

かもしれないが，AT のオンライン講習会が，ソーシャルサポートとしても機能し，ウェルビーイングの維持・向上に寄与した可能性があることが示唆された。

　以上が，筆者が行った AT の講習会でのオンライン活用の例である。オンラインを活用することによって，練習の継続率が高まり，習得が促進されることが示された。

❖ オンライン活用の可能性

　実践例では大学生を対象に AT を行ったが，対象や技法を変更して実施できる。対象は高校生でも一般の市民でもよい。あるいは特定の問題を抱える集団でもよいのかもしれない。技法も AT ではなく，マインドフルネスでも瞑想でもよいだろうし，ヨーガや軽運動などでもよいだろう。

　また，オンライン活用の仕方にも，さまざまなバリエーションが考えられる。ライブ配信型ではなく，オンデマンド型で行うこともできる。オンデマンド型であれば，場所はもちろん時間の制約もなくなる。さらに，対面とオンラインを組み合わせたハイブリット型や，対面とオンラインを同時に実施するハイフレックス型など，さまざまな形態での実施が可能である。多種多様な参加方法を用意し，参加者個人が，そのときどきの状況や状態に合わせて参加方法を自由に選択することで，さらに継続率や習得率が向上していくことが期待される。

　加えて，オンラインを活用することによって，単独の組織だけでなく，複数の大学や専門機関が共同して実施するなど，多施設・多機関が連携しての実施や研究の推進も可能となるだろう。また，今後，個々の練習者のデータを一元化するようなアプリなどを開発して活用すれば，多くの人間に関するいわゆるビッグデータと，練習者各個人の詳細な変動データを得ることができる。それらのデータを活用することで，個々人に適した，パーソナライズド・フィードバックを自動で届けることが可能となるだろうし，そのデータから従来の研究では得られなかったエビデンスが構築できると考えられる。

　参加者の個人情報の保護や情報共有の仕方，インフォームドコンセント，副作用や問題が発生したときの対応方法や外部機関との連携など，解決していかなければならない課題も多いが，コロナ禍を機に普及したオンライン活用は，今後ますます発展していくだろう（コラム 23 参照）。

◆ まとめ

　本章では，健康な人に身心の自己調整法を体験してもらい，継続・習得してもらうための応用的な活用法として，「ついで」実施とオンライン活用を

●コラム23●

オンライン指導と自己調整

【坂入 洋右】

　オンラインを活用することで，多くの専門家からサポートを受けることが可能になる。しかし，自分の個人情報を他人に提供することには問題もあるので，セルフサポートを実現できることが，身心の自己調整のゴールとなる。現在の専門家は，専門的知識と各個人の情報をつなぐ役割として機能しているが，この役目はいずれ人工知能が果たしてくれるようになるだろう。

　ウェブ上で誰でも利用できる専門的情報の価値が下がり，人間一人一人の具体的な情報の価値が高まっていく。筆者は，毎日自律訓練法（AT）を実践して身心の状態を記録するとともに，腕時計型センサーで生理変動データを蓄積し，二次元気分尺度で心理変動データを記録している。自分の健康と実力発揮のために重要なのは，医学や心理学の一般的な情報よりも，自分に関する具体的で詳細な情報である。もしあなたが自分の情報を蓄積していけば，いずれはあなたの個性や身心の状態や気持ちまで知り尽くした最高の専門家が，スマートフォンの中にバーチャル専属コーチとして登場するだろう。具体的な情報を入力・蓄積することで，自分専属のコーチを育てていくことができる。

　二次元気分尺度は，紙を用いる方法だけでなく，スマートフォンを活用してアプリやオンラインで実施することが可能である。心理状態を測定するたびに，結果がこころのダイアグラムで示されるだけでなく，すべてのデータが蓄積され，過去のデータと比較した分析結果が示される。本書で紹介した紙バージョンは，誰でも容易に計算できるように，項目の係数を1にして，1桁の数字の足し算と引き算で結果が出せるようになっているが，プログラムを使えばすべての項目にそれぞれの重みづけ係数を掛けて，正確な得点が自動的に計算される。さらに，活用を続けてデータが蓄積すれば，一人一人異なる重みづけ係数を使って心理状態の得点を算出できる自分用の専属尺度になる。

　同じ言葉であっても，人によって意味やイメージが異なっている。例えば，「リラックスした」という言葉は，一般の人にとっては穏やかな状態を意味しているが，アスリートの場合はスポーツ中のリラックス状態をイメージするため，覚醒度をやや高く認識する傾向がある。データを入力するたびに，より自分の認識や身心の状態に適した数値に結果が修正されていくので，使えば使うほど，世界に1つしかない自分のためだけの二次元気分尺度に育っていくのである。

紹介した。健康な人の行動変容をどのように促進していくのか，ということは，学術的にも社会的にも大きな課題である。超高齢社会において，健康なうちに身心の自己調整法を習得しておくことは，一次予防，ひいては医療費削減の観点からも非常に重要である。また，健康な人がより健康になり，自分のもてる力を発揮することは，生涯現役社会において強く望まれることである。

第14章
トップダウンからボトムアップへのパラダイムシフト

【坂入　洋右】

◆身心の自己調整の本質

◇ モニタリングの重要性

　本書では，身心の状態をその時々の最適な状態に調えて，健康を維持・増進したり，大切な場面で実力を発揮したりするための方法について解説してきた。本書で紹介した方法を各自が実践できることを主目的として，各章では，それぞれのやり方や具体的な活用場面を中心に説明した。本章では，それらに共通する本質的な考え方について述べておきたい。やや難しい内容になるが，同じ方法を実践しても，この本質が理解できているかどうかによって有効性が全く違ってくるので，ぜひ読んでいただきたい。

　第４章で示したように，身心の自己調整は，以下の４ステップで進む。

①事前モニタリング（調べる）：現在の情報を収集する。

②意識的コントロール（調える）：環境や準備を調える。

③自律的コントロール（調う）：自発的行動や自然な変化を待つ。

④事後モニタリング（調べる）：変化を見守って結果をフィードバックする。

　自己調整の中核は，コントロールではなくモニタリングで，真剣に自分を観察することである。もし自分で意識的にコントロール可能なことがあれば，それだけを調えて，その後の変化を気長に見守りながら，自然に調っていくプロセス（あるいは逆に，さまざまな原因で乱れるプロセス）を楽しむことになる。無理にコントロールしようとしても逆効果なので，常に正確なモニタリングだけを心がけるのが基本である。

本書では，わかりやすさを優先して，自分の身心をモニタリングする方法として二次元気分尺度とこころのダイアグラムを，コントロールする方法として自律訓練法（AT）をはじめとする各種の調整技法を，便宜的に分けて紹介してきた。しかし，すでに各章を読んだ人には理解していただけたことを期待するが，実は，AT でもマインドフルネスでも，意識的なコントロールはしていない。コントロールする方法として紹介した各種の調整法の中核は，モニタリングなのである。

　この本質がわかっていないと，せっかく AT に取り組んだり，こころのダイアグラムを利用したりしても，間違った活用の仕方をしてしまうだろう。自分が望む状態にコントロールしようと欲張ると，例えば，こころのダイアグラムの結果の快適度が低くてがっかりしたり，AT をしてもリラックスできないときに無理に落ち着こうとしたりして，結果的に有益な効果が得られないことになってしまう。現実に得ることができる最善の成果は，理想として求める最高の結果ではなく，その時々の状況や自分の状態という制約の中での最適な結果である。

　モニタリングで得られたすべての結果が，自分の現実であり，貴重な体験のデータである。人生は山あり谷ありで，今後もいろいろな場面に遭遇するだろう。良い結果も悪い結果も，できるだけ多種多様な体験データを蓄積していくことが，その後の人生における対応力を高めることにつながる。自分が，どういう状況でどういう状態になるのかを正しく知ることが大切なので，長期的視野で考えれば，その時々の成功や失敗はどちらも同じくらい重要な体験であり，無駄な体験など存在しないのである。自分を広く深く知るほど，将来の体験を，より適応的なものにすることができるだろう。目先の成功や失敗にとらわれず，根気よく地道に実践を積み重ねていくと，いつの間にか適応力が向上して，物事全体が自然に良い方向に進んでいることに気づくことになる。

◇ なぜコントロールしないのか

　誤解がないように何度も書くが，意識的にコントロールできるような単純なことは，コントロールすればよい。しかし，人間の身心のように複雑な現象や自律的な機能は思うようにコントロールできない。それなのに無理にコ

ントロールしようと頑張るのは，無駄なばかりか逆効果になることが多いので，しないほうがよいということである。また，スポーツや仕事における実力発揮のような複雑すぎる現象は，どのような状態にコントロールしたら成果が上がるのか，万人に共通する正解もなければ，正解が常に一定であるわけでもない。その時々の状況の情報が得られないと，コントロールすべき方向すら決まらないのである。

　しかし，多くの人は，身心の問題を改善するための手軽なコントロール方法を探したり，わかりやすい一定の解決策を求めたりしやすい。「これを食べるだけで痩せられる」とか，「この薬を飲めば血糖値が下げられる」とか，「AT でリラックスできる」とか，効果がありそうな宣伝に興味をそそられるかもしれない。本書の第Ⅳ部でもいくつかの研究成果を紹介したように，それらの効果には科学的な研究に基づくエビデンスもあるだろう。だが，残念ながら，現在の科学的研究で有効性が確認された方法を活用して一定方向にコントロールするような，一般的な正解を多様な人々に適用するトップダウン型のやり方は，健康や実力発揮のためには，ほとんど効果が期待できない。

　問題が急性の病気であれば，原因が特定できて，その適切な対応策も見つかるかもしれない。しかし，慢性の病気の改善や健康増進を目的とする場合，それに関係している要因は多種多様で複雑であり，体質や性格や生活環境などの個人差も極めて大きい。そのため，例えば医療では，最終的なアウトカムとしての病気の予防や健康増進を目的とする代わりに，それらと一部関係のある測定しやすい指標，例えば，健康診断でチェックするような身体検査や血液検査などの数値の一律的なコントロールに取り組んでいるのが現状である。科学的な研究によって，薬物の効果として血糖値や血圧などの数値が下がるというような基礎的なエビデンスは得られているが，残念ながら，それらをコントロールすることが，最終的に病気の予防や死亡率の低下や健康増進に結びつくかどうかは，全く明らかになっていない（**コラム 24** 参照）。

●コラム 24●

糖尿病とがん検診

【坂入 洋右】

　筆者は医学の専門家ではないので，医療の有効性について言及すべきでないが，患者の 1 人として，読者に情報を提供したい。しかし，ここに書いてあることをうのみにせず，本当かどうかを自分で調べて判断してほしい。筆者は家族を前立腺がんで亡くしており，筆者自身は血糖値が高いので，がん検診と糖尿病の治療を取り上げて，それらの有効性を検討した疫学的研究を紹介する。

　前立腺がんのスクリーニングでは血液検査で前立腺特異抗原（PSA）が測定され，その数値の高さが判定基準となる。PSA 検診を受け，その後の早期発見と早期治療につながれば，検査を受けた人と受けない人では死亡率に差が生じるはずである。しかし，5 つの大規模な疫学研究を総合的に解析した結果，PSA 検診には，全原因死亡率を低下させる効果がほとんどないことが確認された（Ilic et al., 2018）。最も有効性が高いとされた疫学調査の結果でさえ，例えば 1000 人が PSA 検診を受けた場合，10 年間で死亡者が 1 人減る程度の効果しかなかったのである。

　また，2 型糖尿病患者は，血糖値の指標として糖化ヘモグロビン（HbA1c）の数値をコントロールすることが目標とされるが，この数値を 7〜8 から 6.5 以下に薬物で下げてもメリットがないことを，2018 年にアメリカ内科学会が幅広いデータで示した（Qaseem et al., 2018）。しかし，この報告に関しては，アメリカ糖尿病学会がすぐに反対する声明を出した。

　今後，医療に限らず社会のさまざまな領域で，膨大なデータに基づいて有効性を検証した疫学的研究の結果が報告され，その結果に利害関係のある専門家グループが反対するという事態がたくさん起きるだろう。

　これまでは，専門外の人や患者自身が検査を実施したり，有効性を判断したりすることが難しく，自分の健康に対する対応を専門家に任せることが多かった。しかし，現在は，簡易測定装置を使って，誰でも簡単に 24 時間の血糖値変動を自動的に測定し，その結果を解析することができる。筆者は，毎日の行動や心理状態を記録するとともに，自分の血糖値の変動データを蓄積してモニタリングしている。医療機関などで専門家が測定した数少ない検査の結果を，一般的な医学的基準に基づいて評価し，各個人に適用するトップダウン型の対応より，自分自身に関する膨大なデータを活用したボトムアップ型の対応のほうが，その人自身の健康には有効である可能性が高いだろう。

◆テーラーメイドではなくセルフメイド

　多くの人に，ガイドラインなどの一般的な基準を適用するトップダウン型のやり方は，個人差や環境差が大きすぎて，あまり効果が期待できない。では，どうしたら多様な個人の特性や変動する状況要因に適した対応ができるようになるだろうか。各個人の特性に応じて，専門家が細かく対応を調整するテーラーメイド型の対応が試みられているが，残念ながら，このやり方はコストがかかりすぎる上に有効性が低い。

　例えば，あなたが健康増進のために運動をするとしよう。あなたは，今日どのくらい運動するのが適切だろうか。運動の専門家は，一般的なガイドラインに基づいて，「中程度の強度で 30 分以上」などとアドバイスをくれるかもしれない。さらに個人差に応じるために，年齢や体力を勘案して調整してくれたり，各種の検査に基づいてオリジナルの運動メニューを提案してくれたりするかもしれない。しかし，それらをすべて調整して，自分にとって理想的な運動のやり方を提案してもらったとしても，あまり有益ではない。現実の実践場面では，適切な運動の種類や量を決める主要な要因は別にあるからである。最も考慮すべきなのは，その日の自分の体調であり，その日の天候であり，その日の生活スケジュールである。また，根本的な問題として，何を求めて運動するのかという目的も，健康のためとは限らず，美しさ，体力増強，対人交流など，一人一人違っている。何を重視するかによって，それぞれに適した方法は全く異なってくるだろう。

　あなたの健康や実力発揮のために何をしたらよいか，それらに関する重要な情報を最も豊富にもっていて，最も適切な答えを導き出すことができる最高の専門家は誰だろうか。それは，医者でも運動指導者でもなく，あなた自身である。その時々の選択がより有効なものになるように，多くの専門家や専門的情報を活用しながら，自分に関する豊富な情報に基づいて，自分に最も適したシステムを自分で作り上げていくセルフメイドの方法なら，これまでのやり方よりも大きな効果が期待できる。専門家ではなく，各個人が主役となることで，各自の労力的コストは大きくなるが，金銭的コストは極めて小さくなる。また，自分が求める目的に合わせて自分で頑張って作ったもの

は，うまくできればより有効に機能するだろうし，うまくできなかった場合でも，その結果に基づいて自分で改善していくことができるだろう。

◆スポーツにおけるコントロールとモニタリング

　実力発揮を目的とする場合は，個人差が大きいという個別性の問題だけでなく，多種多様な要因が関わる複雑性の問題や，毎回状況が変わる変動性の問題も加わってくる。そのため，理想とする状態や行動を目指して意識的にコントロールするようなトップダウン型の対応の有効性は，健康を目的とする場合よりもさらに低くなってしまう。

　スポーツや仕事などで，その時々の課題に適切に対応して高いパフォーマンスを発揮することは，健康の問題以上に複雑な現象である上に，課題の内容によっても，その人が置かれた各場面の状況や相手の条件などによっても，適した対応が異なってしまう。全く同じ課題でも，リラックスしたほうがよい場合もあれば，興奮したほうがよい場合もある。そのため，ある問題に対応するために，自分をどうコントロールしたらよいかという一定の正解は存在せず，その時々の状況や状態に応じてより適した答えを見いだし，対応していくことが不可欠なのである。

　では，スポーツにおいて実力発揮を可能にするために，どのような練習をしたら有効か考えてみよう。例えば野球や卓球などの球技では，バットやラケットの振り方をコントロールするための練習として素振りを行う。トップダウン的な考え方では，理想的なスイングが存在することを想定して，それを再現できるように練習する。また，従来の科学的研究では，そのときの筋出力などの生理的現象や関節の動きなどのバイオメカニクス的な現象が研究され，パフォーマンス発揮に最も適した答えが探求されている。そして，例えば卓球のスイングであれば，腕の振りだけでなく体幹の回転や重心移動など，全身を活用した動作が優れていることなどがわかってくる。

　しかし，このような科学的知見の多くは，初心者がうまくなるための基礎的な練習には役立つが，経験者が試合で実力発揮をするためには不十分である。パターン練習なら予想したところにボールが来るので，理想的なスイングをすることも可能だが，試合では，相手は最も打ちにくいところに返球し

てくる。遠く離れたコースの球に飛びついて打つ場合は，身体全体を使うことはできないので腕だけで打つ必要があるし，急に身体の正面に来た球は，身体の回転ではなくラケットを強く押して打つことになる。つまり，卓球における理想的なスイングは，飛んでくる球のコースやスピード，また，自分がどんなコースへどんな球を打ち返したいかによって，1球1球異なっており，使用する身体部位も動作のメカニズムもすべて違うのである。

　静止している球を打つゴルフなどの場合は，卓球と違って同じスイングをすればよさそうに思えるが，実際のコースでは，芝生の状態，風の状況，選手が立っている場所の傾斜など，対応すべき課題は毎回異なっている。この点を理解しないまま練習を続けていると，「練習場ではうまく打てるのに，なぜ大会で実力が発揮できないのか」と悩むことになるかもしれない。

　スポーツにおける練習のやり方も，一定のコントロールの習得を重視するトップダウン型と，モニタリングによる体験データの蓄積を重視するボトムアップ型の2種類がある。第11章の**コラム21**で2種類の指導法として紹介したが，スポーツの練習の仕方にも同様の2種類があり，前者をモデル習得型学習法，後者を感覚経験型学習法とよぶ（松浦，2018）。美しい動きを身につけることが目的であれば，モデル習得型が適しているが，試合で実力を発揮したければ感覚経験型のほうがよいだろう（**コラム25**参照）。

◆ボトムアップ型の科学や実践のパラダイム

　健康や実力発揮の問題に限らず，あらゆる実践活動では，多様な個別性・複雑性・変動性を有する現実世界の問題に対応する必要があるため，一般性・再現性・普遍性を求める基礎科学の知見を適用するようなトップダウン的なやり方は，あまり有効ではない。本来，メカニズムの解明を目的とする基礎科学とアウトカムの最適化を目的とする実践科学は，根本的に異なるものであり，それぞれの目的に応じて独自の方法論が構築される必要がある。しかし，残念ながらこれまでは，いずれに対してもトップダウン的な方法論が用いられてきた。個別性・複雑性・変動性に対応するために，事例的研究や記述的研究などが試みられているが，まだ有効な方法論がなかった。

　しかし近年，吉田民人のプログラム科学論（吉田，2013）や，筆者のボト

●コラム 25●

卓球の練習法

【坂入 洋右】

　筆者は，中学生のときから趣味で卓球をしていて，現在も家に卓球台を置いて楽しんでいる。以前は，ミスをすると，スイングを確認して正しい動作に調整しようと心がけていた。しかし，考えてみると，卓球というのはラケットを振るスポーツではなく，球を打つスポーツである。どんな振り方をしようが，ラケット面と球が接触したときの力学だけで，打球の結果が決まる。だから，よい球を打つために最も重要な情報は，接触時の圧力を感じる打球感である。試合では戦略なども必要になるが，基本的には，球の情報と自分の身体感覚と打球感の情報が正確に脳に届くことで，高いパフォーマンスが生まれる。

　練習でも試合でも，1打1打が卓球の体験データを収集する大切な機会である。注意を集中して感覚センサーの感度を高めて，打球の体験データのモニタリングに取り組むことで，質の高いデータを蓄積することができる。その蓄積されたデータに基づいて，球の位置を予測するプログラムや身体を動かすプログラムが，脳内に構築されていく。注意力や集中力の低い状態で長時間練習しても，大雑把なデータに基づく質の低い予測・運動プログラムが形成され，下手なプレーが身につくだけなので上達は期待できない。試合で実力発揮をしたければ，試合のときと同じ集中力で練習に取り組み，試合のときに有効な脳内プログラムを構築する必要がある。

　また，一定のパターン練習によって理想的なプレーの体験データばかり蓄積していても，多様なプレーが求められる試合で役立つプログラムにはならない。多様な球を多様な方法で打ち，1打1打の打球感と多様な結果を結びつけた体験データを蓄積していくことが大切である。打った球が相手の台に入っても外れても，すべてが貴重な体験データになる。このような感覚経験を重視するボトムアップ型の学習法には，ミスという概念が存在しないので，そのときの調子に関係なく，常にポジティブに卓球に向かうことができる。

　卓球を始めて30年以上たってようやくこのことに気づき，理想的なプレーの安定した再現を目指すモデル習得型学習法から，1打1打集中して打球感をモニタリングするボトムアップ型の感覚経験型学習法に練習法を切り替えた。残念ながら，年齢による体力の低下と相殺されて，劇的に卓球が上達したとは言えないが，この練習法はとにかく楽しいので，卓球をする頻度が増えた。皆さんも，いろいろなスポーツや運動で，感覚経験型学習法を試してみてほしい。楽しさだけでなく，パフォーマンスの向上も期待できるだろう。

▶表 14-1◀　　**2 種類のパラダイムの特徴の対比**

パラダイム	トップダウン型	ボトムアップ型
科学	基礎（自然）科学	実践（人間）科学
目的	メカニズムの解明	アウトカムの最適化
理論	一般的理論の検証	個別的現実の予測
方法	要因統制による法則化	現実データに基づく説明
評価基準	有意差・普遍性	効果量・有効性
実践	理論モデル適用型	個別データ活用型
原則	正解は 1 つ	正解は毎回変動する
方法	法則やモデルの適用	各人・状況ごとの最適化
個別化	テーラーメイド	セルフメイド
主体	専門家主体	各実践者主体

ムアップ型の方法論（坂入，2017）など，「普遍的な法則」や「理想的な正解」を求める従来の科学の方法論とは異なり，毎回更新される個別のデータセットとアウトカムに基づいて「プログラムを更新」し，「その時々の最適解」を求める新しい科学の方法論が提唱されている。**表 14-1** に，それぞれの方法論の特徴に関するキーワードを対比させて示した。この 2 種類の方法論は，理論や方法が違うだけでなく，それらの基礎となる根本的前提やパラダイム自体が異なっている。従来の科学は，「普遍的な真実が存在する」という仮定に基づいて成り立っているが，新しい科学では，「測定（体験）によって個別の事実が生まれる」と考える。

　実は，このようなボトムアップ型の科学や実践の考え方は，すでに古くから，W. ジェームズ（James, 1957）によるプラグマティズムや W. K. ハイゼンベルク（Heisenberg, 1958）による量子論などにおいて明確に述べられている。また，禅などの仏教における考え方とも共通しているのだが（坂入，2021），本書の趣旨とは離れるので，詳しくは別書で論じることにする。

◆トップダウンからボトムアップへのパラダイムシフト

　個別性・複雑性・変動性を考慮した研究や実践を行うことは，スポーツに限らず医療でも教育でも，人間に関わるすべての領域に共通の本質的な課題なのだが，残念ながら改革が進展していない。その一方で，人工知能やロボット工学の領域だけが，ボトムアップ型の方法論へのパラダイムシフトを進めて，顕著な成果を上げている。

　人工知能が学問として確立したのは1956年とされるが，その性能の向上は遅々として進まなかった。ところが，2016年ごろを境に，人工知能が囲碁や将棋で名人に勝つなどのニュースが急激に増えてきて，今では，人間は全く歯が立たないレベルになっている。また，以前は実験室内などの安定した環境でしか活動できなかったロボットが，野山を走り回れるまでに進化している。この革命的な変化を生んだ中心的な要因は，機械などのハードウェアの改善よりも，ディープラーニングや機械学習とよばれる，人間の脳の仕組みをモデルにしたデータ主導のボトムアップ型の学習法を採用したことにある。囲碁の人工知能を開発したディープマインド社を配下に置くグーグル社は，同時期に外国語の自動翻訳の仕組みも機械学習に変換し，それによって翻訳の妥当性が飛躍的に改善したという（日経ビッグデータ，2017）。

　理想的な運動制御プログラムを開発して，トップダウン的にその指示でロボットを動かそうとしても，複雑な変動要因が影響を及ぼす現実の環境では成果が上がらなかった。そこで，人間の脳が行っている学習の仕組みを参考に，ロボット自身が現実の環境で体験と測定を繰り返し，収集した膨大なデータに基づいて最適な予測プログラムを生成し，それを修正しながら適応的に活用していくような，ボトムアップ型の学習法を採用したのである。

　ロボットは，それぞれ大きさや性能が異なるし，活動する場所が平らかデコボコか，雨や風はどうかなど，環境条件が変動すれば，適したプログラムはすべて異なってくる。一定の理想的なプログラムなど存在するわけがないので，この方針転換は合理的な判断だと思える。しかし，皮肉なことに，人間を対象とした科学や実践の領域では，いまだに専門家が理想的なモデルを提示して，個性の異なる選手や生徒や患者に適用するようなトップダウン型

の介入が行われている。人間のほうが，自分の脳の仕組みとは異なる，古い
ロボットのやり方をまねしているわけである。

　近い将来，人間に関する研究や実践の領域でも，ボトムアップ型のアプ
ローチの成果が顕著に現れてくるだろう。まず，個人情報を豊富にもつ IT
企業などが導入し，次に一般社会にその有効性が広く認識され，最後に専門
家集団においても，トップダウン型のアプローチからボトムアップ型のアプ
ローチへのパラダイムシフトが起きることが予想される。しかし，専門家集
団にとっては，パラダイムシフトは自己否定や既得権の喪失につながるの
で，かなり遅れるだろう。世代交代を待たなければならないかもしれない。

　本書で伝えたかった本質は，この 2 種類のパラダイムの違いを理解して，
多くの人に，ボトムアップ型の方法を適切に用いて実践し，その成果を享受
してほしいということである。そのために，トップダウン型の自己調整とボ
トムアップ型の自律的調整の違いを正しく理解していただきたいと願って，
最後にこの章を書いた。

　こころのダイアグラムや AT を活用するのは，リラックスして快適な状態
に身心をコントロールするためではなく，自分が，どんなときにリラックス
したり興奮したりするのか，多様な体験データを積み重ねて，自分の身心を
深く理解するためである。そのような実践を継続することさえできれば，ロ
ボットよりもずっと大きな成果を得ることができるだろう。すべての人間
が，どんなに優れた人工知能よりもはるかに高性能な脳を有しているのだか
ら。

付　録

【商標】
　二次元気分尺度の英語名である「Two-dimensional Mood Scale」とその略称である「TDMS」は商標登録されている（第 5148568 号）。

【特許】
　二次元気分尺度は，「心理状態測定装置」として特許取得済みである（特許第4378455 号）。

【商品】
　初版刊行時現在，二次元気分尺度はアイエムエフ（https://www.imfine.co.jp/）から発行されている。本書では二次元気分尺度の結果を表すグラフのことをこころのダイアグラムと呼んだが，商品名としても使われている。

- 『TDMS-ST Two-dimensional Mood Scale-Short Term』
　8 項目版。2 回の測定が可能。A4 判・4 頁。
- 『TDMS-ST for academic』
　8 項目版。4 回の測定が可能。A4 判・2 頁。研究用。
- 『こころのダイアグラム　2 項目版』
　2 項目版。2 回分の測定が可能。A4 判・4 頁。
- 『こころのダイアグラム　子ども用』
　2 項目版・子ども用。2 回の測定が可能。A4 判・4 頁。

【著作権】
　次頁から，実際に二次元気分尺度に回答し，こころのダイアグラムを作成できるようになっているが，本書で紹介している二次元気分尺度やその結果を表すこころのダイアグラムについては，個人的な利用に限って使用可能なものである。付録は以下のサイトまたは QR コードからダウンロードできる（パスワード：tdms8）。ただし，無断複製は著作権法上での例外を除き禁じられているので，注意されたい。

　https://imfine.co.jp/diagram/

◆二次元気分尺度（8項目版）への回答【1回目】

（　今　）のあなたの気持ちは，以下の言葉にどれくらい当てはまりますか。近い数字に○を付けてください。

●下の□内に，（　今　）の状況を具体的に記入してください。

例）運動を始める前

	全くそうでない	少しはそう	ややそう	ある程度そう	かなりそう	非常にそう
㋐ 落ち着いた	0	1	2	3	4	5
㋑ イライラした	0	1	2	3	4	5
㋒ 無気力な	0	1	2	3	4	5
㋓ 活気にあふれた	0	1	2	3	4	5
㋔ リラックスした	0	1	2	3	4	5
㋕ ピリピリした	0	1	2	3	4	5
㋖ だらけた	0	1	2	3	4	5
㋗ イキイキした	0	1	2	3	4	5

◆活性度・安定度・快適度・覚醒度の計算【1回目】

活性度Ⅴ　[㋓] ＋ [㋗] － [㋒] － [㋖] ＝ [Ⅴ]

安定度Ｓ　[㋐] ＋ [㋔] － [㋑] － [㋕] ＝ [Ｓ]

快適度Ｐ　[Ⅴ] ＋ [Ｓ] ＝ [Ｐ]

覚醒度Ａ　[Ⅴ] － [Ｓ] ＝ [Ａ]

◆二次元気分尺度（8 項目版）への回答【2 回目】

　（　今　）のあなたの気持ちは，以下の言葉にどれくらい当てはまりますか。
近い数字に○を付けてください。

　●下の□内に，（　今　）の状況を具体的に記入してください。

例）運動終了の 5 分後

	全くそうでない	少しはそう	ややそう	ある程度そう	かなりそう	非常にそう
㋐ 落ち着いた	0	1	2	3	4	5
㋑ イライラした	0	1	2	3	4	5
㋒ 無気力な	0	1	2	3	4	5
㋓ 活気にあふれた	0	1	2	3	4	5
㋔ リラックスした	0	1	2	3	4	5
㋕ ピリピリした	0	1	2	3	4	5
㋖ だらけた	0	1	2	3	4	5
㋗ イキイキした	0	1	2	3	4	5

◆活性度・安定度・快適度・覚醒度の計算【2 回目】

	㋓		㋗		㋒		㋖		Ⓥ
活性度Ⓥ	[　]	+	[　]	−	[　]	−	[　]	=	[　]

	㋐		㋔		㋑		㋕		Ⓢ
安定度Ⓢ	[　]	+	[　]	−	[　]	−	[　]	=	[　]

	Ⓥ		Ⓢ						Ⓟ
快適度Ⓟ	[　]	+	[　]					=	[　]

	Ⓥ		Ⓢ						Ⓐ
覚醒度Ⓐ	[　]	−	[　]					=	[　]

◆こころのダイアグラムへの記入

　活性度と安定度の得点から，各軸に対してそれぞれ垂直な線を引き，交差した点に印を付けてください。

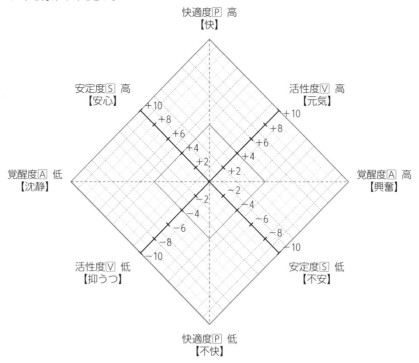

矢印が示す変化の方向の意味

◆結果の記録

計算した活性度・安定度・快適度・覚醒度の点数を下の表に記入してください。
回答したときの状況なども記入してください。

	日付	状況	活性度Ⓥ	安定度Ⓢ	快適度Ⓟ	覚醒度Ⓐ	メモ
例	4/2	運動前	3	5	8	−2	昼休み
1							
2							
3							
4							
5							
6							
7							
8							
9							
10							
11							
12							
13							
14							

メモ

引用文献

雨宮怜 （2019）. 体育実技を活用したマインドフルネスプログラムの効果：セルフ・コンパッションを指標とした検証. ストレスマネジメント研究, *15*, 24-33. ［第 10 章］

米国精神医学会（APA） 髙橋三郎・大野裕（監訳） （2014）. DSM-5：精神疾患の診断・統計マニュアル. 医学書院（原書：American Psychiatric Association, 2013）. ［第 10 章］

Baer, R. A. (2003). Mindfulness training as a clinical intervention: A conceptual and empirical review. *Clinical Psychology*, *10*, 125-143. ［第 7 章］

Berry, D. R., Cairo, A. H., Goodman, R. J., Quaglia, J. T., Green, J. D., & Brown, K. W. (2018). Mindfulness increases prosocial responses toward ostracized strangers through empathic concern. *Journal of Experimental Psychology: General*, *147*(1), 93-112. ［第 10 章］

Brown, K. W., & Ryan, R. M. (2003). The benefits of being present: mindfulness and its role in psychological well-being. *Journal of Personality and Social Psychology*, *84*(4), 822-848. ［第 10 章］

Cillessen, L., Johannsen, M., Speckens, A. E., & Zachariae, R. (2019). Mindfulness-based interventions for psychological and physical health outcomes in cancer patients and survivors: A systematic review and meta-analysis of randomized controlled trials. *Psycho-Oncology*, *28*(12), 2257-2269. ［第 10 章］

Craig, A. D. (2002). How do you feel? Interoception: The sense of the physiological condition of the body. *Nature Reviews Neuroscience*, *3*(8), 655-666. ［第 10 章］

クレーン, R. 家接哲次（訳） （2010）. 30 のキーポイントで学ぶマインドフルネス認知療法入門：理論と実践. 創元社（原書：Crane, R., 2009）. ［第 10 章］

チクセントミハイ, M. 今村浩明（訳） （1996）. フロー体験：喜びの現象学. 世界思想社（原書：Csikszentmihalyi, M., 1990）. ［第 1 章］

Dekeyser, M., Raes, F., Leijssen, M., Leysen, S., & Dewulf, D. (2008). Mindfulness skills and interpersonal behaviour. *Personality and Individual Differences*, *44*(5), 1235-1245. ［第 10 章］

Donald, J. N., Sahdra, B. K., Van Zanden, B., Duineveld, J. J., Atkins, P. W., Marshall, S. L., & Ciarrochi, J. (2019). Does your mindfulness benefit others? A systematic review and meta-analysis of the link between mindfulness and prosocial behaviour. *British Journal of Psychology*, *110*(1), 101-125. ［第 10 章］

藤田一照　(2014)．「日本のマインドフルネス」へ向かって．人間福祉学研究, 7(1), 13-27．[第7章]

Germer, C. K., Siegel, R. D., & Fulton, P. R. (Eds.). (2005). *Mindfulness and psychotherapy*. Guilford. [第7章]

Giluk, T. L. (2009). Mindfulness, Big Five personality, and affect: A meta-analysis. *Personality and Individual Differences*, 47(8), 805-811. [第10章]

ゲーテ, J. W. von　木村直司（訳）　(2001)．色彩論（ちくま学芸文庫）．筑摩書房（原書：Goethe, J. W. von, 1810)．[第2章]

ヘイズ, S. C.・ストローサル, K. D.・ウィルソン, K. G.　武藤崇・三田村仰・大月友（監訳）　(2014)．アクセプタンス＆コミットメント・セラピー（ACT）：マインドフルネスな変化のためのプロセスと実践（第2版）．星和書店（原書：Hayes, S. C., Strosahl, K. D., & Wilson, K. G., 2012)．[第7章]

ハイゼンベルク, W. K.　田村松平（訳）　(2008)．自然科学的世界像（第2版新装版）．みすず書房（原書：Heisenberg, W. K., 1958)．[第14章]

Ilic, D., Djulbegovic, M., Jung, J. H., Hwang, E. C., Zhou, Q., Cleves, A., Agoritsas, T., & Dahm, P. (2018). Prostate cancer screening with prostate-specific antigen (PSA) test: A systematic review and meta-analysis. *BMJ*, 362, k3519. [コラム24]

稲垣和希　(2019)．個人差と主体性を重視した心身の自己調整教育プログラムの開発．筑波大学人間総合科学研究科博士論文．[第11章]

稲垣和希・坂入洋右　(2017)．心理状態の自己調整法としての姿勢調整の有効性．いばらき健康・スポーツ科学, 33, 1-8．[第5章]

Inagaki, K., Shimizu, T., & Sakairi, Y. (2018). Effects of posture regulation on mood states, heart rate, and test performance in children. *Educational Psychology*, 38, 1129-1146. [第5章]

稲垣和希・高野美穂・坂入洋右　(2015)．走運動時における心理・生理状態の経時的変化：二次元気分尺度を用いた検討．第42回スポーツ心理学会研究発表抄録集, 146-147．[第2章, コラム18]

稲垣和希・高野美穂・吉田昌宏・雨宮怜・松浦佑希・坂入洋右　(2017)．自律訓練法標準練習と消去動作による生理・心理状態の変化動態：二次元気分尺度・2項目版を用いた検討．自律訓練研究, 37, 3-16．[第2章, 第8章]

伊東明宏・金ウンビ・清水武・元嶋菜美香・坂入洋右　(2014)．剣道の構えにおける筋緊張部位の違いが反応動作に及ぼす影響．人体科学, 23(1), 18-30．[第1章]

ジェイムズ, W.　桝田啓三郎（訳）　(1957)．プラグマティズム（岩波文庫）．岩波書店（原書：James, W., 1907)．[第14章]

日本観光協会　(2007)．ヘルスツーリズムの推進に向けて．ヘルスツーリズムに関する調査報告書．日本観光協会．[第13章]

Kabat-Zinn, J. (2003). Mindfulness-based interventions in context: Past, present, and future. *Clinical Psychology: Science and Practice*, 10, 144-156. [第7章]

榧野真美 （2016）．心身医学とマインドフルネス．貝谷久宣・熊野宏昭・越川房子（編）マインドフルネス：基礎と実践．日本評論社，pp. 205-219.［第10章］

金ウンビ・伊東明宏・中塚健太郎・坂入洋右 （2014）．音楽と身体接触を活用した運動が心理状態と対人関係に及ぼす効果．スポーツ心理学研究，*41*(1)，19-34.［コラム18］

Kim, E., & Sakairi, Y. (2015). A comparison of mood regulation effects induced by different types of exercise and music. *Japanese Journal of Health Psychology*, *28*, 1-13.［第8章・コラム18］

北山修 （2013）．評価の分かれるところに：「私」の精神分析的精神療法．誠信書房.［第7章］

小林志保・芦原睦 （2012）．集団自律訓練法の特徴と有効性．心身医学，*52*(1)，38-44.［第10章］

越川房子 （2013）．マインドフルネスとMBCT．臨床心理学，*13*，196-201.［第7章］

キュッパース，H. 澤田俊一（訳）（1997）．色彩論の基本法則．中央公論美術出版（原書：Küppers, H., 1978）．［第2章］

Lefranc, B., Martin-Krumm, C., Aufauvre-Poupon, C., Berthail, B., & Trousselard, M. (2020). Mindfulness, interoception, and olfaction: A network approach. *Brain Sciences*, *10*(12), 921.［第10章］

リネハン，M. M. 大野裕・阿佐美雅弘・岩坂彰・井沢功一朗・松岡律・石井留美（訳）（2007）．境界性パーソナリティ障害の弁証法的行動療法：DBTによるBPDの治療．誠信書房（原書：Linehan, M. M., 1993）．［第7章］

松岡洋一・松岡素子 （2013）．はじめての自律訓練法．日本評論社.［第6章］

Matsuura, Y., Kokubu, M., & Sakairi, Y. (2021). Effects of versatile kinesthetic experiences on balance ability and interpersonal relationships. *Psychological Reports*, *125*(2), 1145-1164.［コラム21］

松浦佑希・本谷聡・雨宮怜・坂入洋右 （2018）．運動の楽しさと技能向上から見た学習者の感覚経験を重視した指導方略の効果．体育学研究，*63*(1)，265-280.［コラム21，第14章］

松浦佑希・坂入洋右 （2018）．休憩時間に軽運動・ゲーム・安静を実施することの心身の状態調整効果の比較．第69回日本体育学会大会予稿集，p. 116.［第11章］

松浦佑希・坂入洋右 （2022）．道具を活用した間接的接触によるペア運動が楽しさおよび対人距離に及ぼす効果．北関東体育学研究，*7*，21-29.［コラム18］

厚生労働省 （2019）．平成29年（2017）患者調査の概況．https://www.mhlw.go.jp/toukei/saikin/hw/kanja/17/dl/kanja.pdf［第10章］

国土交通省自動車局 （2018）．自動車の安全確保に係る制度及び自動運転技術等の動向について．スライド17．https://www.mlit.go.jp/common/001260130.pdf［第12章］

水野弘元 （1972）．仏教用語の基礎知識．春秋社.［第7章］

Murphy, M. J., Mermelstein, L. C., Edwards, K. M., & Gidycz, C. A. (2012). The benefits of dispositional mindfulness in physical health: A longitudinal study of female college students. *Journal of American College Health*, *60*(5), 341-348.［第10章］

中村明 （1993）. 感情表現辞典. 東京堂出版. ［第 2 章］

中塚健太郎・西村正広・近藤剛・上野耕平・吉岡千春・早田均 （2015）. 平成 26 年度高等教育機関と連携した調査研究事業報告書：高校弓道部員におけるメンタルトレーニングと競技能力の関係. 公益財団法人鳥取県体育協会, pp. 1-13. ［第 9 章］

Nakatsuka, K., Sakairi, Y., Kizuka, T., & Soya, H. (2006, Aug.). The effect of a mind-body self-control program on the mental health of medical workers. *2006 International Congress of Psychotherapy in Japan and The Third International Conference of the Asian Federation for Psychotherapy*. ［第 12 章］

中塚健太郎・坂入洋右 （2010）. 軽運動が監視作業時の覚醒水準と疲労の回復に及ぼす影響, スポーツ心理学研究, *37*(2), 75-87. ［第 3 章. 第 9 章］

日経ビッグデータ （2017）. グーグルに学ぶディープラーニング：人工知能ブームの牽引役, その仕組みをやさしく解説. 日経 BP 社.

Qaseem, A., Wilt, T. J., Kansagara, D., Horwitch, C., Barry, M. J., & Forciea, M. A. (2018). Hemoglobin A1c targets for glycemic control with pharmacologic therapy for nonpregnant adults with type 2 diabetes mellitus: A guidance statement update from the American College of Physicians. *Annals of Internal Medicine*, *168*(8), 569-576. ［第 14 章］

Querstret, D., Morison, L., Dickinson, S., Cropley, M., & John, M. (2020). Mindfulness-based stress reduction and mindfulness-based cognitive therapy for psychological health and well-being in nonclinical samples: A systematic review and meta-analysis. *International Journal of Stress Management*, *27*(4), 394-411. ［第 10 章］

Reb, J., Narayanan, J., & Su, J. (2010). Compassionate dictators? The effects of loving-kindness meditation on offers in a dictator game. In *Proceedings of the IACM 23rd Annual Conference Paper*. Istanbul. doi: 10.2139/ssrn.1612888 ［第 10 章］

Russell, J. A. (2003). Core affect and the psychological construction of emotion. *Psychological Review*, *110*, 145-172. ［第 2 章］

Sakai, S., Inoue-Sato, M., Amemiya, R., Murakami, M., Inagaki, K., & Sakairi, Y. (2019). The influence of autogenic training on the physical properties of skin and cardiac autonomic activity in postmenopausal women: An exploratory study. *International Journal of Dermatology*, *59*, 103-109. ［第 12 章］

坂入洋右 （1999）. 自律訓練法の習得パターンと認知スタイルおよび不安水準の変化との関係. 日本自律訓練学会第 22 回大会抄録集, p. 55. ［第 11 章］

坂入洋右 （2019）. こころのダイアグラム：二次元気分尺度（TDMS）2 項目版・子ども用手引き. アイエムエフ. ［第 2 章］

坂入洋右 （2021）. 西洋的療法と東洋的行法：科学・宗教・実践における 2 種類のパラダイム. 心理学評論, *64*, 551-554. ［第 14 章］

坂入洋右・雨宮怜 （2017）. 自律訓練法における受動的受容とマインドフルネス：トップ

ダウンからボトムアップへのパラダイムシフト．心身医学, *57*, 836-842.［第14章］

坂入洋右・中塚健太郎・伊藤佐陽子・征矢英昭・大森武則 (2019)．こころのダイアグラム：二次元気分尺度2項目版・子ども版．アイエムエフ．［第3章］

Sakairi, Y., Nakatsuka, K., & Shimizu, T. (2013). Development of the Two-dimensional Mood Scale for self-monitoring and self-regulation of momentary mood states. *Japanese Psychological Research*, *55*(4), 338-349.［第2章，第3章］

坂入洋右・征矢英昭・木塚朝博 (2009)．二次元気分尺度 (Two-dimensional Mood Scale-Short Term: TDMS-ST)．アイエムエフ．［第3章，第8章］

坂入洋右・徳田英次・川原正人・征矢英昭 (2003)．心理的覚醒度・快適度を測定する二次元気分尺度の開発．筑波大学体育科学系紀要, *26*, 27-36.［第2章］

佐々木雄二 (1976)．自律訓練法の実際：心身の健康のために．創元社．［第9章］

佐々木雄二 (2007)．自律訓練法の実際（DVD版）．創元社．［第6章］

Segal, Z. V., Teasdale, J. D., Williams, J. M., & Gemar, M. C. (2002). The mindfulness-based cognitive therapy adherence scale: Inter-rater reliability, adherence to protocol and treatment distinctiveness. *Clinical Psychology & Psychotherapy*, *9*(2), 131-138.［第7章］

征矢英昭・坂入洋右（編著）(2016)．たくましい心とかしこい体：身心統合のスポーツサイエンス．大修館書店．［第3章，コラム3］

Stetter, F., & Kupper, S. (2002). Autogenic training: A meta-analysis of clinical outcome studies. *Applied Psychology and Biofeedback*, *27*(1), 45-98.［第6章，第10章］

杉浦義典 (2008)．マインドフルネスにみる情動制御と心理的治療の研究の新しい方向性．感情心理学研究, *16*(2), 167-177.［第7章］

高橋信二・坂入洋右・吉田雄大・木塚朝博 (2012)．身体活動のタイプの違いはどのように気分に影響するのか？ 体育学研究, *57*(1), 261-273.［第8章］

ティーズデール, J.・ウィリアムズ, M.・シーガル, Z. 小山秀之・前田泰宏（監訳）(2018)．マインドフルネス認知療法ワークブック：うつと感情的苦痛から自由になる8週間プログラム．北大路書房（原書：Teasdale, J., Williams, M., & Segal, Z., 2014)．［第7章］

Thayer, R. E. (2001). *Calm energy: How people regulate mood with food and exercise*. Oxford University Press.［第2章］

ティク・ナット・ハン 山端法玄・島田啓介（訳）(2011)．ブッダの〈気づき〉の瞑想．新泉社（原書：Thich Nhat Hanh, 1990)．［第7章］

Thompson, B. L., & Waltz, J. A. (2008). Mindfulness, self-esteem, and unconditional self-acceptance. *Journal of Rational-Emotive & Cognitive-Behavior Therapy*, *26*, 119-126.［第10章］

Toivonen, K. I., Zernicke, K., & Carlson, L. E. (2017). Web-based mindfulness interventions for people with physical health conditions: Systematic review. *Journal of Medical Internet Research*, *19*(8), e7487.［第10章］

Treves, I. N., Tello, L. Y., Davidson, R. J., & Goldberg, S. B. (2019). The relationship between mindfulness and objective measures of body awareness: A meta-analysis. *Scientific Reports*, *9*, 17386. [第 10 章]

Verdonk, C., Trousselard, M., Canini, F., Vialatte, F., & Ramdani, C. (2020). Toward a refined mindfulness model related to consciousness and based on event-related potentials. *Perspectives on Psychological Science*, *15*(4), 1095-1112. [第 10 章]

谷木龍男・坂入洋右 （2012）．東日本大震災による心的外傷後ストレス障害ハイリスク者に対する自律訓練法のリラクセーション効果．自律訓練研究，*32*，22-30．[第 13 章]

谷木龍男・和田拓真・稲垣和希・水野哲也 （2021）．大学新入生を対象としたオンライン自律訓練法講習会の効果．日本健康教育学会誌，*29*，87-94．[第 13 章]

山田大輔 （2008）．軽運動が気分及び対人行動に与える影響：個別運動と協同運動の比較．筑波大学体育研究科修士論文．[コラム 18]

吉田昌宏・雨宮怜・坂入洋右 （2019）．日本版無条件の自己受容尺度の開発および信頼性と妥当性の検討．筑波大学体育系紀要，*42*，21-32．[第 10 章]

吉田昌宏・雨宮怜・坂入洋右 （2020）．自律訓練法による注意欠如・多動症者の無条件の自己受容の向上．*Journal of Health Psychology Research*，*32*，43-54．[第 10 章] [コラム 20]

吉田民人 （2013）．近代科学の情報論的転回：プログラム科学論．勁草書房．[第 14 章]

吉武誠司 （2021）．目標設定の違いによる運動実践の心理的効果：リモートと対面での実践の比較．筑波大学体育系修士研究論文集．[コラム 11]

索 引

◆ラ　行

◆ 編者紹介

坂入　洋右（さかいり　ようすけ）
　現　在　常葉大学教育学部教授，筑波大学名誉教授，博士（心理学）
　　　　　公認心理師，臨床心理士，スポーツメンタルトレーニング指導士，自律訓練法専門指導士
　　　　　日本心理医療諸学会連合理事長，日本自律訓練学会理事長，日本マインドフルネス学会副理事長
　主　著　『たくましいこころとかしこい体』（共編著）　大修館書店，2016 年
　　　　　『現代心理学辞典』（分担執筆）　有斐閣，2021 年　ほか

◆ 著者紹介（五十音順，所属等は初版発行時のもの）

雨宮　怜（あめみや　れい）【第 7, 10 章】
　現　在　筑波大学体育系助教，博士（体育科学）
　　　　　公認心理師，臨床心理士，スポーツメンタルトレーニング指導士

稲垣　和希（いながき　かずき）【第 5 章】
　現　在　筑波大学アスレチックデパートメント研究員，博士（健康スポーツ科学）
　　　　　スポーツメンタルトレーニング指導士，自律訓練法認定士

金　ウンビ（Kim Eunbi）【第 8 章，コラム 18】
　現　在　韓国 高麗大学校体育教育科講師，博士（体育科学）
　　　　　生活スポーツ指導者 2 級（エアロビクス）

坂入　洋右（さかいり　ようすけ）【第 1, 2, 4, 6, 8, 12, 14 章，コラム 1〜8, 10, 12〜17, 19, 22〜25】
　編者紹介参照

中塚　健太郎（なかつか　けんたろう）【第 3, 9 章，コラム 9，付録】
　現　在　徳島大学大学院社会産業理工学研究部准教授，博士（体育科学）
　　　　　スポーツメンタルトレーニング指導士，自律訓練法認定士，健康運動指導士

松浦　佑希（まつうら　ゆうき）【第 11 章，コラム 21】
　現　在　宇都宮大学共同教育学部助教，博士（健康スポーツ科学）
　　　　　2022 年世界ラート競技選手権大会日本代表など

谷木　龍男（やぎ　たつお）【第 13 章】
　現　在　東海大学体育学部准教授，博士（体育科学）
　　　　　公認心理師，自律訓練法認定士

吉田　昌宏（よしだ　まさひろ）【コラム 20】
　現　在　人間総合科学大学人間科学部助教，博士（体育科学）
　　　　　公認心理師，臨床心理士

吉武　誠司（よしたけ　せいじ）【第 8 章，コラム 11】
　現　在　筑波大学大学院博士後期課程人間総合科学研究群
　　　　　JST 次世代研究者挑戦的研究プログラム

しんしん　じ こ ちょうせい
身心の自己調整
──こころのダイアグラムとからだのモニタリング

2022 年 11 月 15 日　第 1 刷発行
2024 年 11 月 1 日　第 2 刷発行

編　者　坂　入　洋　右

発 行 者　柴　田　敏　樹

印 刷 者　田　中　雅　博

発行所　株式会社　誠　信　書　房
〒112-0012 東京都文京区大塚 3-20-6
電話　03-3946-5666
https://www.seishinshobo.co.jp/

印刷／製本　創栄図書印刷㈱